KB059177

인류의 여정

The JOURNEY of HUMANITY

THE JOURNEY OF HUMANITY

이 책의 한국어판 저작권은 EYA(에릭양에이전시)를 통해 The Bodley Head,
an imprint of Vintage, is part of the Penguin Random House와 독점 계약한
(주)시공사가 소유합니다.
저작권법에 의하여 한국 내에서 보호를 받는 저작물이므로 무단 전재 및 복제를 금합니다.

The JOURNEY of HUMANITY
인류의 여정

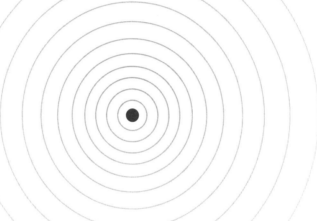

부와 불평등의 기원 그리고 우리의 미래

오데드 갤로어 지음 장경덕 옮김

시공사

에리카에게

추천의 말

주제의 범위와 저자의 통찰력이 놀랍다. 인류사를 형성한 가장 깊은 흐름과 인류 종족의 발전에 대한 설명이 매혹적이고 계시적이다.

'닥터 둠' 누리엘 루비니(뉴욕대 명예교수, 《위기 경제학》 저자)

"오늘날 국가 부의 엄청난 불평등을 설명하는 역사적 흐름은 무엇인가?" 이 궁극적인 미스터리에 답하는 책이다. 《사피엔스》를 좋아했다면 이 책도 좋아할 것이다.

루이스 다트넬(웨스트민스터대 교수, 《오리진》 저자)

숨 막힐 정도로 야심 차다. 수천 년에 걸친 맬서스의 덫, 산업혁명과 그 후 급속한 성장의 여파, 인구학적 변화, 인적자본 기반 성장의 출현을 아우르되 상당히 단순하고 강렬한 인적자본 지향적 모델을 제안하기 때문이다.

로버트 솔로(경제학자, 노벨 경제학상 수상)

인류의 진화 이래 가장 간결하고 통일된 경제 성장 이론서. 빈곤과 불평등이 영원할 것이라 생각하는 이들에게 매력적이고 낙관적인 답

변을 제시한다.

이언 모리스(스탠퍼드대 교수, 《전쟁의 역설》, 《옥스퍼드 세계사》 저자)

기술, 인구통계, 문화, 무역, 식민주의, 지리학, 제도 등 세계 경제사의 실타래를 훌륭하게 엮는 동시에 현대 세계의 풍요로운 태피스트리를 해체한다.

대니 로드릭(하버드케네디스쿨 교수, 《자본주의 새판짜기》 저자)

인류의 과거, 발전, 미래에 대해 놀라울 정도로 명료하게 다룬다. 기후변화와 불평등 같은 오늘날 인류의 큰 문제를 해결하는 데 필수적인 책이다.

다이앤 코일(케임브리지대 교수, 《GDP 사용설명서》 저자)

오늘날의 불평등을 심오한 힘의 결과로 설명하려는 시도에 경외감을 느낀다. 그 거대한 딜레마를 이해하는 데 놀라운 기여를 했다.

짐 오닐(전 골드만삭스자산운용 회장, 《짐 오닐의 그로스 맵》 저자)

추천의 말

저자의 상상력과 열정에 놀랐다. 인류에 대한 저자의 낙관주의가 빛을 발하는 점이 갈채를 받을 만하다.

윌 허튼(〈옵저버〉 칼럼니스트)

2022년 '최고의 철학 및 아이디어 도서' 선정

〈더타임스〉

미래를 향한 낙관주의자의 안내서. 마치 《사피엔스》 같은 저자의 문명사는 인류의 해피 엔딩을 예고한다.

〈가디언〉

훌륭한 역사적 프레스코와 같은 책이다.

〈르몽드〉

범위와 야망에서 타의 추종을 불허한다. 이 책을 읽는다면 무언가를 배울 것이고, 내용이 매력적이라는 것을 알게 될 것이다.

〈워싱턴포스트〉

국가가 빈곤의 덫에서 벗어나 부유해질 수 있도록 하는 문화적·기술적·교육적 힘에 대한 포괄적 개요. 그 폭과 야망은 재레드 다이아몬드의 《총, 균, 쇠》와 유발 하라리의 《사피엔스》를 연상시킨다.
〈파이낸셜타임스〉

수 세기 인류사의 모호한 영향을 명료하되 독창적으로 추적한다. 이 매혹적인 역사서는 한낱 미묘한 원인이 놀라운 결과를 가져올 수 있음을 보여 준다.
〈퍼블리셔스위클리〉

고대 지리, 문화 및 다양성 등의 요인이 오늘날 부의 불평등에 어떤 영향을 미치는지 탐구한다. 또한 이를 설명하기 위한 서사가 매우 흥미롭다.
〈포브스〉

일러두기

1. 띄어쓰기, 외래어 표기는 국립국어원 용례를 따르되 고유명사와 일부 합성명사에 한해
   예외를 따랐습니다.
2. 단행본은 겹화살괄호(《 》), 논문·문학작품·영상물은 홑화살괄호(‹ ›)로 표기했습니다.
3. 원서의 이탤릭체 표기 부분은 고딕체로 표기했습니다.
4. 원서 주에서 Ibid.는 '앞의 책', et al.는 '등'으로 표기했습니다.
5. 본문 도표와 사진의 출처는 주에 표기했습니다.
6. 인명은 처음 언급을 제외하고 성(Last name)으로 표기하되, 성이 중복되거나 이름 표기
   가 굳어진 경우 이름(First Name) 혹은 성명(Full name)으로 표기했습니다.

웬 다람쥐 한 녀석이 브라운대학의 베네치아풍 고딕식 건물 창턱을 따라 종종걸음 친다. 녀석은 걸음을 잠시 멈추고 신기하다는 듯 창 안 사람을 들여다본다. 양식을 찾아다니기도 바쁜 시간, 책이라는 것을 쓰면서 시간을 보내는 사람 말이다. 이 다람쥐는 몇천 년 전 북아메리카 처녀림을 쏘다니던 동족의 후손이다. 몇천 년 전의 선조나 세계 곳곳에 사는 동족과 마찬가지로, 다람쥐는 지금도 하루의 대부분을 양식을 모으고, 포식자를 피하고, 짝을 찾고, 변덕스러운 날씨에 쉴 곳을 찾는 데 쓴다.

지금으로부터 30만 년 전, 하나의 종으로서 호모사피엔스Homo Sapiens가 출현했을 때부터 인류의 삶을 떠민 힘은 다람쥐의 그것과 놀랄 만큼 비슷했다. 즉, 인간도 생존과 번식을 추구하는 데 한정된 삶을 살았다. 그저 생존 유지에 그치던 인간의 생활은 몇천 년이 지나도, 세계 어디에서도 크게 변치 않았다. 하지만 놀랍게도 지난 몇 세기 동안 인류의 생존 양식은 급격히 변했다. 역사를 통틀어 보면 하룻밤 새 삶의 질이 극적으로 향상되는 전례 없는 경험을 한 셈이다.

2,000년 전 예수가 살던 시기의 예루살렘 주민이 1800년 오스만제국 지배하의 예루살렘으로 시간 여행을 한다고 상상해 보라. 도시의 웅장한 새 성벽과 상당히 늘어난 인구, 그리고 새롭게 채택된 여러 혁신에 놀라워할 것이다. 하지만 오스만제국 지배하의 예루살렘이 로마 시대 때와 아주 다를지라도 우리의 시간 여행자는 비교적 쉽게 새로운 환경에 적응할 것이다. 물론 행동을 새로운 문화 규범에 맞춰야겠지만 기원후 1세기 때 자신의 직업을 유지하며 그런 대로 먹고살았을 것이다. 기원후 1세기의 지식과 기술이 19세기로 넘어가는 때에도 여전히 유용하기 때문이다. 또한 로마 시대에 견뎌야 했던 위험과 질병, 자연재해는 19세기에도 여전히 위험으로 존재하며 기대수명life expectancy(갓 태어난 아기가 몇 년을 더 살 것으로 기대할 수 있는지 알려 주는 평균 생존 연수 — 옮긴이) 역시 별반 달라지지 않았음도 깨달을 것이다.

그런데, 우리의 시간 여행자가 21세기 초 예루살렘으로 200년만 더 이동했을 때를 상상해 보라. 그들은 극도로 경악할 것이다. 자신들의 기술은 이제 쓸모없고, 웬만한 직업을 가지려면 교육부터 받아야 한다. 21세기 초의 일상적 기술은 그들에겐 마법처럼 보일 것이며, 온갖 치명적 질병이 뿌리 뽑혔으니 기대수명은 즉각 곱절로 늘어난다. 이러한 변화에 따라 시간 여행자는 완전히 다른 사고방식과 삶에 대한 장기적 접근법을 고민해야 한다.

이 두 시대의 차이는 너무나 벌어졌기 때문에 우리가 그리 멀지 않은 과거에 지나온 세계를 상상하기란 어려운 일이다. 17세기 영국의 철학자 토머스 홉스Thomas Hobbes는 인류의 삶을 매우 직설적으로 표현했다. "끔찍하고 잔인하며 짧았다"고.[1] 17세기 때 아기 넷이 태어나면 그중 한 명은 추위와 배고픔, 질병으로 첫돌 전에 죽었고, 출산 중에 사망하는 산모도 많았으며, 기대수명은 마흔을 넘기는 경우가 드물었다. 태양이 지평선으로 넘어가면 어둠이 모든 것을 집어삼켜 버리던 시기다. 남녀노소 할 것 없이 식수를 길어 오는 데 오랜 시간을 쏟아부어야 하고, 목욕은 어쩌다 한 번씩만 할 수 있으며 겨울에는 집 안의 자욱한 연기를 견뎌야 했다. 대부분이 시골에서 태어나, 태어난 곳을 벗어나는 일은 드물었다. 먹을거리는 보잘것없고 단조롭기 그지없었고, 글을 읽지도 쓰지도 못했다. 경제 위기가 닥치면 단순히 허리띠를 졸라매는 것 말고는 방법이 없었다. 숱한 이들이 허리띠를 졸라매다 굶주리고 목숨까지 잃었다. 한마디로 음울한 시대였다.

오늘날 일상에서 인류가 겪는 곤란 중 많은 것은 그리 멀지 않은 과거에 살던 선조의 그것과 비교하면 아무것도 아니다. 인류사에서 생활수준이 꾸준히 향상됐음은 상식으로 여겨졌다. 그러나 이는 곡해다. 물론 기술은 점진적으로 진보했고, 시간이 지나면서 그 속도가 빨라졌지만, 생활수준은 기술만큼 향상되지 못했다.

지난 몇 세기에 생활수준이 놀랄 만큼 높아진 것은 그야말로 변혁의 산물이었다. 겨우 몇 세기 전 인류의 삶은 몇천 년 전 선조의 그것과 비슷했다. 지역마다 생활수준이 크게 다른 것도 아니었다. 지구 어디든 인류의 삶은 비슷했다. 예를 들면, 16세기로 접어들 때 잉글랜드 농민의 생활은 11세기 중국의 농노나 1,500년 전 마야문명의 농민, 기원전 4세기 그리스의 목축인, 5,000년 전 이집트의 농민, 1만 1,000년 전 예리코(예루살렘 북동쪽에 있는 도시로 신석기와 청동기시

13

대 유적이 많다 ― 옮긴이)의 목축인과 비슷했다.

하지만 19세기의 동이 튼 후, 인류사에서 극히 짧은 시간에 인간의 기대수명은 2배 이상으로 늘어났다. 1인당 소득은 가장 발전한 지역의 경우 20배로 치솟았으며, 지구 전체로 따져도 14배로 높아졌다(도표 1).[2] 호모사피엔스 출현 이후의 그 어떤 변화도 무색케 할 만큼 삶의 질이 달라졌다. 너무나 짧은 시간에 일어난 급격한 향상이

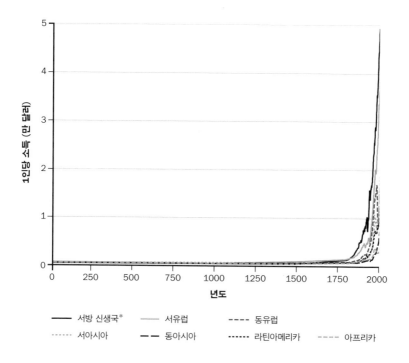

도표 1. 성장의 수수께끼

지난 2세기에 세계 1인당 소득의 성장은 수천 년간의 정체 뒤에 급격히 이뤄졌다.[3]

*유럽 이주민이 세운 미국, 캐나다, 호주, 뉴질랜드. 영국 경제사학자 앵거스 매디슨Angus Maddison의 정의로, 서방 파생국Western Offshoots이라고도 한다. (옮긴이)

14

라, 인류는 이 기간이 얼마나 예외적인지를 쉽게 망각한다. 지난 몇 세기 동안 건강과 부, 교육 면에서 나타난 변화는 상상하기도 어려운 것이었다. 삶의 질은 호모사피엔스 출현 이후의 그 어떤 변화도 무색하게 할 만큼 달라졌다. 그렇다면 이 '성장의 수수께끼Mystery of Growth'를 어떻게 설명할 수 있을까?

1798년 영국의 학자 토머스 맬서스Thomas Malthus는 까마득한 옛날부터 인류사 속 '빈곤의 덫poverty trap'과 생활수준을 정체시키는 기제에 대해 그럴듯한 이론을 제공했다. 기술혁신을 통해 식량의 여유가 생기면 생활수준은 향상되지만, 그때마다 출산율은 필연적으로 증가하는 반면 사망률은 감소하므로 생활수준 개선은 언제나 일시적일 뿐이라는 것이다. 그러므로 생활수준이 향상됨에 따라 인구가 늘어나면서 잉여 식량은 고갈되고, 그 때문에 생활 형편은 다시 겨우 생존을 유지하는 수준으로 돌아간다. 맬서스의 눈에는 다시 혁신을 이루기 전처럼 사회가 빈곤해지는 것은 시간문제일 뿐이었다.

최근의 생활수준 약진을 이루기 전의 인류사 전체를 '맬서스 연대Malthusian epoch'라고 한다. 당시 기술 진보의 결실은 늘어난 인구를 유지하는 데 주로 쓰였다. 즉, 당시 기술 진보는 인류의 장기적 번영에 아주 더딘 영향을 미쳤을 뿐이다. 실제로 생활 조건이 정체되고, 인류가 생존을 유지하는 수준에 머무르는 동안에도 인구는 증가했다. 지역 간 기술 수준과 토지 생산성의 차이는 인구밀도의 차이로 나타났지만, 생활 조건 차이에 미친 영향은 일시적이었다. 그러나 얄궂게도 맬서스가 막 논문을 완성하고 빈곤의 덫이 언제까지나 이어지리라 선언하던 바로 그때, 맬서스 기제는 갑자기 힘을 잃었다. 정체에서 성장으로의 대전환이 일어난 것이다.

인류는 빈곤의 덫을 어떻게 부수고 나왔을까? 맬서스 연대가 지속된 근본 원인은 무엇일까? 경제적 빙하기를 지속시킨 힘과 그로부터 탈출하게 해 준 힘에 대해 안다면, 지금 인류의 생활 조건이 왜 이토록 불평등한지 더 잘 이해할 수 있을까? 국가의 부에서 거대한 불평등이 나타난 까닭을 이해하려면 어떻게 해야 할까? 인류의 발전 과정을 전체적으로 보면서, 그 밑바탕에 있는 추진력을 밝혀내야 한다. 나는 이러한 확신과 증거에 고무돼, 인류의 여정을 포괄적으로 설명하려는 통합적 이론을 개발해 왔다.[4] 생활수준의 정체 시기를 지속적 성장 시기로 바꿔 준 힘을 조명해 보면, 국가의 운명에 새겨진 먼 과거의 지문指紋이 드러날 것이다.

이 여정을 따라가는 여행의 1부에서는 성장의 수수께끼를 탐구한다. 인류사 대부분에 걸쳐 인류를 생존 유지형 삶에 가둔 덫의 구조를 밝히고, 일부 사회가 마침내 이 덫을 부수고 나와 전례 없는 수준의 번영을 실현시킨 힘에 초점을 맞췄다.

이 여행의 출발지는 다름 아닌 인류의 출발점이다. 거의 30만 년 전, 동아프리카에서 호모사피엔스가 출현한 데서 시작해 인류의 여정에서 가장 중요한 이정표를 추적한다. 몇만 년 전 호모사피엔스가 아프리카를 벗어나 이주하고, 수렵·채집 사회가 정착해 살아가는 농업공동체로 전환되고 이후 산업혁명과 인구변천Demographic Transition 이이뤄진 것이 중요한 이정표다.[5]

인류사에는 우리를 매혹하는 세부적 이야기가 가득하다. 강대한 문명이 일어나고 무너지며, 카리스마 넘치는 황제가 군대를 이끌고 대규모 정복에 나서지만 패배한다. 예술가가 보석처럼 황홀한 문화를 창조하고, 철학자와 과학자들이 세계를 이해하는 지평을 넓힌 이야기 같은 것들이다. 이에 더해 주목받지 못했던 숱한 사회와 수십억의 인류 각자에 대한 이야기까지 있다. 그러나 세부적 이야기의 바다 위에만 있다 보면 수면 아래의 강력한 조류를 모른 채 그저 이야기의 파도에 흔들리며 표류하기 십상이다. 이 책은 바로 그 수면 아래의 조류, 즉 인류의 발전 과정 속 밑바탕에 있는 힘을 보려 한다. 책을 통해 그 드러나지 않는 힘이 어떻게 가차 없이 작동했는지 알 수 있을 것이다.

이처럼 경제적 빙하기를 거치면서 차츰 속도를 더하던 발전의 흐름은 산업혁명 과정의 기술 진보가 가속화되면서 마침내 티핑 포인트tipping point(서서히 쌓인 변화가 갑자기 폭발적 변화로 바뀌는 순간. 복잡계 과학의 임계점critical point과 같은 맥락에서 쓰는 표현이다 — 옮긴이)를 넘었다. 이때부터 개인은 기술적 환경 변화에 적응하기 위해 교육을 받아야 했다. 출산율은 낮아지기 시작해, 인류는 생활수준 향상을 상쇄하던 인구 증가의 영향에서 벗어났다. 이러한 변화는 생활수준이 치솟는 오늘날의 장기적 번영을 불러왔다.

이 여행에서의 핵심 질문은 지구상 인류의 지속 가능성이다. 분명 맬서스 연대에는 기후 조건과 전염병으로 인해 인구가 급격히 감소하는 참화가 있었다. 오늘날 인류의 성장 과정이 환경 파괴와 기후 변화에 미치는 영향을 보면 인류가 지속 가능한지, 지난날의 재앙적 인구 변동을 피할 수 있을지 우려하게 된다.

하지만, 인류의 여정은 희망을 품고 인류의 앞날을 내다볼 수 있게 한다. 세계 출산율은 꾸준히 하락하고 '인적자본human capital' 형성과 기술혁신이 가속화되는 티핑 포인트에 이르렀기 때문이다. 이러한 변화는 인류가 환경과 기후에 미치는 불리한 영향을 누그러뜨릴

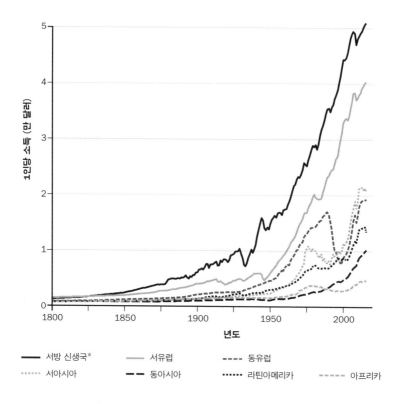

서방 신생국*   서유럽   ---- 동유럽

······ 서아시아   ─ ─ 동아시아   ······ 라틴아메리카   ----- 아프리카

도표 2. 불평등의 수수께끼

지난 2세기 동안 세계 각 지역의 1인당 소득에서 격차가 확대됐다.[7]

＊미국, 캐나다, 호주, 뉴질랜드(옮긴이)

수 있게 하며, 인류의 장기적 지속 가능성에서 핵심 요소이다.

　최근 장기적 번영의 성과가 치솟았을 때 세계의 일부 지역만이 그 혜택을 누렸다. 이는 인류에게 독특하게 나타나는 두 번째 중대한 변화를 촉발했다. 여러 사회에 걸쳐 나타난 거대한 불평등이 그것이다. 불평등의 원인은 인류가 정체기에서 탈출한 시기가 지역마다 달랐기 때문이다. 실제로 서유럽과 그로부터 파생된 북아메리카와 오세아니아 일부 국가는 생활 조건에서 놀라운 도약을 19세기에 경험한 반면 아시아와 아프리카, 라틴아메리카의 대부분 지역에서는 그 시기가 20세기 후반에야 왔다(도표 2). 그렇다면 또 다른 의문이 생긴다. 왜 어떤 지역에서는 생활 조건의 도약이 더 일찍 일어났을까? 먼저 성장의 수수께끼를 풀고 나면 그 불평등의 수수께끼Mystery of Inequality를 다룰 수 있다.

여행의 2부에서는 지난 200년간 사회마다 발전 경로가 달랐던 이유와 국가별 생활수준에서 격차가 대폭 확대된 근본 원인이 무엇인지를 탐구한다. 이러한 불평등의 밑바탕에 있는 뿌리 깊은 요인을 밝혀내려면 여행 진로를 다시 먼 옛날로 되돌려야 한다. 역사적으로 중요한 일련의 단계를 되짚어가다, 궁극적으로 이 모든 것이 시작된 시기까지 거슬러 올라갈 참이다. 바로 몇만 년 전, 호모사피엔스가 아프리카를 벗어난 시기다.

이 과정에서 인류의 제도와 문화, 지리, 사회 측면의 요인을 두루 고려할 것이다. 먼 과거에 나타난 이 요인은 여러 사회를 저마다의 독특한 역사적 궤도로 이끌었으며, 그 사회가 정체기에서 벗어나는 시점에까지 영향을 미쳐, 궁극적으로는 부의 격차를 불러왔다. 역사의 흐름에서 우연히 나타나는 결정적 전기轉機, critical juncture에 제도적 개혁이 이뤄지면서 각국은 저마다 다른 길을 갔고, 갈수록 그 차이는 더 벌어졌다. 마찬가지로 세계에서 서로 다른 문화적 규범이 확산되면서 역사의 거대한 톱니바퀴도 제각각 움직였다.[6)]

그러나 머나먼 과거에서 뿌리를 찾을 수 있는 더 심층적 요인이 문화적 규범과 정치제도, 기술 변화가 각기 달리 나타나도록 뒷받침하며 사회의 번창과 번영 가능성을 좌우했다. 먼저, 토양과 기후의 유리한 특성 같은 지리적 요인은 협력과 신뢰, 성 평등, 미래 지향적 사고처럼 성장을 촉진하는 문화적 특성을 배양했다. 예를 들어 플랜테이션plantation(선진국 기업이 열대와 아열대 지역에서 자본과 기술을 대고 원주민의 값싼 노동력을 이용해 대규모로 상품작물을 재배하는 농업 방식 — 옮긴이)에 적합한 토지인 경우 착취와 노예제, 수탈적 정치제도의 출현과 유지를 도왔다. 질병이 흔히 발생하는 환경이라면 농업과 노동의 생산성, 교육투자 그리고 장기적 번영에 분명 불리하다. 또한 인류가 정착해 살아가는 농업공동체로 바뀌는 데 도움을 준 생물다양성biodiversity도 산업혁명 이전 시대의 발전에 유익한 요인이었다. 다만, 현대사회로 바뀌면서 이와 같은 지리적 요인은 그 영향력이 줄어들었다.

지리적 요인과 더불어 인류 경제 발전의 근본적 동력으로서, 현대의 제도적·문화적 특성 뒤에 숨은 요인이 하나 더 있다. 바로 사회 내의 인적다양성human diversity이다. 다만 인적다양성은 혁신에는 유리하되, 사회 응집력에는 부정적으로 작용할 가능성도 있다. 인류사에서 지리적 요인의 역할을 탐구하려면 농업 혁명의 여명기인 1만 2,000년 전으로 돌아가면 된다. 하지만, 인적다양성의 원인과 그 영향을 탐구하려면 1만 2,000년 전보다 더 거슬러 올라가야 한다. 무려 인류가 아프리카 너머 첫걸음을 내디딘 몇만 년 전으로 말이다.

물론 이 시도가 인류사의 핵심적 추동력을 설명하려는 첫 시도는 아니다. 이미 플라톤과 게오르크 빌헬름 프리드리히 헤겔Georg Wilhelm Friedrich Hegel, 카를 마르크스Karl Marx 같은 위대한 사상가는 역사의 경우 피할 수 없는 보편적 법칙에 따라 전개된다고 주장했다.[8] 스스로 운명을 만들어 가는 사회의 역할을 무시한 채 말이다.

이 책은 인류가 유토피아utopia나 디스토피아dystopia를 향해 거침없이 행진한다고 단정하지도 않고, 그 여정의 방향과 결과가 바람직한지 판단하기 위한 도덕적 통찰을 제공한다고 주장하지도 않는다. 다만, 지금의 현대사회를 정치적·사회적 갈등이 사라진 에덴동산으로 비유하긴 어렵다는 말쯤은 할 수 있겠다. 거대한 불평등과 부정의는 지금도 끈질기게 살아 있기 때문이다. 다만, 국가의 부에서 가늠하기조차 어려운 불평등의 궁극적 원인을 찾고, 이를 누그러뜨리기 위해 호모사피엔스 출현 이후의 사회 진화 양상을 과학에 기반을 두고 여러 학문 분야에 걸쳐 설명하려 했다.

이 여정 끝에서 나온 전망에 대해 미리 말해 두자면 기본적으로 희망적이다. 지구의 모든 사회를 아우르는 궤도를 봐도 그러하며, 이런 관점은 기술 발전을 진보로 보는[9] 문화적 전통과도 일치한다. 앞으로 명백히 밝히겠지만, 인류의 여정 밑바탕에 있는 거대한 힘이 계속 가차 없이 작동하는 가운데 교육과 관용, 그리고 더 높은 수준의 성 평등이야말로 인류를 향후 몇십 년 또는 몇 세기 동안 번창토록 할 열쇠이다.

이 책은 인류의 여정 속 거대한 궤적에 초점을 맞추지만, 그렇다고 각 사회 안팎에서 자란 거대한 불평등을 가볍게 다루진 않는다. 인류의 빈곤과 부정의를 줄이고, 번영에 이바지할 수 있는 행동에 대한 이해를 높임으로써 인류 모두의 역량을 키우도록 독려하는 것이 책을 쓴 목적임을 분명히 밝혀 둔다.

차례

1부   인류의 여정   ●

1 ——— 첫걸음

오늘날 이스라엘에서 카르멜산Mount Carmel(항구도시 하이파 동남쪽
에 있는 산악 지역. 남서쪽 비탈의 여러 동굴에서 네안데르탈인 유골과 초기 인
류의 거주 흔적이 발굴됐다 — 옮긴이)의 여러 동굴로 가는 구불구불한 길
을 오르노라면 선사시대에 이곳을 둘러쌌을 장엄한 자연환경을 그
려 볼 수 있다.

당시 지중해의 기후는 기온 변동이 완만하고 어느 계절이라도 기
분 좋은 상태였을 것이다. 여러 산을 뚫고 굽이져 흐르는 시내는 식
수로 쓰였을 것이다. 산맥 옆자리 숲은 사슴과 가젤, 코뿔소, 멧돼지
를 사냥하는 데 알맞았을 테고, 좁은 해안 평원과 사마리아산맥에
접한 광야에서는 곡물과 과일나무의 선사시대 종이 자랐을 것이다.
이렇듯 카르멜산 동굴 주위는 따뜻한 기후와 생태적 다양성 덕분에
몇천 년간 수많은 수렵·채집 부족의 이상적 주거지가 됐을 것이다.
인류 진화와 관련해 유네스코UNESCO가 세계문화유산 보호 지역으
로 지정한 이 동굴에서 발굴된 유적은 호모사피엔스와 네안데르탈인

의 조우 가능성으로 관심을 끌 뿐 아니라 수십만 년에 걸친 일련의
선사시대 정착지에 대해 증언한다.[1] 고인류와 초기 현생인류는 느리
긴 해도 꾸준히 신기술을 익히고, 불을 능숙히 쓰고, 더 정교한 날붙
이와 부싯돌, 석회석 도구를 개발하고 공예품을 만들었다.[2] 카르멜
산과 전 세계의 다른 유적지에서 고고학적으로 밝혀낸 사실이다.

이렇게 인류를 정의하고 인류를 다른 종과 구분해 주는 이 문화
적·기술적 진보의 핵심적 동력은 다름 아닌 인류 뇌의 진화였다.

인류의 기원

인류 뇌는 비상하다. 지구 어떤 종의 뇌보다 크고 압축적이며 복
잡하다. 인류 뇌 크기는 지난 600만 년간 3배로 커졌는데, 이 변화는
지난 20~80만 년 전, 그러니 호모사피엔스 출현 전에 압축적으로 일
어났다.

인류사의 오랜 진행에서 인류 뇌의 능력은 왜 이토록 크게 확대
됐을까? 얼핏 보면 답은 명확해 보인다. 발달한 뇌를 가짐으로써 인
류는 지구상의 어떤 종도 따라올 수 없는 수준의 안전과 번영을 이
뤘으니 말이다. 그러나 내막은 훨씬 복잡하다. 인류 뇌가 생존에 유
리하다면, 왜 다른 종은 수십억 년간 진화 속에서 인류처럼 뇌를 발
전시키지 못했을까?

일단 생물의 시각기관을 생각해 보자. 생물의 시각기관은 종에
따라 몇몇 경로를 통해 독자적으로 진화했다. 예를 들어 벌과 거미,
해파리, 불가사리 같은 무척추동물은 더 단순한 형태의 안점眼點이나
홑눈을, 두족류頭足類(갑오징어, 오징어, 문어 등)나 척추동물(양서류, 조류,
어류, 포유류, 파충류)은 더 복잡한 형태의 시각기관을 가지도록 진화

했다. 5억 년 넘는 시간을 거슬러 올라가 만날 선조들의 시각기관은 빛과 어둠을 구별할 정도로 초보적인 구조였을 것이다.[3]

시각기관이 정밀할수록 생존에 유리하니 여러 종 가운데 일부는 서식지에 적응하면서 정밀한 시각기관을 가지도록 독립적으로 진화했다. 이러한 진화를 **수렴진화**convergent evolution(선조가 아주 다른 종이 유사한 서식 환경에 적응하면서 비슷한 특성을 가지는 진화. 같은 선조에서 갈린 종이 비슷한 특성을 가지면 평행진화parallel evolution라고 한다 — 옮긴이)라고 한다. 같은 선조가 가진 특성이 나타났다기보다 다른 종에서 비슷한 특성이 독자적으로 진화한 셈이다. 이 외에도 수많은 예가 있다. 곤충과 새(조류), 박쥐(포유류)의 날개가 비슷하게 진화하고, 상어(어류)와 돌고래(포유류)의 몸통 모양이 비슷하게 진화한 것이 그 예다. 즉, 지구상의 다양한 종은 서로 비슷한 특성을 가지되 이를 독자적으로 획득했다.

인류를 제외하고는 문학과 철학, 예술 분야의 걸작을 만들거나 쟁기와 바퀴, 나침반, 증기기관, 전신, 비행기, 인터넷을 발명할 수 있는 뇌를 가진 종은 지구상에 없다. 강력한 뇌가 명백한 이점을 가졌음에도 왜 자연계에선 이토록 드물게 나타났을까?

이 수수께끼의 해답은 그 강력한 뇌의 약점 두 가지에서 찾을 수 있다. 첫째, 에너지 소모가 크다. 인류의 뇌 무게는 체중의 2퍼센트밖에 안 되지만 에너지의 20퍼센트를 소비한다. 둘째, 크기 때문에 태아의 머리가 산도産道를 통과하기 어려워진다. 이로 인해 인류 뇌는 다른 종의 뇌보다 더 '주름 잡혀' 압축됐으며, 인류 아기는 성숙기에 이르는 몇 년간 미세 조정이 필요한 '반쯤 여문' 뇌를 가지고 태어난다. 다른 종의 새끼는 태어난 직후 스스로 걷고, 빠르게 먹을 것을

1부 인류의 여정

직접 구할 수 있다. 하지만 인류는 스스로 걷기까지 몇 년이 걸리고, 물질적으로 자급자족하기까지 오랜 시간을 써야 한다.

그렇다면 인류 뇌는 어떻게 발달했을까? 연구자들은 그 과정에 몇 가지 요인이 함께 작용했다고 주장한다. 먼저 생태적 가설ecological hypothesis에서는 인류 뇌의 진화를 환경상 문제에 노출된 데 따른 결과로 본다. 기후가 바뀜에 따라 주변 종의 개체 수가 증감하는 가운데, 상대적으로 더 발달한 뇌를 가진 선사시대 인류는 생태 환경이 바뀌어도 생존하고 번성하도록 새로운 식량의 원천을 찾아내고, 수렵·채집 전략을 짜고, 요리와 저장 기술의 개발을 더 능숙히 했을 것이다.[4]

반면 사회적 가설social hypothesis에서는 진화의 요인을 복잡한 사회 구조 안에서 찾는다. 즉, 인류가 협력하고 경쟁하며 상호 거래할 필요성이 커지면서, 타인의 동기를 이해하고 반응을 예상하는 일을 더 잘하도록 돕는 뇌가 진화에 유리하게 작용했으리라 주장한다.[5] 누군가를 설득하거나 조종하고, 누군가에게 아부하거나 이야기를 붙여 즐겁게 할 수 있는 자질은 모두 그 자체로 장점일 뿐 아니라 사회적 지위를 높여 준다. 이런 자질은 뇌의 발달을 자극하면서 연설과 토론 능력을 키워 주기도 한다.

한편 문화적 가설cultural hypothesis은 정보를 흡수하고 저장해 다음 세대로 전해 주는 뇌의 능력에 주목한다. 이 견해에 따르면 인류 뇌의 독특한 장점 한 가지는 타인의 경험을 통해 효율적으로 학습하는 능력이다. 이러한 능력은 느리게 진행되는 생물학적 적응 과정에 의존하지 않고 다양한 환경에서 생존력을 높이는 습관과 선호를 쉽게 습득하도록 돕는다.[6] 즉, 인류의 아기는 신체적으로는 무력하지만 뇌의 경우 학습할 수 있는 독특한 역량을 갖췄다. 이런 역량엔 문화를 이해하고 유지하는 능력도 포함된다. 여기서의 문화는 인류의 선조를 생존케 했고, 후손의 번영을 도울 행동 규범이다.

인류 뇌 발달에 도움이 됐을 또 다른 기제는 성선택sexual selection이다. 인류 뇌 자체가 진화상의 명백한 이점이 없더라도 인류는 더 발달한 뇌를 가진 짝에 대한 선호를 발전시켰을 수 있다.[7] [미국의 진화심리학자 제프리 밀러Geoffrey Miller의 《연애The Mating Mind》에 나오는 내용이다. 찰스 다윈Charles Darwin은 생존경쟁을 통한 진화(자연선택)뿐 아니라 번식의 경쟁으로 이뤄지는 진화(성선택)도 중요하다고 봤다. 밀러에 따르면 성선택은 자연선택보다 훨씬 지적인 과정이다 — 옮긴이] 아마도 복잡한 뇌가 자녀의 보호와 양육에 중요한, 눈에 보이지 않는 자질을 증명했을 테고 잠재적 배우자는 지혜와 또렷한 표현력, 빠른 사고 능력, 유머 감각처럼 인지할 수 있는 속성을 통해서 그런 자질을 추론할 수 있었을 것이다.

어쨌든, 인류 뇌의 진화는 인류를 독특한 발전 경로로 나아가도록 한 주요한 추진력이다. 이 진화는 갈수록 정교한 방식으로 이뤄져, 자연의 물질이나 주변의 자원을 인류에게 유용하도록 바꾸는 기술적 진보를 이루는 데 도움이 됐다. 이러한 진보는 다시 미래의 진화 과정을 열어, 인류가 변화하는 환경에 더 성공적으로 적응하면서 신기술을 더욱 발전시키고 활용토록 했다. 기술의 진보를 이끈 이러한 기제는 되풀이되고 강화됐다.

초기 인류는 불을 능숙히 다룬 덕분에 요리를 시작했다. 요리를 통해 씹고 소화하는 데 필요한 수고가 줄면서 뇌가 이용할 수 있는 에너지가 늘어났고, 두개골 안에서 턱뼈와 근육이 차지했던 공간의 여유로 인해 뇌의 추가적 성장이 촉진됐을 것으로 본다.[8] 이렇게 진화 주기가 강화되면서 요리 기술도 더욱 발전하고, 그에 따라 뇌는 더욱 커졌을 것이다.

하지만 인류를 다른 포유류와 구별해 주는 신체 기관은 또 있다. 바로 인류의 손이다. 뇌와 더불어 인류의 손도 부분적으로 기술과 발맞춰 진화했다. 특히 사냥 도구와 바늘, 요리 기구 따위를 만들고 이용하는 데 유리한 기술에 맞춰 진화했다.[9] 돌을 깎고 나무로 창을 만드는 기술에 숙달했을 때 이를 효과적이고 정확하게 쓸 수 있다면 생존 가능성이 높아진다. 수렵 능력이 뛰어나다면 가족을 더 확실히 부양할 수 있었으므로 더 많은 자녀를 성인으로 키울 수 있었다. 그 기술이 세대를 넘어 전해지며 인구 전체에서 능숙한 수렵인의 비중이 높아졌다. 여기에서 더 단단한 창, 더 강한 활, 더 날카로운 화살을 만드는 추가적 기술 진보가 이뤄지면서 인류 진화 과정에 더욱 유리하게 작용했다.

인류사를 보면 비슷한 성격의 상승작용을 나타내는 되먹임 고리가 계속해서 나타난다. 환경의 변화와 기술혁신은 인구를 증가시켰고, 달라진 거주지와 새로운 도구에 적응하도록 인류를 자극했다. 그렇게 인류는 환경을 다루고 새로운 기술을 창조하는 능력을 더욱 키웠다. 이 주기를 기억하라. 인류의 여정을 이해하고 성장의 수수께끼를 풀기 위한 핵심이기 때문이다.

요람으로부터의 대탈출

수십만 년 동안, 인류는 아프리카에서 작은 수렵·채집인으로 무리 지어 돌아다녔고, 이 과정에서 복잡한 기술과 사회적·인지적 능력을 계발했다.[10] 선사시대 인류가 더 능숙한 수렵·채집인이 됨에 따라 아프리카의 비옥한 지역 인구는 상당히 증가했고, 자연스럽게 인류가 이용할 수 있는 공간과 자원이 줄어들었다. 이제 인류는 기후 조건이 갖춰지자 또 다른 비옥한 토지를 찾아 다른 대륙으로 갈라져 나가기 시작한다.

호모에렉투스Homo erectus는 거의 틀림없이 인류 중 처음으로 수렵·채집 생활을 한 종이다. 이 종은 거의 200만 년 전에 유라시아 대륙으로 퍼져 나갔다. 지금까지 아프리카 밖에서 발견된 초기 호모사피엔스의 가장 오래된 화석은 21만 년 된 것(그리스 출토)과 17만 7,000~19만 4,000년 된 것(이스라엘 북부 카르멜산 출토)이다.[11] 즉, 아프리카를 떠난 첫 현생인류 후손은 멸종했거나 빙하기의 불리한 기후 조건 탓에 아프리카로 되돌아간 것으로 보인다.[12]

그다음으로 인류의 가장 최근 (모계) 선조인 미토콘드리아 이브Mitochondrial Eve(미토콘드리아 DNA가 모계로만 전해진다는 사실을 바탕으로 추적한 인류의 공통 선조 — 옮긴이)의 출현은 약 15만 년 전 아프리카에서였다. 당시 아프리카엔 수많은 여성이 있었겠지만 그들의 혈통은 최종적으로 사라졌다. 오늘날 지구상의 모든 인류는 이 아프리카 여성 한 명의 후손이다.[13]

현재 널리 받아들여진 '아웃 오브 아프리카Out of Africa' 가설에 의하면, 현재 전 세계 해부학상 현생인류 중 대부분의 선조는 다름 아닌 6~9만 년 전 아프리카에서 대규모로 이주한 호모사피엔스의 후손이다.[14] 그렇게 인류는 두 갈래로 아시아에 몰려갔다. 나일강 삼각주와 시나이반도를 거쳐 지중해 동쪽 지역인 레반트Levant로 가는 북쪽 길, 그리고 홍해 입구의 바브엘만데브Bab-el-Mandeb 해협(아라비아반

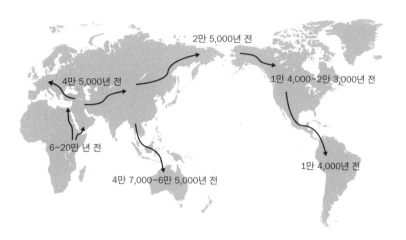

도표 3.　아프리카에서 시작된 호모사피엔스의 이주 경로와 연대

호모사피엔스의 이주 추정 경로와 대략적 연대는 지금도 새로운 발견이
계속되므로 자주 수정된다.

도와 아프리카 대륙 북동부 사이의 해협. 홍해에서 인도양으로 나가는 길목이
다 — 옮긴이)을 지나 아라비아반도로 들어가는 남쪽 길이다(도표 3).[15]

　　그렇게 첫 현생인류는 7만여 년 전엔 남동아시아에,[16] 4만
7,000~6만 5,000년 전엔 호주에,[17] 그리고 거의 4만 5,000년 전엔 유
럽에[18] 이르렀다. 그들은 대략 2만 5,000년 전에 베링기아Beringia(빙하
기에 해수면이 낮아져 아시아와 아메리카 대륙 사이의 땅이 드러나 생긴 연륙
교 — 옮긴이)와 가까운 지역에 정착했다. 그리고 홍적세 빙하기 때 베
링해협을 몇 차례 건너 1만 4,000~2만 3,000년 전엔 아메리카로 깊
숙이 들어갔다.[19]

　　아프리카에서 나온 이주의 물결은 지구 전역에서 인구의 규모와
다양성을 더했다. 선사시대 인류는 새로운 생태적 지위ecological niche(어

떤 종이 살아가는 데 적합한 특정 환경조건을 갖춘 지역 — 옮긴이)로 이주하면서 수렵·채집이 가능한 새 땅에 접근할 수 있었고 인구를 더 빠르게 증가시키기 시작했다. 그들이 다양한 환경에 새롭게 적응하면서 인적·기술적 다양성은 더욱 높아졌다. 또한 혁신의 확산과 이화수정cross-pollination(다른 나무의 꽃으로부터 꽃가루를 받는 방식. 여기서는 여러 혁신의 상호 교류를 뜻한다 — 옮긴이)이 촉진됐으며, 이러한 상황은 더 많은 인구 증가로 이어졌다.

하지만 인구가 증가하니 다시 비옥한 토지와 자원이 부족해졌다. 아프리카에서 첫 이주에 박차를 가했을 때처럼 말이다. 새로운 도구와 기술이 있었지만 인류의 생활은 점차 생존을 유지하는 수준으로 되돌아갔다. 기후가 바뀐 데다 증가하는 인구를 떠받칠 수 없자 인류는 결국 다른 생존 방식을 모색했다. 바로 농업이다.

정착 초기

거의 1만 2,000년 전, 마지막 빙하기가 지나가고 기후가 조금씩 따뜻해지면서 호모사피엔스는 극적 변화를 경험했다. 지구 곳곳에서 유목민처럼 떠돌던 인류는 정착 생활로 옮겨 갔고 예술과 과학, 문자와 기술 측면에서 진보의 큰 걸음을 내딛기 시작했다. 기원전 1만 3000~9500년 레반트 지역에서는 나투프문화Natufian culture가 번성했는데, 이곳에서 나온 증거를 보면 일부 지역에서는 농업 시작 전에 이미 정착 생활로 옮겨 갔음을 알 수 있다. 나투프인은 대부분 수렵·채집을 했지만 돌을 쌓은 건식 토대에 나뭇가지를 세워 만든 안정된 주거지에서 살았다. 정착지에 따라 그들은 많게는 몇백 명까지 모여 살았고, 정착지 바깥으로 사냥에 나서거나 그 지역의 야생 곡물을 거뒀다.[20] 그러나 당시 세계 인구의 대다수가 정착 생활을 택한 이유는 농업을 위해서였다.

신석기혁명Neolithic Revolution으로도 불리는 이 농업 혁명은 '비옥한 초승달 지대Fertile Crescent'에서 처음 일어났다. 그곳은 티그리스강과 유프라테스강 주변의 푸르른 지역과 지중해 동쪽 해안 그리고 이집트의 나일강 삼각주 일대로, 기를 수 있는 동식물이 매우 다양하고 풍부한 곳이다. 남동아시아에서도 약 1만 년 전 독자적으로 농업이 시작됐다. 이처럼 농업은 특정 지역에서 시작돼 유라시아 대륙 전체로 빠르게 퍼져 나갔다. 광활한 유라시아 대륙에서 농업이 급속히 퍼져 나간 데는 이유가 있다. 대륙이 동서로 뻗어 동식물이나 기술이 자연적 장애물에 부딪히지 않고 비슷한 위도를 따라 쉽게 전파될 수 있었기 때문이다. 미국의 지리학자이자 역사학자인 재레드 다이아몬드Jared Diamond가 《총, 균, 쇠Guns, Germs and Steel》에서 주장한 것처럼, 유라시아 대륙과는 대조적으로 사하라 남쪽 아프리카와 아메리카의 경우 농업으로의 전환 시기가 상당히 늦었다.[21] 기를 수 있는 동식물이 훨씬 적었던 탓이다. 중앙아메리카와 아프리카 일부 지역에서 농업이 일찍 시작되기는 했지만, 대륙이 북쪽에서 남쪽으로 이어진 탓에 지역별 기후와 토양의 차이가 컸다. 자연히 농사가 관행으로서 전파되는 속도는 더욱 느렸다. 여기에 아프리카의 경우 사하라 사막, 중앙아메리카의 경우 열대우림이 농업 확산을 가로막는 자연적 장벽으로 작용했다.

고통스러울 정도로 느린 수십만 년간의 기술적·사회적 변화를 거친 후에야 인류는 유목 생활에서 농업사회의 정착 생활로 넘어갔는데 불과 몇천 년 만에 이 변화가 모든 인류에게 퍼져 나갔다. 신석기혁명 시기의 인류는 지구 이곳저곳에서 다양한 야생 동식물을 재배하고 사육했다. 비옥한 초승달 지대에서는 처음으로 밀과 보리, 완두콩, 병아리콩, 올리브, 무화과, 대추야자를 길렀고 양과 염소, 돼지, 비둘기를 키웠다. 근처 트랜스코카서스 지역Transcaucasian region(흑해에서 카스피해에 이르는 산맥 지대인 코카서스의 남쪽 지방 — 옮긴이)에서는 포도와 석류를 길렀다. 중국에서는 벼를 재배했으며, 여기에 들소를 키우고 누에를 쳤다. 남동아시아에서는 오리를 길렀다. 인도아대륙에서는 참깨와 가지, 제부(긴 뿔과 어깨의 혹을 가진 소의 종류 — 옮긴이)를 키웠다. 아프리카에서는 수수와 얌(외떡잎식물 마목 마과의 여러해살이풀 — 옮긴이), 커피를 재배하고 당나귀를 길렀다. 뉴기니에서는 사탕수수와 바나나, 아메리카에서는 옥수수와 콩, 호박과 더불어 칠면조와 라마, 알파카를 키웠다.[22]

수렵·채집 사회와 달리 농업공동체는 훨씬 많은 산출물을 바탕으로 증가하는 인구를 부양할 수 있었다. 이렇게 농업사회가 누린 상당한 기술적 우위는 인류사의 핵심 중 하나로, 이 우위는 수천 년간 지속됐다. 수렵·채집 부족보다 규모가 크고 더 나은 기술을 갖춘 농업사회는 여러 대륙에서 번창하면서 결국 비농업 집단을 밀어내거나 흡수했다.

한편 각 농업공동체 안에서도 교역이 활발해지면서 개인은 농민 말고도 옹기장이, 베 짜는 사람, 도구 만드는 사람, 상인, 장인과 같은 특정 직업의 전문화를 꾀할 수 있었다. 그 결과 뚜렷이 구별되는 사회계층이 출현했으며, 그중에서도 특히 식량 대신 지식 창출에 전념하는 계층이 중요해졌다. 그들에 의해 예술과 과학, 문자와 기술이 발전하고 어우러지면서 문명의 시작을 알렸다.

문명이 동틀 때

초기의 농업사회는 신석기혁명 전에 지배적이었던 사회구조를 유지했다. 혈족 관계로 촘촘히 얽힌 이 소규모 부족사회의 응집력은 협력을 원활하게 했고 분쟁을 쉽게 누그러뜨렸다. 부족의 지도력이 공동체의 규칙을 집행하고 협력을 촉진했지만, 이렇다 할 사회계층이 출현한 경우는 드물었고, 거의 모든 개인이 농업이나 목축 활동에 참여했다.

그러나 정착지 규모가 커지면서 인구가 조밀해지고 직업이 다양해짐에 따라 혈족 관계의 틀에서 할 수 있는 것보다 더 광범위한 협력이 필요해졌다. 이를 위해 출현한 세밀해진 정치와 종교 제도는 인류의 선조가 더 큰 규모로 협력할 수 있게 했다. 그렇게 거대한 관개 체계와 사원, 위협적인 요새 그리고 가공할 군대가 생겨났다.[23] 지배자와 귀족, 사제, 예술가, 상인, 군인처럼 완전히 새로운 사회계층도 탄생했다.

세계에서 가장 먼저 생긴 정착지 중 하나인 예리코는 기원전 9000년 전후에 확장되기 시작했으며 성서 시대biblical period가 본격화할 때까지 존속했다. 예리코에는 각종 도구와 의례 용품을 풍족히 갖춘 집이 줄을 지었다. 예리코는 인구가 1,000~2,000명 수준으로, 돌로 쌓은 3.6미터 높이의 벽에 둘러싸인 구조였다. 또한 8.5미터나 되는 망루가 특징적이었다.[24]

기원전 7100~5700년경의 차탈회위크Çatalhöyük는 비옥한 초승달 지대에서 두 번째로 중요한 정착지였다. 특히 도기와 부싯돌, 흑요석으로 만든 도구, 그리고 사치품 교역의 중심지였다. 오늘날 튀르키예(터키) 아나톨리아에 있는 이 유적지에는 장식된 흙벽돌집이 서로 바짝 붙어 여러 줄로 늘어섰다. 전성기 때는 대략 3,000~1만 명이 살면서 밀과 보리, 콩류, 참깨, 아몬드, 피스타치오 농사를 짓고 양과 염소, 소를 포함해 길들인 가축을 키웠다.

고대 세계의 큰 도시 대부분은 4,000~6,000년 전 유프라테스강과 티그리스강, 나일강 기슭에서 생겨났다. 그중에는 고대 수메르Sumer와 아카드Akkad 문명의 중심지였던 우루크Uruk, 거주자가 거의 10만 명에 이르렀던 우르Ur, 그리고 고대 이집트의 멤피스가 있었다.[25] 중국, 뒤이어 인도와 그리스의 도시는 약 3,300년 전이 돼서야 비옥한 초승달 지대의 지배적인 정착지와 같은 규모에 근접했고, 북아프리카의 카르타고는 그로부터 1,000년이 지나서야 그 수준에 이르렀다. 흥미롭게도 2,000년 전까지 유럽의 도시 로마는 세계 최대 도시의 자리에 오르지 못했고, 20세기 전까지 미국의 뉴욕은 세계에서 가장 인구가 많은 도시의 왕좌를 차지하지 못했다.

그렇게 인류의 여정에서 다시 한 번 전환의 순간이 나타났는데, 그 원동력은 기술 진보였다. 이러한 전환은 다시 기술 발전으로 이어졌다. 이 시기에 갑자기 혁신이 가속화되면서 식물의 작물화와 동물의 가축화가 더욱 진전됐으며, 농작물의 재배와 저장, 통신, 운송 기술도 향상됐다. 괭이를 쓰던 경작 방식은 손으로 끄는 쟁기, 동물이 끄는 쟁기로 점차 발전했고, 관개시설도 향상돼 결국 계단식 농법까지 도입됐다. 인류는 불로 점토와 금속을 가공하는 방법에 숙달했으며 이 재료를 접합제와 함께 써서 주거 시설과 곡물 창고를 짓고 도구를 만들었다. 그들은 수력 에너지를 이용해 곡물을 빻고, 길들인 말과 당나귀, 낙타에 안장을 얹어 육로를 이동했으며, 풍력을 이용해 대양과 작은 바다 위를 미끄러져 나가는 법을 배웠다. 예리코인이 8.5미터짜리 무시무시한 망루를 세운 후 5,500년이 지났을 때 이집트인은 기자Giza 지역에 146.5미터까지 치솟았던 거대한 피라미드를 건설했다.

이에 더해 문자로 기록하는 기술이 5,500년 전 메소포타미아 남부 수메르에서 처음 나타났다. 이 기술은 5,200년 전 이집트, 3,300년 전 중국에서 대체로 독자적인 모습으로 출현했고 2,500년 전 중앙아메리카에서도 출현했다. 문자는 처음엔 회계와 기록용으로, 그다음엔 장례 때 비문碑文을 쓰기 위해 개발됐다. 그러나 문자는 사회가 쓸모 있는 지식을 저장하고 그것을 미래 세대에 전해 주며 통합을 위한 신화를 굳힐 수 있게 했다는 점에서도 중요했다.

더 이른 시기의 기술 변화가 늘 그랬듯 신석기혁명도 인류의 생활 방식과 도구를 바꿨을 뿐 아니라 생물학적으로 새로운 환경에 적응하도록 인류를 자극하기도 했다. 아마도 유전자와 문화의 공진화co-evolution(본래 다른 두 생물 종이 영향을 주고받으면서 더불어 진화하는 것을 말한다 — 옮긴이)를 가장 잘 보여 주는 것은 동물의 가축화가 유발한 적응 사례인 락타아제 지속성lactase persistence일 것이다. 락타아제는 유제품에서 나오는 당분인 락토스lactose(우유와 모유의 주요 당분인 젖당. 소장에서 락타아제에 의해 포도당glucose과 갈락토스galactose로 분해돼 에너지원으로 이용된다. 락타아제 결핍으로 분해되지 못한 젖당은 소장에서 흡수되지 못하고 소화장애를 일으킨다 — 옮긴이) 소화에 필수적 효소다. 다른 포유류처럼 선사시대 인류도 유아기에만 락타아제를 만들었다. 그러나 6,000~1만 년 전 서아시아와 유럽 그리고 동아프리카 인류의 경우 돌연변이로 락타아제를 지속적으로 생성함에 따라 유아기가 지나도 젖을 소화할 수 있었다.[26] 특히 이 지역 목축인 가운데 락타아제를 생성할 수 있는 성인이라면 동물을 휴대와 재활용이 가능한 식량원으로 이용할 수 있었다. 그에 따른 진화상 이점 덕분에 시간이 지나면서 전체 인구 중 해당 특성을 가진 사람이 우세해졌다. 그 결과 영국제도British Isles(잉글랜드, 스코틀랜드, 웨일스를 포함하는 그레이트브리튼Great Britain과 아일랜드, 맨섬Isle of Man을 아우르는 말 — 옮긴이)와 스칸디나비아지방의 성인 중 90퍼센트 이상이 락토스 내성耐性을 가지는데 비해 전통적으로 양과 소를 경제의 기반으로 삼지 않았던 동아시아 지역에서는 그 비율이 10퍼센트 밑으로 추락한다.[27]

인류가 진화를 통해 섭취할 수 있는 자연의 산물은 동물 젖뿐만이 아니다. 비슷한 돌연변이로 녹말을 소화할 수 있어 그에 따라 인류가 빵을 먹을 수 있었다. 물론 인류의 적응은 먹을거리 확장에만 그치지 않는다. 공간이 더 조밀해지고 동물의 가축화가 늘면서 감염병이 더 널리 퍼지니 그에 대한 저항력도 강해졌다. 그에 힘입어 일부 사회에서는 말라리아에 대한 타고난 면역력을 가졌다.[28]

이렇게 해서 농업 혁명은 기술 변화와 인류 적응 사이에서 상호 강화의 순환 주기가 작동할 수 있는 무대를 만들어 줬다. 기술의 변혁은 인구의 증가와 기후변화로 촉발되고 지리적 조건에 따라 모습을 달리하면서 일어났다. 더 많은 동식물을 재배하고 사육할 수 있으면서 인류와 환경의 물질적 관계가 변화했다. 그 결과 기술 변혁을 가능케 하는 동시에 기술에 대한 인류의 의존성도 키운 사회적·생물학적 적응이 이뤄졌다. 결국 이런 순환 주기를 통해 인구가 큰 폭으로 증가하면서 생활환경에 대한 인류의 통제력이 한층 강화될 수 있었다. 그때부터 지금까지 지속적으로 작용한 근본적인 힘으로서, 호모사피엔스를 지구의 지배적인 종으로 바꿔 놓은 것은 바로 이

순환 주기였다.

그러나 서두의 이야기처럼, 지식과 기술이 이토록 엄청나게 진보했는데도, 참으로 이상한 건 수명과 삶의 질, 그리고 물질적 안락함과 번영 정도로 가늠하면 인류의 생활수준은 대체로 정체됐다는 사실이다. 이 수수께끼를 풀려면 우리는 이 정체의 근본 원인인 '빈곤의 덫'을 더 깊이 파고들어야 한다.

2 _____ 정체의 시대

    18세기 영국의 성직자 맬서스는 잉글랜드의 사회적 엘리트 계층에 드는 부유한 집안에서 자랐다. 그는 영향력 있는 학자로서 윌리엄 고드윈William Godwin과 니콜라 드 콩도르세Nicolas de Condorcet 같은 당대 철학자들의 공상적 이상주의utopianism를 개탄했다. 계몽주의 시대의 명사였던 이 철학자들은 인류가 걷는 길을 이상적 사회로 가는 필연적인 진보로 그렸다. 1798년 맬서스는 《인구론An Essay on the Principle of Population》(본래 제목은 《인구의 원리에 관한 일론─論》으로, 초판은 익명으로 발행됐다 ─ 옮긴이)을 출간했다. 이 책에서 맬서스는 당시 널리 받아들여졌으나 그가 보기에는 순진한 견해에 대해 깊은 회의를 드러냈다. 그는 생산을 늘려도 결국 인구 증가 때문에 고갈될 터이므로 장기적으로 인류는 결코 번영할 수 없으리라는 음울한 주장을 폈다.

    맬서스는 동시대인에게 상당한 영향을 미쳤다. 데이비드 리카도David Ricardo와 존 스튜어트 밀John Stuart Mill을 비롯해 저명한 정치경제학자들 중 몇몇은 그의 주장에 깊은 영향을 받았다. 마르크스와

1부 인류의 여정

프리드리히 엥겔스Friedrich Engels는 고통스러운 현실에서 계급의 지배를 받는 제도의 역할을 소홀히 다뤘다며 맬서스를 공격했지만, 다윈과 앨프리드 러셀 월리스Alfred Russel Wallace는 자신들의 대단히 유력한 논리를 발전시키는 데 맬서스의 논문이 결정적 영향을 미쳤다며 그 공을 돌렸다.

돌이켜 보면 과거에 존재했던 세계에 대한 맬서스의 묘사는 아주 정확했다. 정작 완전히 틀린 부분은 인류의 미래 부분이었다. 그는 너무나도 비관적인 예측을 냈다.

맬서스의 논지

산업화 이전 시대의 어떤 마을을 상상해 보자. 이 마을 사람들은 철제 쟁기를 써서 밀을 더 효율적으로 재배하는 방법을 고안함으로써 빵을 생산하는 능력을 대폭 확충했다. 처음엔 마을 사람들의 식생활이 개선되고, 남는 식량을 거래하면서 생활 조건이 향상될 것이다. 식량이 풍부하니 일을 줄이고 여가를 즐길 수도 있을 것이다.

그러나 맬서스는 결정적으로, 이처럼 남아도는 식량 덕분에 마을 사람들이 더 많은 자녀를 낳아 생존하도록 부양할 수 있으니 그에 따라 시간이 지나면 이 마을의 인구는 증가한다고 주장했다. 그런데 밀 재배지는 한정적이니 인구 증가로 인해 마을 사람들 각자에게 돌아가는 빵은 점차 줄어들 것이다. 그렇게 처음에 높아졌던 생활수준은 다시 떨어지고, 이 과정은 주민 각자에게 돌아가는 빵의 양이 처음 수준으로 돌아가야 멈출 것이다. 장기적으로 보면 안타깝게도 기술 진보 덕분에 인구는 증가하되 더 부유해지진 않을 것이다. 지구의 모든 생물이 이와 같은 '덫'에 걸렸다.

어떤 섬에 있는 한 무리의 늑대를 생각해 보자. 지구가 추워지면서 해수면이 낮아지니 토끼가 평화롭게 사는 건너편 섬으로 건너갈 수 있도록 땅이 드러난다. 늑대가 이 새로운 사냥터에서 더 많은 먹이를 얻을 수 있으니 그들의 생활수준은 향상된다. 더 많은 늑대 새끼가 성숙기까지 살아남고 결과적으로 늑대의 개체 수는 폭발한다. 하지만 더 많아진 늑대가 한정된 수의 토끼를 나눠 먹어야 하므로, 늑대의 생활수준은 지구가 추워지기 이전 수준으로 되돌아간다. 더 많은 자원을 쓸 수 있어도 장기적으로 더 잘살지는 못한다.

맬서스의 가설은 기본적으로 두 가지 토대 위에 세워졌다. 첫 번째 토대는 자원(농산물, 어획물, 수렵·채집에서 얻은 보상물)이 늘어남에 따라, 인류가 재생산을 추구하는 생물학적·문화적·종교적 성향에 이끌려 자녀를 더 많이 가지며, 자녀의 영양 상태가 좋아지면서 사망률이 낮아진다는 것이다.

두 번째 토대는 살아가는 공간이 제한된 경우, 인구가 증가하면 언제나 생활 조건이 나빠질 위험이 뒤따른다는 것이다. 맬서스에 따르면, 인구 규모는 두 가지 기제를 통해 이용 가능한 자원에 적응한다. 먼저 **적극적 억제**positive check(적극적 제동이라고도 한다 — 옮긴이)의 경우, 인구 증가가 식량 생산보다 빠를 때 굶주림과 질병 그리고 자원을 둘러싼 전쟁이 더 자주 발생하니 사망률이 높아진다. 그리고 **예방적 억제**preventative check(예방적 제동이라고도 한다 — 옮긴이)의 경우, 자원이 부족해서 결혼을 늦추거나 피임법을 이용하니 출산율이 낮아진다.

그렇다면 맬서스의 논지가 시사한 대로, 산업화 이전 시대의 기술 진보는 인구가 증가하더라도 더 부유해지지 못하는 결과를 불러왔을까? 이 시대에는 기술적 정교함과 인구 증가 사이에 긍정적인 상관관계가 있었다는 증거가 분명 존재한다. 하지만 그런 상관관계가 곧 기술이 인구에 영향을 미쳤다는 것을 뜻하지는 않는다. 사실 이 시기의 기술 진보는 부분적으로 인구 증가의 결과였다. 인구 규모가 커지면 잠재적 발명가가 더 많아지고, 발명에 대한 수요도 더 많아지기 때문이다. 여기에 문화와 제도 혹은 환경 측면의 또 다른 독립적 요인이 기술 발전과 인구 규모 양쪽에 기여했을 수도 있다. 즉, 이 둘 사이의 긍정적인 상관관계를 이와 같은 여러 요인으로 설명할 수 있다. 다시 말해, 기술과 인구의 상관관계 자체가 맬서스의 논지를 뒷받침할 증거가 될 수 없다.

다행스럽게도 우리는 신석기혁명 덕분에 맬서스의 논지가 타당한지를 흥미로운 방법으로 시험할 수 있다. 다이아몬드가 설득력 있게 주장했듯이 신석기혁명을 상대적으로 빨리 거친 지역은 다른 지역과 비교해 기술적으로 앞서 출발하는 이점을 누렸으며, 그 효과가 몇천 년간 지속됐음을 시사하는 강력한 증거가 있다.[1] 어떤 지역이 언제 신석기혁명을 거쳤는지 (혹은 활용 가능한 동식물이 얼마나 많았는지) 알아낸다면 지역의 기술 진보 수준을 추정할 수 있다. 어느 한 시점을 놓고 보더라도 신석기혁명을 더 일찍 경험했던 지역이라면 더 높은 수준의 기술적 정교함을 보일 것이라 예상할 수 있다. 즉, 다른 요인이 모두 같을 때 신석기혁명을 더 일찍 거친 지역이 또한 인구 규모가 더 크거나 부유하다면, 그 차이의 원인은 기술 진보임이 명백하다.

이러한 접근 방식을 이용하면, 실제로 산업화 이전 시대의 경우 맬서스 기제가 작동했음을 알 수 있다. 예를 들어 기원후 1500년에는 신석기혁명이 시작된 시기가 빨라 기술 수준이 높다고 추정되는

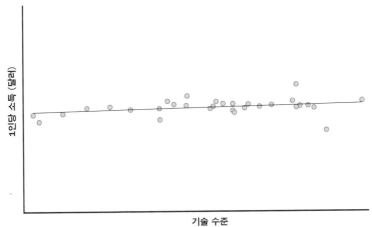

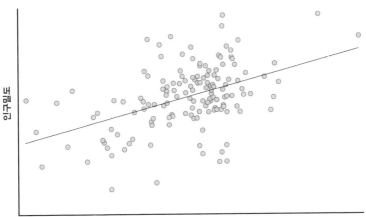

도표 4. **1500년 기술 수준이 인구밀도와 1인당 소득에 미친 영향**

해당 그래프는 국가 간 지표의 차이를 바탕으로 했으며 (신석기혁명 이후에 지나온 시간으로 유추한) 기술 수준이 인구밀도에 미친 긍정적 영향(아래)과 1인당 소득에 미친 미미한 효과(위)를 보여 준다. 그래프의 원은 현대의 국경으로 구분한 하나의 지역을 뜻한다.[2]

지역일수록 인구밀도는 높았지만, 기술 진보가 1인당 소득에 미친 영향은 무시할 만한 정도였다(도표 4).[3]

또 다른 증거도 있다. 비옥한 토양 역시 인구밀도 증가에 기여했지만 생활수준을 향상시키지는 못했음을 알 수 있다. 같은 시각으로 더 이른 시기를 살펴보더라도 대단히 일관된 패턴이 드러난다. 기술 발전과 토지의 높은 생산성은 인구를 증가시켰다. 하지만 그들이 더 부유해지지는 않았다. 산업혁명 이전 세계인의 생활은 대체로 비슷한 수준이었다는 뜻이다.

필연적으로 시작된 농업

하지만 맬서스 기제는 역사의 경로에서 당혹스럽게 보일 법한 몇몇 수수께끼의 실마리를 밝혀 준다. 그중 한 가지는 초기 농업사회 유적에서 나온 인류의 유해 상태가 건강과 부의 향상을 보여 주지 않는다는 점이다. 몇천 년 전의 수렵·채집인 유해와 비교해 보니, 생활수준이 되레 나빠졌음을 알 수 있었다. 수렵·채집 부족은 농업공동체 구성원보다 확실히 오래 살았고, 풍부한 음식을 먹었다. 게다가 더 낮은 강도로 일하면서 감염병에도 덜 시달렸다.[4] 그렇다면 초기의 농업인과 목축인은 왜 더 풍부하고 나은 삶을 살 수 있는 수렵·채집 생활을 포기했을까?

앞서 설명했듯이, 아프리카에서 갈라져 나와 생태적으로 적합한 지역에 새로 정착한 선사시대 인류는 초기엔 자원을 풍부하게 쓸 수 있었을 테니 생활수준을 떨어뜨리지 않고도 빠르게 인구를 증가시켰을 것이다. 그러나 맬서스 기제에 따라 더 많은 인구가 한정된 자원을 놓고 경쟁하면서, 생활수준 향상 효과를 인구 증가가 상쇄해 버렸을 것이다. 도구와 기술은 더 나아짐에도 생활 조건은 점차 당초의 최저 수준으로 되돌아갔을 것이다. 실제로 일부 사회에서는 인구가 지나치게 증가하는 바람에 생활수준이 초기 수준으로 되돌아가는 것 이상으로 나빠지고 심지어 사회의 붕괴 가능성까지 보였다.

호모사피엔스가 찾아오기 전 고인류가 정착한 적이 없어서 토착 동물이 인류 위협에 적응하지 못한 지역일수록 맬서스 기제는 가혹하게 나타났다. 예를 들어 오세아니아와 아메리카 같은 지역에서는 호모사피엔스가 발전된 무기를 가지고 도착하면서 엄청난 사냥 붐이 일어났다. 멸종을 부를 정도로 급속히 감소하는 대형 포유류를 두고 늘어나는 부족이 더욱 격렬히 경쟁할 수밖에 없었다.

인구가 급속히 증가해 지나친 수탈이 이뤄지다 붕괴를 부르는 이 극단적으로 음울한 사례는, 13세기가 시작될 때 태평양 이스터섬에 정착한 이들처럼 고립된 폴리네시아 부족의 경우에서 볼 수 있다.[5] 풍부한 식생과 어장 덕분에 이스터섬의 인구는 400년간 급속히 증가했다. 폴리네시아인은 이스터섬에 번창하는 문명을 건설하고, 그 유명한 모아이인상Moai statue 을 조각했다. 그 인상적인 석상 가운데 큰 것은 10미터 높이로 세워졌다. 그러나 인구 증가는 이스터섬의 허약한 생태계에 큰 압력을 가했다.

18세기로 접어들 때 이스터섬엔 새가 완전히 사라지고 숲은 파괴돼, 어선을 만들고 보수하는 일조차 매우 어려워졌다. 이로 인해 발생한 긴장감은 자주 내분을 일으켰고, 결국 이스터섬 인구가 거의 80퍼센트 줄어들고 말았다.[6] 다이아몬드가 《문명의 붕괴Collapse》에서 묘사한 것과 비슷한 생태적 재앙은 남태평양의 핏케언섬, 오늘날 미국 남서부 지방에 정착한 아메리카 원주민, 중앙아메리카의 마야

문명 그리고 그린란드에 정착한 노르드인에게서도 일어났다.[7]

비옥한 초승달 지대의 수렵·채집 사회 역시 거의 1만 2,000년 전에 인구 증가의 압력을 경험했다. 식량이 풍부해지고 기술이 개선되면서 인구가 증가하자, 수렵·채집에서 얻을 수 있는 1인당 식량은 점차 줄어들었다. 식량의 감소세는 일시적으로 향상됐던 생활 조건이 생존 유지 수준으로 되돌아갈 때까지 계속됐다.

그러나 특유의 생물다양성을 보인 비옥한 초승달 지대엔 동식물이 풍부했으므로 이스터섬에서는 불가능했던 생존 방식을 택할 수 있었다. 그것이 바로 농업이었다. 기후 조건도 농업에 도움이 됐다.[8] 1만 1,500년 전 마지막 빙하기가 끝나면서 지구의 토양은 농업에 더 적합하게 바뀌었고, 기후 변동성과 계절성은 강해졌다. 따라서 식량이 더 풍족하더라도 예측 가능성이 떨어지고 자원이 희소해지는 수렵·채집보다 질은 다소 열악해도 비교적 안전하게 식량을 확보할 수 있는 농업이 선택됐다.

비옥한 초승달 지대에서 농업에 의존해 생존하는 능력은 분명 이스터섬 같은 생태적 위기를 피하는 데 도움이 됐으며, 그 덕분에 이 지역은 훨씬 많은 인구도 부양할 수 있었다. 어떤 계산에 따르면 비옥한 초승달 지대의 토지 1에이커(약 4,046평방미터 — 옮긴이)는 수렵·채집인보다 거의 100배나 많은 농민과 목축 인구를 먹여 살릴 수 있었다.[9] 물론 농업사회의 인구 증가는 새로이 도달한 높은 수준에서 안정됐다. 하지만 그때 생활 조건이 생존 유지 수준으로 되돌아가면서 실제로 농업사회의 생활수준은 몇천 년 전에 살았던 수렵·채집인보다 훨씬 낮은 수준으로 떨어졌다. 그 시기는 기존의 생태적 지위에서 수렵·채집인의 인구밀도가 높지 않던 때였다.

농업인의 더 가까운 선조에 해당하는 수렵·채집인의 생활수준과 비교해 보면 농업으로의 전환은 전적으로 합리적인 선택이었으며, 불가피한 일이기도 했다. 사실 이때는 생활수준이 악화된 것으로 나타나지 않았다. 흥미롭게도 훨씬 이른 시기에 살았던 수렵·채집인의 풍족한 생활이 조밀하게 모여 사는 농업인의 빈곤한 생활로 바뀐데서, 세계 공통으로 나타나는 실낙원失樂園 신화가 비롯됐을지도 모른다.

마침내 지구촌 대부분에 걸쳐 농업이 지배적 관행이 되자 더 불어난 인구와 앞선 기술 덕분에 농업사회는 그때까지 수렵·채집에 머물던 사회를 따돌릴 수 있었다. 이제 신기원이 열렸으니 뒤로 돌아갈 일은 없었다.

인구 변동

또한 우리는 신석기혁명 이후 시대에 극적으로 나타난 생태적·역학적·제도적 격변이 여러 차례 인구 변동을 불러일으킨 과정 속에서 맬서스 기제가 강력히 작동한 것을 발견할 수 있다.

흑사병은 인류사상 가장 파괴적 사건 중 하나였다. 이 전염병은 14세기 중국에서 처음 발생해, 몽골군과 상인이 비단길을 따라 크림반도로 이동할 때 옮긴 페스트 선종腺腫이 대유행으로 번진 것이다. 흑사병은 계속 상선을 타고 1347년 시칠리아의 메시나와 프랑스의 마르세유로 서진하면서 유럽 대륙 전역에 들불처럼 번졌다.[10] 1347년부터 1352년까지 유럽 인구의 40퍼센트가 죽음으로 내몰렸다. 인구밀집 지역에서는 특히 흑사병이 치명적이었다. 몇 년 새 파리와 피렌체, 런던, 함부르크를 포함해 여러 도시가 주민을 절반 넘게 잃었다.[11]

1부 인류의 여정

그림 1.   죽음의 승리

시칠리아 팔레르모에 있는 작자 미상의 벽화(1448년 제작)[12]

아마도 흑사병에서 살아남은 이들은 많은 친척과 친구를 잃어 오랫동안 심리적 트라우마(정신적 외상 — 옮긴이)에 시달렸을 것이다. 하지만 이 전염병이 그들의 밀밭과 제분소까지 뺏어 간 것은 아니었다. 끔찍한 참화가 지나가자 유럽의 농민은 다시 일을 시작할 수 있었고, 노동에 대한 수요는 치솟았다. 토지를 경작할 일손이 더 많이, 절실하게 필요했고 노동자 역시 흑사병 이전보다 더 높은 임금을 받으면서 노동조건도 나아졌다.

잉글랜드의 경우 1345~1500년간 인구가 540만 명에서 250만 명으로 격감하면서 실질임금이 2배 이상으로 뛰었다(도표 5). 임금 상승으로 생활수준이 향상되자 출산율이 높아지고 사망률은 낮아졌다. 그렇게 잉글랜드 인구는 회복되기 시작했다. 하지만 맬서스 기제에 따라 인구 증가는 평균임금의 하락을 초래했고, 불과 3세기 만에 인구와 임금 모두 흑사병 이전 수준으로 되돌아갔다.

1492~1504년간 크리스토퍼 콜럼버스Christopher Columbus가 아메리카를 항해한 이후 또 한 차례의 중대한 인구 변동이 일어났다. 아메리카 대륙에는 카카오와 옥수수, 감자, 담배, 토마토 같은 농작물이 풍부했다. 유럽인은 이 낯선 작물을 자국으로 실어 날랐다. 그 반대편으로는 바나나와 원두, 사탕수수, 밀, 보리, 벼가 아메리카로 실려 갔다. 감자는 1570년 전후 유럽에 이르렀고, 곧 유럽인의 주요 식

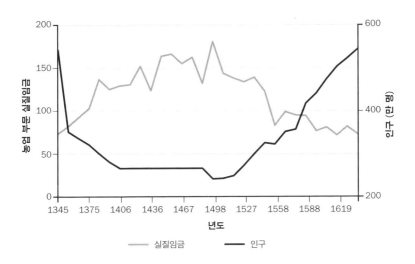

도표 5. **흑사병이 잉글랜드 실질임금과 인구에 미친 영향**

잉글랜드 인구는 1348년 흑사병 시작 후 급격히 감소했다. 그 결과 실질임금은 일시적으로 올라갔지만, 1615년에 인구가 흑사병 시작 이전 수준으로 회복됨에 따라 임금도 이전 수준으로 되돌아갔다.[13]

품이 됐다. 특히 아일랜드에서 감자는 최저 수준으로 생활하던 농민에게 인기를 끌며 커다란 파급효과를 냈다. 아일랜드 토양과 기후에 특히 잘 맞기도 해 단기적으로 농민의 소득을 올려 줬다. 농민은 번 것을 저축해 가축을 살 수도 있었다.[14] 열량 소비를 크게 늘리며 삶의 질을 높일 수도 있었다. 다만 이러한 향상 역시 맬서스 기제에 따라 짧게 끝날 것이었다.

감자 덕분에 아일랜드 인구는 1600년 약 140만 명에서 1841년엔 820만 명으로 불어났다. 인구가 늘어남에 따라 생활은 생존 유지 수준을 크게 벗어나지 못했다.[15] 사실 상황은 그 전보다 더 나빠질 터였다. 1801년부터 1845년까지 영국 의회는 수없이 위원회를 열어 그 상황을 논의했는데, 결론은 인구가 빠르게 불어나고 생활수준이 급격히 떨어지면서 아일랜드가 곧 재앙을 맞을 수 있다는 것이었다. 당시 전적으로 감자에 의존해 살아야 했던 아일랜드 인구 대부분은 결국 벼랑으로 내몰린다.[16] 그들이 단 한 종류의 감자에만 의존한다는 사실은 최악이었다.

1844년 아일랜드 언론은 마름병을 퍼뜨리는 새로운 균이 미국의 감자 농사를 완전히 망쳐 놓았다고 보도하기 시작했다. 그 균은 곧 미국 화물선을 타고 유럽 항구에 이르렀다. 항구에서 들판으로 퍼져 나간 균은 벨기에와 잉글랜드 남부, 프랑스, 아일랜드, 네덜란드의 작물을 휩쓸어 버렸다. 1845년에는 아일랜드 감자 농가의 작물 중 거의 절반이 말라 죽었고, 1846년에는 4분의 3이 죽은 것으로 추정된다. 아일랜드의 경우 감자 종류의 다양성이 부족해서 죽은 품종을 대체해야 할 농민에겐 대안이 전혀 없었다. 애당초 정책적으로 작물 하나에만 의존하도록 부추겼던 영국 정부는 도움을 주거나 구제에 나서지 않았으므로 대규모 기근은 피할 수 없었다. 1845~1849년의 대기근Great Famine 때 주로 빈곤한 시골 지역에서 약 100만 명이 굶주림과 발진티푸스, 그리고 영양부족에 시달리는 인류의 몸으로는 물리칠 수 없는 질병으로 죽었고 100만 명 이상이 영국과 북아메리카로 이주했다. 일부 지역은 30퍼센트가 넘는 인구를 잃었다. 마을 전체가 텅 비어 버리기도 했다. 그 후 3세기에 걸쳐 더 나은 작물이 도입됐나 했는데 다시 파괴적 병해가 찾아오고, 그에 따라 늘어난 인구가 다시 비극적으로 줄어드는 사태가 되풀이됐다. 하지만 생활 조건은 장기적으로 그 영향을 받지 않았다.

신세계 농작물을 받아들인 이들은 유럽인만이 아니었다. 중국인은 자신들의 토양에 더 잘 맞는 고구마와 옥수수를 수입했다. 옥수수가 중국에 들어온 시기는 16세기 중반으로 유입 경로는 세 갈래였다. 북쪽에서는 비단길을 거쳐 간쑤甘肅에 이르렀고, 남서쪽에서는 인도와 버마(지금의 미얀마 — 옮긴이)를 통과해 윈난雲南으로 갔으며, 남동쪽에서는 태평양 연안을 따라 교역하던 포르투갈 상인의 배를 타고 푸젠福建으로 들어갔다.[17] 옥수수는 처음엔 상당히 느리게 퍼져 경작 지역은 앞의 세 지방에 한정됐다. 18세기 중반에 인기를 얻기 시작한 옥수수는 20세기로 접어들면서 중국 전역에서 재배되는 주요 작물이 됐다. 옥수수 도입은 중국 농업 생산에 너무나 큰 영향을 미쳐서 훗날 중국의 연구자들은 이를 자국의 두 번째 '농업 혁명'이라 부를 정도였다.[18]

과학 분야에선 통제된 실험을 통해 신약이나 백신 같은 특정 요인이 미치는 영향을 밝힐 수 있다. 그 영향은 특정 요인이 통제집단control group과 대비되는 실험집단experimental group(처치집단treatment group)

에 미치는 효과를 측정함으로써 알아낼 수 있다. 그러나 역사적 사건의 영향을 밝히기 위해선 어떻게 해야 할까? 이를 위해 시계를 거꾸로 돌려 어떤 이들을 특정 사건의 영향을 받도록 노출시키고(동시에 다른 이들은 그 사건에 노출시키지 않고) 시간을 둔 다음 그 사건의 영향을 검토할 순 없다. 하지만 방법은 있다. 바로 준-자연 역사실험quasi-natural historical experiment이다. 즉, 실험실과 비슷한 조건을 재현한 역사적 시나리오를 이용해 특정 요인이나 사건에 노출된 인구 집단과 그에 상응하는 통제된(노출되지 않은) 인구 집단에 미치는 영향을 비교해 그 요인이나 사건의 영향을 추론하는 방법이다.[19] [진실험true experiment은 관측 대상이 통제집단(비교집단)과 실험집단(처치집단)에 무작위로 배정돼 두 집단의 동질성이 확보되는 실험이다. 이 동질적 두 집단을 비교함으로써 어떤 처치의 인과 효과를 알아보려는 것이다. 준실험quasi-experiment은 진실험과 비슷하지만 무작위 배정이 이뤄지지 않아 집단 간 엄밀한 동질성이 확보되지 않는다. 자연실험natural experiment은 연구자 개입 없이 자연적으로 배정이 이뤄진다. 즉, 준-자연 역사실험이란 역사의 무대에서 준실험과 자연실험이 이뤄지는 것이다 — 옮긴이]

옥수수가 중국에 들어왔을 때, 지역별로 다른 시점에 도입됐다는 사실을 이용해 준-자연 역사실험을 할 수 있는데, 이는 각국을 비교하기보다 한 국가 내에서의 맬서스 기제를 시험하고자 함이다.

맬서스에 따르면, 장기적으로 볼 때 중국에서 옥수수를 일찍 도입한 지역은 늦게 도입한 지역보다 인구밀도가 높아지지만 1인당 소득이나 경제 발전 수준이 더 높아지진 않을 것이다. 우리는 역사에서 이 사실을 발견할 것이다. 하지만 옥수수를 일찍 도입한 지역과 늦게 도입한 지역 사이에는 인구밀도와 생활수준에 영향을 준 또 다른 차이점이 있었을 수 있다. 즉, 지역별로 인구밀도와 생활수준을 단순히 비교하는 것은 소용없다. 실제로 중국은 옥수수 도입과는 무관하게 지역의 인구밀도와 생활수준에 영향을 미쳤을 수 있는 다른 중대한 변화를 겪었다.

그래서 연구자들은 단순 비교 대신, 중국에서 맨 처음 옥수수를 도입한 지방 세 곳의 인구밀도와 경제적 번영에서 나타난 장기적 변화와 훨씬 늦게 옥수수를 도입한 지역의 인구밀도와 경제적 번영에서 나타난 장기적 변화를 비교했다. 어떤 지표에 대해 실제 차이를 비교하기보다 '차이의 차이differences-in-differences'를 비교하면 이와 같은 잠재적 교란 요인을 제거할 수 있다.[20] (옥수수를 일찍 도입한 지역과 늦게 도입한 지역 사이의 인구밀도와 임금수준 차이에는 옥수수 도입 시기 외에도 다른 요인이 포함됐을 것이다. 그 다른 요인을 빼야 옥수수 도입 시기에 따른 순수한 효과를 비교할 수 있다. 이런 비교 방식을 이중차분법二重差分法이라 한다 — 옮긴이)

실제로 1776~1910년간 중국에서 옥수수를 일찍 도입한 지방 세 곳의 인구밀도 증가는 타 지방 대비 10퍼센트 높았지만, 임금수준은 옥수수 도입 시기에 뚜렷한 영향을 받지 않아서 맬서스 가설에 부합했다. 옥수수 도입은 이 기간 중국 총인구 증가의 5분의 1을 설명해준다. 그렇다면 맬서스 연대에는 식량이 남아돌든 부족하든 잉여나 부족 상태가 무한히 지속되지는 않았다는 것을 분명히 알 수 있다.

새로운 곡물이나 기술이 도입되면 인구 증가율이 높아졌고, 그만큼 그 곡물이나 기술이 경제적 번영에 미치는 영향은 완화됐다. 반면 기아와 질병 그리고 전쟁은 인구 증가에 부정적 영향을 미치면서, 결국 생태적 재앙에 따른 경제의 황폐화를 피할 수 있었다. 어쨌든 경제적 빙하기는 불가피했다.

경제적 빙하기

신석기혁명뿐 아니라 문화와 제도, 과학 그리고 기술 측면에서 이뤄진 일련의 기념비적 진보도 생활수준엔 지속적으로 뚜렷한 효과를 주지 못했다. 그 잣대가 경제적(1인당 소득)이든 생물학적(기대수명)이든 마찬가지였다. 다른 종과 마찬가지로 인류도 거의 언제나 곤궁과 결핍의 함정에 빠져 겨우 생존을 유지하는 수준에 머물렀다. 지역별로 얼마간 차이는 있었지만 여러 문명에서 비숙련노동자의 1인당 소득과 임금은 몇천 년간 매우 좁은 범위 안에서만 오르내렸다.

특히 여러 추정에 따르면 3,000여 년 전 바빌론제국과 아시리아 제국의 일당은 각각 밀알 7킬로그램과 5킬로그램에 상당했고, 2,000여 년 전 아테네는 11~15킬로그램, 로마제국 치하의 이집트는 4킬로그램이었다. 산업혁명 전야에도 서유럽 국가의 임금은 좁은 범위 안에 머물렀다. 당시 암스테르담의 일당은 밀 10킬로그램, 파리는 5킬로그램, 마드리드와 나폴리 그리고 이탈리아와 스페인의 다른 도시는 3~4킬로그램에 상당했다.[21]

더욱이 지난 2만 년간 다양한 부족과 문명에서 나온 유골은 지역과 시간에 따른 차이가 있더라도 인류의 (출생 시) 기대수명이 아주 좁은 범위 내에서 오르내렸음을 보여 준다.[22] 중석기시대 북아프리카와 비옥한 초승달 지대에서 발굴된 유골은 당시 기대수명이 30세에 가까웠음을 시사한다. 그 후 농업 혁명 기간에 일부 지역에서는 기대수명이 줄어들었지만 대부분의 지역에선 그다지 달라지지 않았다.[23] 특히 4,000~1만 년 전 신석기혁명 초기 단계의 매장 터에서 발굴된 유골은 당시 인류의 기대수명이 차탈회위크(튀르키예)와 네아니 코메데이아(그리스)에선 약 30~35세, 키로키티아(키프로스)에선 20세, 카라타스(튀르키예)와 레르나(그리스)의 도시 인근 지역에선 30세였음을 시사한다. 2,500년 전 아테네와 코린토스는 기대수명이 약 40세에 이르렀지만, 로마제국 시대의 묘석은 사망할 때 나이가 대략 20~30세 였음을 보여 준다.[24] 더 최근의 증거로 16세기 중반부터 19세기까지 잉글랜드의 기대수명은 30~40세 안에서 변동했으며,[25] 산업화 이전 프랑스[26]와 스웨덴,[27] 핀란드[28]에서도 비슷한 기록이 발견된다.

호모사피엔스 출현 이후 거의 30만 년간 1인당 소득은 생존에 필요한 최소한을 넘길까 말까 했고, 전염병과 기근은 흔한 일이었다. 또한 아기 넷 중 한 명은 첫돌에 이르지 못했고 산모는 출산 중에 죽는 경우가 흔했으며, 기대수명은 40세를 넘는 경우가 드물었다. 그러나 앞서 이야기한 것처럼, 서유럽과 북아메리카에서 다양한 사회 계층의 생활수준이 역사적으로 전례 없이 급속한 향상을 보이기 시작했고, 뒤이어 전 세계의 다른 지역도 이런 과정을 경험했다. 놀랍게도 19세기가 밝아 온 후 전 세계 1인당 소득은 14배로 치솟았고 기대수명은 2배 이상으로 늘어났다.[29] 맬서스 연대와 비교하면 그야말로 눈 깜짝할 사이라고 할 만한 기간에 일어난 엄청난 변화였다. 그렇다면 인류는 맬서스가 말한 힘의 지배에서 어떻게 벗어났을까?

3 ——— 보이지 않는 폭풍

뜨거운 난로 위에 유리 주전자가 있다. 주전자 안의 물이 곧 데워지기 시작한다. 하지만 물 표면에서 어떤 변화도 알아채기 어렵다. 온도가 서서히 올라가도 눈에 띄는 효과가 나타나지 않으므로 아직 수면은 평화로워 보인다. 그러나 이런 고요함에 속기 쉽다.

물 분자가 열에너지를 흡수하고, 서로 끌어당기는 힘이 감소하면서 주전자 안의 물 분자는 빠르게 움직인다. 그러다 어떤 임계점(서서히 쌓인 변화가 폭발적 변화로 치달아 완전히 다른 상태로 바뀌는 지점 — 옮긴이)을 넘어서면 물은 극적으로 변화해 기체로 바뀐다. 갑작스러운 상전이phase transition를 거치는 것이다. 주전자 안의 물이 한꺼번에 모두 기체로 바뀌진 않아도, 이 과정이 지속되면 결국 물은 모두 없어진다. 주전자 안에서 움직이기 시작한 물 분자의 특성과 모양이 곧 완전히 바뀌고 만다.

지난 2세기에 인류도 주전자 속 끓는 물과 같았다. 인류 역시 상전이를 경험했다는 뜻이다. 수십만 년간 경제적 정체기를 통해 눈에 띄지 않게 강화된 성장 과정은, 주전자 안의 물이 액체에서 기체로 바뀌는 과정과 같았다. 정체에서 성장으로의 전환은 극적이고 갑작스러운 것처럼 보였고, 실제로도 그랬다. 앞으로 명백히 밝히겠지만 이러한 전환의 근본적 요인은 인류 출현 때부터 작동했고, 그 계기는 전 인류사에 걸쳐 강화됐다.

다만 주전자 안 물이 기체로 바뀌는 것과 같은 상전이는 세계 곳곳에서 다른 시기에 일어났다. 이로 인해 비교적 일찍 상전이를 거친 국가와 그렇지 못한 국가 사이에 거대한 불평등이 발생했다. 과거에는 상상할 수 없었던 수준으로 말이다. 그렇다면 무엇이 인류의 상전이를 불러왔을까?

통합성장 이론

최근 몇십 년간 물리학자들은 양자역학quantum mechanics과 아인슈타인의 일반상대성이론theory of general relativity을 조화시키는 한편 자연계의 네 가지 근본적 힘인 중력gravitational force, 전자기력electromagnetic force, 약한 핵력weak nuclear force과 강한 핵력strong nuclear force 간 상호작용을 통합적으로 보면서 우주의 모든 물리적 양상을 일관되게 설명할 '만물 이론Theory of Everything'을 고안하려 시도했다(중력은 질량을 가진 모든 물체가 서로 끌어당기는 힘이며, 전자기력은 전기나 자기를 가진 물체가 서로 끌어당기거나 미는 힘이다. 핵력은 원자핵을 이루는 양성자와 중성자 사이에 작용하는 힘이며, 그중 강한 핵력은 양성자와 중성자가 서로 끌어당기는 힘, 약한 핵력은 중성자가 붕괴하면서 양성자와 전자, 중성미자를 내보낼 때 발견되는 힘이다. 과학자들은 네 가지 힘의 형태와 상호작용을 하나의 틀로 설명하려 했는데, 이를 통일장場이론unified field theory이라 한다 ― 옮긴이).

이런 이론을 만들기 위한 물리학자들의 노력엔 이유가 있었다. 우주의 물리적인 측면을 체계적이고 정확하게 이해하려면, 모든 물리적 현상을 설명할 수 있도록 통합된 이론적 틀에 기초해야 한다는 확신 때문이었다. 현상의 전부가 아닌 일부만 보며 일관적 설명을 시도하는 이론은 부분적인 이론이며, 본래부터가 불완전하기 때문이다.

(동시대인이 믿은 것처럼) 행성이 지구 주위를 도는 것이 아니라, 태양 주위를 돈다고 주장한 르네상스 시대 천문학자 니콜라우스 코페르니쿠스Nicolaus Copernicus 역시 거의 500년 전부터 이와 비슷한 견해를 제시했다. 그는 우주의 작동을 이해하기 위한 통합된 이론이 없으면 '다양한 사람의 부분을 모아 한 사람을 그리는 것과 같다'고 했다. 즉, 인류 각 부분을 훌륭하게 그리더라도 서로 맞을 리가 없으므로 모아 놓고 보면 사람이라기보다 괴물이 될 것이란 주장이었다.[1]

통합성장 이론unified growth theory 역시 코페르니쿠스와 같은 확신에 자극을 받아 개발됐다. 즉, 경제 발전의 요인을 연구하려면 한정된 기간만 볼 것이 아니라 발전 과정 전체를 보며 밑바탕의 추진력을 살펴야 한다는 것이다. 그러지 않으면 이론이 무너지기 쉽고 불완전하리라는 확신이 있었다.[2] 더욱이 통합성장 이론은 현대의 경제 성장과 맬서스 연대의 정체를 별개의 현상으로 생각했던 이전 분석이 인류사의 성장 과정 자체에 대한 이해를 제약하고 심지어 왜곡했다는 인식에서 나왔다. 또한 오늘날 국가의 부에서 나타나는 불평등을 이해하는 데 기존 분석이 역사적 힘의 결정적 역할을 무시했다는 인식에 바탕을 둔 것이다.

그렇게 통합성장 이론은 거의 30만 년 전 아프리카에서 호모사피엔스의 출현부터 오늘날까지 전 과정을 조망하며 인류의 여정을 담

아낸다. 그리고 맬서스 연대의 발전 과정을 지배하던 힘을 찾아내고 추적한다. 결국 그 힘은 인류가 빈곤의 덫에서 탈출해 지속 성장의 시대로 가는 상전이를 촉발했다. 이러한 통찰은 인류의 성장 과정을 전체적으로 보면서 오늘날의 빈곤 국가가 성장기로 전환할 때 직면할 장애물이 무엇인지, 지난 몇 세기 동안 부유한 국가 안에서 발생한 부의 격차의 원인이 무엇인지, 먼 과거가 국가 운명에 어떤 흔적을 남겼는지 이해하는 데 필수적이다.

앞에서 우리가 본 것처럼, 맬서스 연대에는 혁신과 분쟁 그리고 제도와 역학疫學적 변화로 인해 1인당 소득은 장기적인 평균 수준으로 되돌아가는 현상이 반복됐다. 소비가 생존 유지 수준을 벗어나더라도 인구 증가라는 강력한 반작용을 만났기 때문이다. 그렇다면 무엇이 인류를 이와 같은 맬서스 균형Malthusian equilibrium의 중력에서 벗어나게 했을까? 이 경제적 블랙홀에서 인류는 어떻게 스스로 탈출했을까?

인류사를 정체기에서 성장기로 전환할 수 있게 한 촉매를 찾을 때, 많은 이들은 산업혁명을 지목한다. 세계가 현대의 성장 국면으로 급격히 전환하도록 산업혁명이 갑작스럽게 외부적 충격을 가했다고 말이다. 하지만 산업혁명이 일어난 18~19세기를 살펴보면 그 기간의 어느 시점에서도 '급격한 전환'은 없었다. 산업혁명으로 인한 전환은 인류사 전체 흐름상에서는 빨랐지만, 산업혁명이 이뤄지는 동안 경험한 생산성 향상은 점진적으로 이뤄졌다. 실제 산업혁명 초기 기술은 점진적으로 변화했으므로, 인구는 급증했지만 평균소득은 아주 완만하게 상승했을 뿐이다. 맬서스가 예견한 그대로였다. 그러나 거의 1세기가 지난 어떤 시점에 맬서스 균형은 정말 신기하게 사

1부 인류의 여정

라져 버렸고 뒤이어 엄청난 성장기가 도래했다.

지난 몇십 년간 내가 인류 성장에 대한 수수께끼를 풀기 위해 고안한 개념적 틀은 수학의 한 분야인 분기 이론bifurcation theory(매개변수의 작은 변화가 갑자기 질적 변화 혹은 위상 변화를 일으키는 동역학계에 관한 이론 - 옮긴이)에서 영감을 얻었다. 복잡동역학계complex dynamical system 행태에 관한 이 이론은 (임계치를 넘은 열이 물을 액체에서 기체로 바꿀 때와 같이) 어떤 임계점을 넘어서면 단 하나의 요인이 조금만 달라져도 갑작스럽고 극적인 변화가 일어날 수 있다는 것을 보여 준다.[3] 이를 통해 인류사의 표면 아래서 돌아가는 변화의 톱니바퀴 정체를 밝히는 데 초점을 맞췄다. 맬서스 균형이 작동하던 시대 내내 끊임없이 돌아가던 이 변화의 톱니바퀴가 마침내 그 제약을 벗어나면서 현대의 성장 체제가 나타났다. 이 과정은 앞에서 말한 난로 위 주전자 안의 변화와 같다. 그렇다면 맬서스 연대에 끈질기게 작동했고, 지난 2세기 동안 인류 생활수준의 극적인 변혁을 촉발한 이 수수께끼 같은 변화의 톱니바퀴는 무엇이었을까?

변화의 톱니바퀴

인구 규모

변화의 톱니바퀴 중 하나는 인구 규모다. 신석기혁명의 전야인 기원전 1만 년 지구상에는 240만 명이 돌아다녔다. 그러나 로마제국과 마야문명이 정점에 가까워지던 기원후 1년까지 세계 인구는 78배로 불어나 1억 8,800만 명에 이르렀다. 1,000년 후 바이킹이 유럽 북부의 여러 해안을 습격하고, 중국이 처음으로 전투에서 화약을 쓸 즈음엔 2억 9,500만 명에 달했다. 콜럼버스가 아메리카 대륙을 탐험하던 1500년에는 거의 5억 명 가깝게 늘어났고, 산업화 초기인 19세기 초입에는 10억 명 선을 거의 넘어섰다(도표 6).

인구 규모와 기술 변화는 서로 영향을 주고받는 관계다. 맬서스 연대 때 인구는 기술 진보 덕분에 1만 2,000년간 400배로 늘면서 인구밀도도 높아졌으며, 이렇게 늘어난 인구는 기술혁신의 속도 향상에 기여했다. 인구가 늘면서 새로운 물건과 도구, 숙련된 업무뿐만 아니라 그것을 발명할 뛰어난 개인에 대한 수요가 더 많이 창출될 가능성이 높아졌기 때문이다.

더욱이 대규모 사회의 경우, 개인의 전문화 범위를 더 넓히고 전

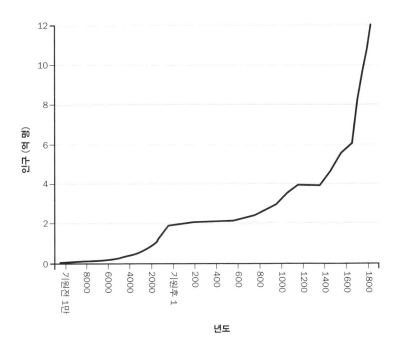

도표 6. 맬서스 연대의 인구 증가[4)]

1부 인류의 여정

문성을 더 키우면서 교역을 통해 더 많은 아이디어를 교환함으로써 인구 증가의 혜택을 누렸다. 이는 다시 신기술의 확산과 침투를 가속화했다.[5] 인류의 출현 무렵부터 스스로 강화되는 되먹임 고리가 나타나 줄곧 작동한 것이다.

인구 규모가 기술 수준에 미친 영향은 기록이 남은 역사 전 과정에 걸쳐 모든 문화와 지역에서 명백히 나타났다. 비옥한 초승달 지대처럼 좀 더 일찍 신석기혁명을 경험한 지역에는 가장 큰 규모의 선사시대 정착지가 생겼고, 그 후로도 계속 기술적으로 앞서 나가는 이점을 누렸다. 마찬가지로, 농업에 적합해 인구밀도가 높은 특성을 보인 지역은 더 앞선 기술을 가졌다. 흥미롭게도 태평양 폴리네시아의 소규모 사회가 유럽과 접촉하던 초기, 그중 상대적으로 규모가 컸던 하와이나 통가 같은 공동체는 바누아투Vanuatu(남태평양의 섬나라 — 옮긴이)의 말레쿨라섬과 티코피아섬, 산타크루스섬처럼 더 작은 사회보다 복잡하고 정교한 채집 기술을 더 광범위하게 활용했다.[6]

독일의 혁신가 요하네스 구텐베르크Johannes Gutenberg가 일으킨 인쇄 혁명은 기술혁신을 촉진하는 사회의 역량에서 인구 규모가 결정적으로 중요하다는 점을 보여 주는 예다. 구텐베르크는 독일의 북적거리는 도시 마인츠에서 태어났고, 성인이 돼서는 한동안 슈트라스부르크(프랑스 스트라스부르 — 옮긴이)에서 살았다. 그는 이곳에서 교역망과 이전 세대가 축적한 지식을 활용할 수 있었으며 페르시아와 그리스, 비잔티움, 중국, 그리고 맘루크술탄국Mamluk Sultanate(1250~1517년간 이집트와 시리아 일대를 다스린 맘루크계 국가. 맘루크는 아랍어로 노예라는 뜻이다 — 옮긴이)처럼 먼 곳에서 전파되는 인쇄 분야의 발명을 접하는 유리함을 누렸다. 또한 도시 규모가 큰 데다 번창해서 금세공 도제

교육의 덕을 보며 인쇄술을 개발하기 위한 자금도 조달할 수 있었다.

만약 구텐베르크가 고립된 시골 마을에서 태어났다면 어땠을까? 인쇄기 발명을 향한 그의 길은 온통 장애물로 뒤덮였을 것이다. 일단 다른 문명과 많이 접촉하지 못하니 인쇄 분야의 선진적 발전을 알았을 가능성도 훨씬 낮았을 것이다. 인쇄기 발명의 수익성을 확보하기에는 잠재적 시장이 너무 작아서 자금을 확보하는 데 어려움을 겪었을 것이다. 또한 당시 시골은 예술가와 장인, 혁신가 집단을 부양하기 버거웠으므로 그는 발명에 쓸 시간 대부분을 농사짓는 데 썼을 수도 있다.

인구 증가는 기술 발전에 도움이 될 뿐 아니라 기술 퇴보도 막았다. 1820년대에 그린란드 북서부 북극 지방의 이누이트족Inuit이 겪은 것과 같은 기술 퇴보는 소규모 공동체엔 공통적 특성이었다. 이누이트 사회의 경우 전염병으로 수많은 성인 인구를 잃었는데, 그들은 카약을 만드는 법처럼 값을 매길 수 없을 정도로 귀중한 기술의 보고였다. 전염병의 여파로 노인들의 지식까지 함께 묻혀 버렸기 때문에 생존자들은 사라진 기술을 복원할 수 없었다. 그렇게 사냥과 고기잡이 능력에서 극단적인 퇴보를 겪었고 인구가 줄어들기 시작했다. 몇십 년 후에 마주친 또 다른 공동체로부터 기술을 다시 얻지 못했다면 인구는 틀림없이 계속 줄어들었을 것이다.[7]

고립된 사회의 극심한 기술적 퇴보는 호주 대륙으로 가는 육교陸橋를 잃은 태즈메이니아 원주민처럼 다른 소규모 공동체도 경험했다. 인구 규모가 큰 사회에서는 이런 경우가 드물다. 인구 규모가 크면 다른 집단과 교역으로 연결되고, 지식이 사회 전체로 확산되며, 자주 선보이는 발명품의 혜택을 누린다.

앞으로 명백히 밝히겠지만 기술 발전이 더 많은 인구를 부양하고, 늘어난 인구가 기술을 한층 더 발전시키며 강화되는 되먹임 고리는 인류가 존재하는 동안 줄곧 작동했다. 이 되먹임 고리는 혁신이 결정적인 임계치에 이를 때까지 지속적으로 강도를 높였다. 이는 인류가 정체기를 벗어나도록 상전이를 촉발한 요인 가운데 하나였다.[8]

인구구성

인구 규모는 또 다른 변화의 톱니바퀴와 맞물려 돌아간다. 바로 인구구성이다. 인구 규모처럼 인구구성 역시 맬서스가 밝힌 힘이 작용한 결과다.[9] 이를 처음 깨달은 학자들 중 하나인 다윈은 자서전에서 이렇게 밝혔다.

> 1838년 10월, 그러니까 내가 체계적 조사를 시작하고 15개월이 지났을 때 마침 재미 삼아 맬서스의 《인구론》을 읽고 동식물의 습성을 오랫동안 관찰하고 나서, 어디서나 생존 투쟁이 벌어짐을 충분히 인식할 태세가 되니 문득 이런 환경에서는 유리한 변이favourable variation는 보존되고 불리한 변이는 파괴되는 경향이 있다는 생각이 떠올랐다.[10]

다윈의 '유리한 변이'란 대체 무엇이며, 맬서스가 밝힌 것과 같은 환경에서 그런 변이가 보존되면 인구구성에 어떤 영향을 미칠까? 간단히 말하자면 세대 간에 전달된 특성이 유기체의 환경 적응을 돕고 더 많은 자원을 창출토록 하며, 그들에게 더 많은 영양과 안정적인 보호를 제공하고, 자손이 더 많이 살아남도록 돌봐 주는 특성이라면

'유리한' 것이다. 이런 생존상 이점 때문에 어떤 개체군에서든 시간이 지나면서 '유리한' 특성은 더욱 우세해진다. 어떤 이들은 진화 과정에서 중대하고 강력한 영향을 미치는 변화가 생기려면 매우 오랜 시간이 걸리므로, 그 과정이 흥미롭다 해도 인류의 여정을 이해하는 것과는 상관없다 치부할 수도 있다.

물론 초기 생명체의 '원시 눈proto-eye'이 완전한 형태로 발전하는 데는 수백만 년의 시간이 걸렸지만, 특정 개체군이 지닌 기존 특성의 구성은 실제로 상당히 빨리 바뀌었다. 이에 대한 유명 사례는 19세기 영국에서 볼 수 있다. 당시 많이 나타났던 옅은 회색의 나방이 검은색으로 바뀐 것이다. 산업화로 인해 나무나 건물이 검댕으로 덮이자 검은색 나방이 덩달아 위장의 효과를 누려 포식자를 피할 수 있었고, 상대적으로 색상이 밝은 나방보다 생존에 훨씬 유리했다. 그 결과 영국에서는 검은색 나방이 곧 개체군 전체를 지배하게 됐다.[11]

나방의 변화처럼 빠르진 않아도 인류 역시 지구 곳곳에서 다양한 환경에 빠르게 적응한 경험이 있다. 앞 장에서 논의했듯이, 인류는 풍토병에 대해 자연적인 면역력을 얻었고 신석기혁명 후에 나타난 감염에 대해서도 저항력을 키웠다. 특히 소와 염소, 양을 사육하는 지역에서 락토스 내성을 키웠던 것처럼[12] 지역에 따라 다른 식품에 대해 신진대사 능력을 발전시켰으며, 장기적으로는 고도가 높은 지역의 환경에 적응하는 능력을 키웠다.

피부색소 형성에서도 지역적인 적응으로 인해 다양한 진화가 이뤄졌다. 자외선 복사가 많은 지역의 인류는 태양의 유해 광선을 막는 방향으로 피부색소를 형성했다. 그와 반대로 햇볕이 적은 지역에서는 피부 색상을 더 밝게 하는 변이를 통해 몸에서 비타민D를 생성하는 데 도움을 받았다. 이러한 변이를 가진 이들은 생존에 유리하므로 더욱 널리 퍼졌다.

이러한 적응이 생물학적이 아니라 문화적일 경우, 그 변화는 더욱 빠르게 자리 잡을 수 있다. 세대 간 유전적 변이가 전달돼야만 이뤄지는 것이 아니기 때문이다. 시간이 흐르면서 특성이 우세해지는 원리는 비슷하지만, 모방이나 교육 또는 교화敎化를 통해 더욱 빠르게 퍼져 나가며, 새로운 문화적 특성과 그것이 경제와 제도 변화에 미치는 영향력을 빠르게 키워 나간다.[13] 아마도 이것이 인류의 여정에서 가장 뜻 있는 '유리한 변이'일 것이다.

맬서스 연대에 기술 환경을 보완하는 문화적 특성 덕에 소득이 높아지고, 그래서 더 많은 자손이 살아남아 해당 특성이 우세해졌으리라는 가정은 합리적이다. 이런 특성은 다시 기술 변화를 빠르게 하기에 정체에서 성장으로 가는 속도도 빨라질 것이다. 앞으로 명백히 밝히겠지만 이러한 문화적 특성 중 가장 효과가 강한 것은 교육에 높은 가치를 두고, '미래 지향적' 사고방식을 가지며, 이른바 '기업가정신entrepreneurial spirit'을 포용하는 규범과 태도 그리고 관습일 것이다. 그 단적인 예는 부모가 '인적자본human capital'에 투자하는 문화적 성향이 진화한 것이다. 인적자본은 건강, 장수 그리고 교육, 훈련이나 기술처럼 노동생산성labour productivity에 영향을 주는 요소이다.

맬서스 균형에 갇힌 두 인구 집단을 생각해 보자. 양족量族, Quanty clan 과 질족質族, Qualy clan이라는 씨족 집단이다. 양족은 '생육하고 번성하라'(창세기 9장 1절)는 문화적 규범을 고수하므로 최대한 자녀를 많이 낳아 키우는 데 자원을 집중한다. 반면 질족은 자녀를 적게 낳는 대신, 자녀의 생산성과 소득 창출 능력을 키우는 데 자원을 집중한다. 둘 중 어느 쪽이 장기적으로 더 많은 자손을 낳아 전체 인구 집단을 지배할까?

먼저, 양족 가구는 평균 네 명씩 자녀를 낳고 그중 두 명만이 성년에 이르러 자손을 낳을 짝을 찾는다고 가정해 보자. 그와 달리 질족 가구는 평균 두 명씩만 자녀를 낳는다. 질족 가구 예산으로는 자녀를 더 낳으면 교육과 건강에 투자할 수 없기 때문이다. 하지만 자녀 교육과 건강에 투자한 덕분에 두 자녀 모두 성년에 이르러 짝을 찾을 뿐 아니라, 대장장이나 상인, 목수처럼 더 전문적인 일자리를 찾을 수 있다. 이 단계에서는 두 집단 모두 인구가 늘지 않고 인구구성이 안정적이다.

하지만 기술이 발전하면 상황이 달라진다. 시간이 흘러 대장장이와 상인 그리고 다양한 도구와 기계를 만드는 직업에 대한 수요가 늘어나는 사회라면 어떨까? 이처럼 소득 창출 기회가 늘면 분명히 진화 과정에서 질족이 유리하다. 질족 가구는 한두 세대 안에 더 높은 소득과 자원을 축적할 가능성이 높다. 그러면 질족의 자손은 세 명씩 자녀를 낳기 시작해 그 세 명을 모두 교육하고 온전히 성년까지 길러 결혼시킬 것이다. 이와 대조적으로 양족의 교육받지 못한 자손은 기술 발전의 혜택을 받지 못하고, 소득은 제자리에 머물 것이다. 결국 양족은 계속 둘만 성년에 이를 가능성이 높다.

즉, 기술혁신이 경제적 기회를 제공하고, 그 기회를 잡을 수 있도록 인적자본에 투자해 다산의 성공 가능성을 높일 수 있는 사회에서는 장기적으로 질족이 인구 집단을 지배하도록 이끄는 되먹임 고리가 생긴다. 질족 가구의 우위가 강화되면 기술 진보가 촉진되고, 기술 진보가 인구 집단 중 질족의 비중을 높이는 되먹임 고리 말이다.

물론 자녀의 숫자를 늘리는 것과 양육에 힘을 쏟는 것 사이의 기본적인 상충 관계는 인류뿐 아니라 살아 있는 모든 유기체에 해당된다.[14] 박테리아와 곤충 그리고 설치류 같은 작은 포유류는 '양적 전략quantity strategy'을 따라 진화했지만, 인류와 코끼리, 고래처럼 더 큰 포유류뿐만 아니라 앵무새와 독수리 역시 '양육 전략nurturing strategy'에 따라 진화했다.[15]

16~18세기까지 지금의 캐나다 퀘벡 지역에 정착한 유럽인 후손 중 50만 명 가까운 이들을 대상으로 작성한 광범위한 계보의 기록은 이 이론의 타당성을 시험할 독특한 기회다. 퀘벡에 처음 정착한 인구의 후손을 대상으로 그 숫자를 4세대에 걸쳐 추적해 보면, 규모가 가장 큰 일족의 계보는 보통 수준의 출산율에 적당한 수의 자녀만 뒀던(그만큼 자녀의 인적자본에 더 많이 투자했던) 이주민으로부터 시작됐다. 반면 높은 출산율에 대가족을 이뤘던(그만큼 자녀의 인적자본에 덜 투자했던) 시조始祖는 시간이 지날수록 더 적은 자손을 뒀다. 이 실증 자료는, 어쩌면 역설적으로 가족당 자녀 수가 많을 때보다 보통 수준일 때 자손의 숫자를 늘리는 데 도움이 된다는 점을 알려 준다. 즉, 자녀 수가 더 적으면 그 자녀가 각자 살아남아 문해력을 가지며 출산 가능성을 높이는 데 유리하다는 점을 반영한다.[16]

1541~1851년 잉글랜드에서 나온 자료도 비슷한 패턴을 보여 준다. 자녀의 인적자본에 투자하는 성향을 지닌 가족의 경우 성년까지 살아남은 자녀 수가 가장 많았다.[17] 출산율이 높던 이 시기에 퀘벡에 처음 정착한 이들이 직면했던 생활 조건은 어땠을까? 인류가 지구 전역에 흩어지던 시기에 마주친 조건과 비교하면 적어도 한 가지는 비슷했을 것이다. 그들이 살아갈 환경이 애초 그곳에 정착한 인

구보다 더 많은 사람을 부양할 수 있다는 사실이다. 이런 증거로 추정컨대 맬서스 연대 중 출산율이 높고 환경에 대한 적응 속도가 인구 구성에 중대한 영향을 미쳤을 시기에는 자녀를 적게 낳되 그들의 생존 가능성에 투자하려는 성향이 뚜렷한 개인이 우세해졌을 것이다.

기술적 혁신은 더 많은 인구를 떠받치면서 인류가 생태적·기술적 환경에 적응하도록 자극했으며, 규모와 적응력을 키운 인구는 다시 신기술을 고안하고 환경에 대한 통제력을 강화하도록 역량을 키웠다. 이것이 인류사 표면 아래에서 돌아간 변화의 톱니바퀴다. 마침내 인류사에서 한 번도 본 적이 없었던 규모로 혁신의 폭발을 불러온 것 역시 변화의 수레바퀴였다. 산업혁명은 그러한 혁신의 폭발이었다.

4 _____ 전력 질주

산업혁명 하면 보통 어둡고 음울한 장면이 떠오른다. 밀집된 섬유 공장이 짙은 검은색 매연을 뿜어 올리며 한때 목가적이었던 초원과 극명한 대조를 이루고, 오염되고 불안정한 도시에서 아동이 녹초가 될 만큼 힘든 육체노동에 참여하는 장면이다.[1] 윌리엄 블레이크William Blake와 찰스 디킨스Charles Dickens 같은 작가의 묘사에 따라 이러한 표상이 지금 우리가 상상하는 이미지로 새겨졌다. 하지만 이 이미지는 그 독특한 시기의 본질을 왜곡한다.

공기와 강을 오염시키는 공장이 산업혁명의 핵심이라면, 왜 그 시기에 그런 곳에서 기대수명이 급속히 늘고 유아사망률이 급격히 낮아졌을까? 생기 넘치던 농민이 비참한 일용 노동자로 전락한 것이 산업혁명의 결과라면, 왜 그때부터 줄곧 농민이 주요 산업도시로 이주했을까? 산업혁명이 곧 아동 착취 같은 것이라면, 왜 다른 때가 아니라 바로 그 시기에, 다른 어느 곳이 아니라 산업화가 가장 진전된 바로 그 지역과 국가에서 아동노동을 금지하고 초등학교를 설립했을까?

이 혁명적 시기에 '산업'이라는 이름이 붙은 것은 산업화가 해당 시기의 가장 새롭고 눈부신 특징이었기 때문이다. 하지만 산업혁명의 뜻을 완전히 이해하려면 산업화 자체는 부차적 요소임을 알아야 한다. 경제사학자 디어드리 맥클로스키Deirdre McCloskey는 이렇게 말했다.

산업혁명은 증기의 시대도 아니고, 면화의 시대도 아니며, 철의 시대도 아니었다. 그것은 진보의 시대였다.[2]

가속화된 기술 발전

이 시대의 진보 형태는 다양하다. 그중 한 가지는 산업화 현상과 명백히 관련됐다. 그동안 기록된 역사에서 한 번도 본 적이 없었던, 깜짝 놀랄 만큼 가속화된 기술 발전이었다. 이 시기에 등장한 발명 하나하나는 인류가 이룬 기술 발전사에서 명예의 전당을 차지할 만하다. 계몽의 시대Age of Enlightenment 이후 속도를 더하던 기술 발전은 이해할 수 없을 만큼 빨라졌다. 그다음 몇백 년이 지나는 동안 유럽과 북아메리카에서 등장한 중요한 발명은 이전의 인류 문명이 수천년에 걸쳐 이룩한 발명을 합친 것보다 많았다. 이들 지역의 기술적 지형은 완전히 바뀌었다.

이토록 짧은 시간에, 지리적으로 제한된 지역에서 그야말로 아이디어의 쓰나미가 밀어닥쳤다는 사실은 매우 놀랍다. 다시 한 번 말하거니와 이 물결을 일으킨 '급격한 전환'이나 단 한 가지 발명을 찾아내는 것은 불가능하다. 영국의 경제적 생산성은 산업혁명 전야부터 혁명기 여러 국면을 거치는 내내 점진적이고 지속적으로 향상됐다.[3] 멀찍이 보면 하루아침에 일어난 일로 보일 수 있지만 어떤 개인의 삶보다 훨씬 오랜 기간이 걸렸다.

물론 가속화된 발전은 산업 기술에만 국한되지 않았다. 과학 또한 유럽 대륙 전역에서 대단한 속도로 발전했고 예술과 문학, 음악도 전례 없이 풍성한 재능과 새롭게 부상한 장르 덕분에 비슷한 발전을 이뤘다. 이 과정은 사실 17세기 중에 시작됐다. 그 시기 서양 문화를 선도하는 철학자들은 고대부터 내려온 그리스 문화와 교회의 전통에서 벗어나기 시작했고, 인류와 세계의 본성에 관해 사람들의 마음을 사로잡는 논문을 써냈다.

그러나 이 시기 가장 중요한 발명 가운데 하나는 실제로 산업화가 이뤄지고 있었다. 영국의 철물상 토머스 뉴커먼Thomas Newcomen이 설계한 증기기관은 1712년 상업적으로 활용되기 시작했다. 이 증기기관은 석탄 광산의 물을 퍼내는 단순하고 평범한 목적으로 쓰였다. 18세기에 그 일은 상당한 인력이 필요하면서도 복잡한 작업이었다. 이 새로운 기술은 1763~1775년에 스코틀랜드의 기술자 제임스 와트James Watt가 더 발전시켰는데, 그는 공장의 기계를 작동하는 데 이 기관을 채택해 상업적 이용을 확산시켰다.

그저 반복 운동하는 증기기관은 인류사상 처음으로 문자로 쓴 기록물의 내용마냥 별다른 영감을 불러일으키지 못할 수도 있다. 그 최초 기록물은 기원전 3400년경 통상적인 사업 거래와 세율을 기록한 것으로 수메르 점토판Sumerian tablet에 쓰였다. 하지만 그 문자는 몇천 년간 이어지는 문학 발전의 출발을 알리는 신호탄이었다. 《길가메시 서사시Epic of Gilgamesh》(고대 메소포타미아의 전설적 영웅인 우루크

왕 길가메시를 주인공으로 한 문학작품. 이 지역에서 발굴된 점토 서판을 통해 알려졌다 — 옮긴이), 《마하바라타Mahabharata》 (고대 인도 바라타족의 전쟁을 다룬 서사시. 신화와 전설, 종교, 철학, 도덕, 법제, 사회제도에 관한 삽화가 풍부하다 — 옮긴이), 《아라비안나이트Arabian Nights》[6세기경 페르시아에서 전해진 설화집. 현명한 여성인 샤흐라자드(셰에라자드)가 페르시아 왕 '샤 리아르'에게 1,001일 동안 들려준 이야기(천일야화)로 꾸며졌다 — 옮긴이], 버질 Virgil의 《아이네이드Aeneid》(버질은 로마의 시성 푸블리우스 베르길리우스 마로Publius Vergilius Maro의 영어 이름이며, 《아이네이드》의 라틴어 제목은 《아이네이스Aeneis》다. 트로이의 영웅 아이네아스Aeneas의 유랑을 노래하며 '트로이의 목마' 이야기도 들려준다 — 옮긴이), 무라사키 시키부紫式部의 《겐지모노가타리源氏物語》(11세기 초 일본 헤이안 시대 장편소설. 황자 히카루 겐지光源氏와 귀족의 삶을 그렸으며 '겐지 이야기'라고도 한다 — 옮긴이), 단테 알리기에리Dante Alighieri의 《신곡神曲, Divine Comedy》, 윌리엄 셰익스피어 William Shakespeare의 《햄릿Hamlet》, 미겔 데 세르반테스Miguel de Cervantes의 《돈키호테Don Quixote》, 요한 볼프강 폰 괴테Johann Wolfgang von Goethe의 《파우스트Faust》, 빅토르 위고Victor Hugo의 《레미제라블Les Misérables》, 표도르 도스토예프스키Fyodor Dostoevsky의 《죄와 벌 Crime and Punishment》이 그 뒤를 이었다. 뉴커먼의 증기기관도 불과 250년 후에 소련이 스푸트니크호를 우주로 발사하고 미국은 아폴로 11호를 타고 가 달에 착륙하도록 한 기술적 도약에 시동을 걸었다.

당시 섬유 산업은 산업혁명의 최첨단을 걷는 하이테크 산업이었다. 영국의 발명가 중 위인으로 꼽히는 존 케이John Kay와 리처드 아크라이트Richard Arkwright, 제임스 하그리브스James Hargreaves, 에드먼드 카트라이트Edmund Cartwright, 새뮤얼 크럼프턴Samuel Crompton을 특히 주목할 만한데, 이들은 섬유 생산공정의 많은 부분을 자동화하는 정교한 기계를 고안했다. 자동화 덕분에 직물 한 필을 생산하는 데 필요한 노동량이 큰 폭으로 줄어들어 옷 가격이 내려가고 유럽과 그 식민지에서 빈곤한 가구가 더 질 높은 옷을 살 수 있었다. 새로운 기계는 처음엔 강과 폭포 옆에 지은 공장에서 물레바퀴와 함께 작동했다. 그러나 증기기관이 도입되면서 산업은 흐르는 물에 더는 의존하지 않았다. 산업도시는 여전히 석탄 광산 가까이 있어야 했지만, 유럽과 북아메리카 전역에서 발전할 수 있었다.[4]

또 기술 발전으로 육상과 해상, 항공 운송뿐만 아니라 대규모 건설에서도 혁명이 일어났다. 18세기 초 제철업자 에이브러햄 다비Abraham Darby가 저렴한 철 제련법을 개발한 후 광범위하게 쓰인 철강이 교량과 마천루 건설에 쓰이기 시작했다. 19세기 발명가이자 산업가인 헨리 베세머Henry Bessemer는 더욱 단단하면서도 가공하기 좋은 철을 싸고 빠르게 생산하는 방식을 개발했다. 철강 생산의 공정 개선이 이뤄지면서 물건을 절단하고 가공하는 도구가 새로 개발돼 산업을 탈바꿈시켰다. 다양한 산업에 중대한 영향을 미친 그 도구는 증기기관차의 부상에도 기여했으며, 자연스럽게 장거리 여행의 소요시간까지 극적으로 줄였다. 19세기가 시작될 때 뉴욕에서 시카고까지 여행하려면 거의 6주가 걸렸지만, 1857년에는 철도 덕분에 그 시간이 단 이틀로 단축됐다. 해상에서는 증기선이 등장해 항해 거리와 시간이 줄어들면서 해상무역은 더 이상 바람에만 의존하지 않았고 세계화의 속도는 엄청나게 가속화됐다.[5]

이 시기에는 통신 분야에서도 발전의 돌파구가 열렸다. 미국의 발명가 새뮤얼 모르스Samuel Morse는 1844년에 처음으로 상업적 전자

기식 전신을 구축했다. 전신선은 불과 30년 만에 세계를 마치 신체의 동맥처럼 이었고, 크고 작은 바다 건너편에 있는 상대에게 단 몇 분 만에 말을 전달하도록 했다. 1877년 미국의 발명가 토머스 에디슨Thomas Edison은 역사상 첫 음성 기록 장치인 축음기를 공개했고, 2년 후에는 백열전구를 만들었다. 이미 발명된 전구를 실제 사용하기에 좋도록 개량한 것이다. 에디슨은 전구에 불을 켜면서 "부자만 초를 태울 만큼 값싼 전깃불을 만들 것"이라 말했다. 자신의 혁신이 그만큼 광범위한 영향을 미칠 수 있음을 강조한 말이었다.[6] 그 후 에디슨은 1882년에 세계 최초의 상업적 발전소를 뉴욕에 세웠다. 전력은 여러 분야에서 빠르게 채택됐고 공장에서는 전기가 증기기관을 대체하기 시작했다. 19세기 후반에는 내연기관이 발명됐다. 자동차가 마차를 대신해 지역의 통상적인 운송 수단이 되는 순간이었다.

이렇게 혁신 사례를 부분적으로 열거하다 보면 화학과 농업, 목공, 채광, 운하 건설 분야와 콘크리트, 유리, 종이 같은 물자의 생산 기술 분야에서 넘쳐 나는 발전 사례를 충실히 다루지 못한다. 자전거와 열기구, 생산 라인 그리고 (마천루를 실용적인 건축물로 바꿔 준) 엘리베이터 같은 획기적 발명을 제대로 평가할 수도 없다. 이러한 각종 모험에 자금을 댄 일련의 새로운 금융 수단에 대해서는 아직 이야기를 꺼내지도 못했다. 이 혁신의 시대에는 사실상 인류가 노력을 기울인 모든 분야에서 급진적 변화가 일어났다.

유럽과 미국의 기술력으로 나타난 변화는 세계적으로 힘의 균형까지 흔들어 놓았다. 그 변화는 너무나 빨라서 비교적 기술적으로 앞선 다른 세계의 허를 찔렀다. 유럽의 군사력에 저항하기 위한 자원이 없는 지역은 억압받고 착취당했다. 그 예로 영국 상인은 중국에 아편을 쏟아붓다시피 했다. 1839년 영국과의 교역을 금지한 청淸 왕조의 지배자는 자신들의 삐걱대는 해군이 증기기관과 철갑으로 무장한 소규모 함대에 상대가 되지 못한다는 것을 바로 알아차렸다. 1차 아편전쟁에서 영국의 승리는 특히 역설적이다. 영국의 우위를 강화시킨 화약과 철갑 모두 몇 세기 전 중국에서 비롯된 기술로 생산됐기 때문이다.

그로부터 10년 후, 매슈 페리Matthew Perry 제독이 이끄는 미국 해군은 기술적 우위를 바탕으로 일본의 200년 넘는 고립주의를 끝내는 협정을 강요할 수 있었다. 이 결과는 일본 지배층 내부에서 기존 질서를 지지하는 이들과 미국과 유럽의 기술력을 인정하면서 급진적 개혁이 필요하다 주장하는 이들 사이의 권력투쟁을 촉발했다. 이 내분은 결국 기술과 사회, 그리고 산업의 진보를 옹호하는 개혁 세력의 승리로 끝났다. 이들은 막부의 봉건 체제를 끝내고 천황의 권력을 되찾도록 한 메이지유신明治維新을 단행했고, 이를 통해 일본은 열강으로 변모했다.

극적인 혁신과 빠른 변화는 유럽과 미국의 라이프스타일, 그리고 예술과 문화를 감상하는 방식의 주요한 특징이 됐다. 나폴레옹전쟁이나 미국 남북전쟁의 피로 얼룩진 전장에서 서로를 살육하는 방식에서도 그 특징이 나타났다. 또한 이 시대 유럽의 철학자와 작가, 과학자들이 내놓은 사상은 인류의 본성과 사회 그리고 우주에 대한 집단적 관념을 근본적으로 바꿨다. 어떤 사회집단에서는 최신 사상에 관해 가장 앞선 교육을 받고 토론하며, 《공산당선언The Communist Manifesto》이나 위고의 최근 소설, 《종의 기원》에 관한 다윈의 선풍적 이론에 대해 계몽된 견해를 표현할 수 있다는 것이 지위를 드러내는 표지가 됐다.

그러나 이 시대의 근본적 특징인 혁신의 가속화는 교육을 중산층과 지배층의 문화적 필수품으로 바꿔 놓는 데 그치지 않았다. 혁신이 가속화되면서 교육은 경제 발전 과정의 중심적 역할을 했다. 거의 틀림없이 제조업의 기계화보다 교육이 훨씬 중대하고 지속적 영향을 미쳤다. 혁신이 가속화됨에 따라 교육의 목적 자체가 바뀌었고 대중을 상대로 한 교육이 처음으로 시작됐기 때문이다.

산업화 이전 시대의 교육

대부분의 인류사에서 교육은 특권층만의 것이었다. 메소포타미아 그리고 이집트문명에서 지배층의 자녀는 서기나 사제, 행정직으로 일하기 위해 읽고 쓰기와 기초적인 계산법을 배웠다. 또한 정신적·문화적으로 풍부해지고 지식인 계층에 진입하기 위해 점성학, 철학, 신학을 접하기도 했다.

더 많은 이들이 받은 교육은 주로 문화적·종교적·사회적·정신적·군사적 목적에 쓰였다. 고대 페르시아와 그리스, 로마에서의 교육은 문화적·종교적·군사적 목적에 맞춘 지적·육체적 훈련이었고, 복종과 규율의 덕목을 배양하는 것이 목표였다. 이와 대조적으로 유교와 불교식 교육에서는 윤리적 미덕 그리고 연장자와 훌륭한 품성에 대한 존경을 가르쳤다. 이런 덕목이 조화로운 사회의 기초로 여겨졌기 때문이다.

유일신을 믿는 종교가 발전시킨 교육체계는 신앙심과 도덕성을 기르고 종교적 율법을 충실히 따르고 실행하며, 이러한 가치를 세대 간에 전달하도록 설계됐다. 특히 최초의 대중교육 체계 중 하나인 헤데르cheder(유대교 교리와 히브리어를 가르치는 초등교육 체계─옮긴이)는 2,000여 년 전에 형성됐으며, 네 살 정도의 남자아이가 토라Torah를 읽는 종교적 의무를 이행하면서 신앙심과 도덕성, 민족 정체성을 기르도록 설계됐다(유대인은 구약성서 중 창세기, 출애굽기, 레위기, 민수기, 신명기를 율법서로 구분해 '토라'라고 부른다. 히브리어로 '가르침'이라는 뜻의 토라에는 십계명을 비롯해 유대인의 계율이 적혀 있다─옮긴이). 뒤이어 기독교뿐만 아니라 이슬람 세계에서도 비슷한 기관이 나타났다. 기독교 세계에서는 특히 종교개혁의 영향을 받은 지역이 그랬다. 하지만 이런 교육체계에서 직업상 유용한 기술 계발은 주된 고려 사항이 아니었다.

인류사 대부분의 시간에서 문해율文解率은 보잘것없었다. 갖가지 문서에 자기 이름을 쓸 수 있는지 여부를 바탕으로 추정한 중세의 문해율은 중국과 프랑스, 독일, 벨기에, 네덜란드의 경우는 10퍼센트 미만이었고 세계 나머지 지역은 더 낮았다.[7]

그러나 산업화에 이르기까지 몇 세기 동안, 유럽이 기술과 교역에서 큰 걸음을 내딛자 교육의 중요성이 커지기 시작했다. 유럽의 경우 르네상스 시대에 이미 다른 세계보다 더 정교한 기술을 개발했다. 산업화 이전 시대 유럽의 주요 발명품은 인쇄기와 진자시계, 안경, 망원경, 현미경이 꼽히며 농업과 증기선 분야에서 이뤄진 개량도 헤아릴 수 없을 정도다.

2부에서 탐구하겠지만 중국과 오스만제국을 포함해 그때까지 유럽보다 기술이 앞섰던 문명은 르네상스 시대부터 뒤처지기 시작했다. 1500년 이후엔 몇 세기가 채 지나지 않았을 때 세계에서 가장 앞선 기술이란 곧 유럽의 것이어서 그 둘은 사실상 동의어가 됐다.[8] 이러한 차이는 유럽과 세계 나머지 지역 사이에서 더 벌어진 문해력 격차를 반영한다.

구텐베르크의 인쇄기가 유럽의 문해율 혹은 경제성장률에 얼마나 큰 영향을 미쳤는가에 대해서는 논란의 소지가 있다.[9] 그러나 이 시기에 문해율이 높아지면서 경제 성장과 인쇄업 확산에 도움을 주었고, 책이 대량으로 인쇄되면서 유럽인 사이에서 읽고 쓰고자 하는 욕구가 커졌다는 점에는 논쟁의 여지가 없다. 15세기 후반 유럽은 1,300만 부 가까운 책을 찍었다. 16세기에는 2억 부 이상, 17세기에는 5억 부 이상을 찍었다. 18세기에는 그 숫자가 약 10억 부로 치솟았다. 인구 증가율을 훨씬 넘어서는 성장률이다.[10]

유럽 출판업의 빠른 성장이 기술과 문화의 변화를 자극하고, 그 자극이 인적자본 형성 증대에 이바지했다는 점 역시 명백하다. 15세기 후반 유럽에는 훈련 과정에 있는 상인을 대상으로, 재고품에 값을 매기고 환전하는 법, 매출 이익과 지급 이자를 계산하는 법을 가르치기 위한 '상업수학' 교과서의 대량 인쇄가 이뤄졌다. 복식부기 회계double-entry bookkeeping의 핵심 규율을 확산시킨 책도 인쇄됐다(복식부기 회계는 기업의 자산과 자본 변화를 대변/차변에 이중으로 기록하고 양 변의 합계를 일치시켜 집계를 검증하는 회계 방식 — 옮긴이). 복식부기는 상인들이 계정을 합리적으로 관리하게 한 혁신이었다. 이 외에도 전문직을 위한 교재가 유럽 전역에 퍼져 나가면서 의사와 변호사, 교사에게 지식을 전달할 필수품이 됐다. 15세기 후반 인쇄기를 받아들인 도시는 인구 유입이 늘면서 다른 도시 대비 높은 인구 증가율을 기록했다. 지적 사고와 학문의 주요한 중심지가 된 것은 당연했다.

인쇄술의 발달은 훌륭한 시민의 고상한 취미이자 그 자체로 미덕

인 읽고 쓰는 행위를 더욱 촉진했다.[11] 이 기간 유럽은 역사상 문해율과 기술 수준이 가장 높은 지역이었다. 1800년 네덜란드의 문해율은 68퍼센트, 영국과 벨기에는 50퍼센트, 서유럽의 다른 국가는 20퍼센트 정도였다. 비유럽 국가의 경우 20세기 들어서야 문해율이 높아지기 시작했다. 인류 전체로 보면 성인의 문해율은 1820년에는 12퍼센트에 지나지 않았고 20세기 중반에 가서야 50퍼센트 선을 넘어섰다. 2010년 기준으로는 약 86퍼센트 수준이다(도표 7).

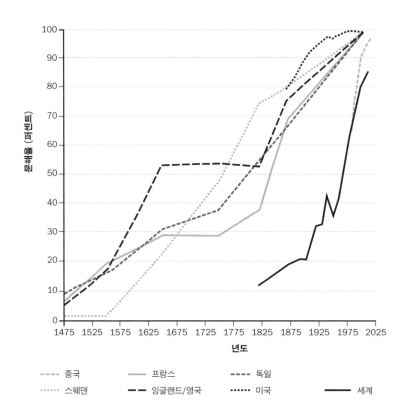

도표 7. 세계적으로 높아지는 문해율(1475~2010)[12]

하지만 산업화 이전 유럽의 교육체계는 여전히 대규모 노동력을 대상으로 기술을 가르치는 데 적합하지 않았다. 17세기 체코의 철학자이자 현대 교육의 선구자 가운데 한 명인 요한 아모스 코메니우스John Amos Comenius(얀 아모스 코멘스키Jan Amos Komenský의 다른 이름 — 옮긴이)는 혁신적인 교육 방식을 장려했다. (라틴어 대신) 자국어로 배울 수 있도록 하며 점점 복잡하고 다양한 주제를 소개하면서 암기보다 사고력을 강화시키는 방식이었다. 이는 여성과 사회의 빈곤층까지 교육체계로 끌어들이며 가장 혁명적으로 포용성을 강화한 기획이었지만 여전히 그 목적은 도덕적·문화적 가치를 주입하기 위한 교육이었으며, 일하는 데 필요한 전문 지식을 전해 주려는 것은 아니었다. 성년기의 직업 생활에 적합한 기술과 지식을 학교에서 얻는 아이는 거의 없었다. 초보적 교육을 받을 만큼 운 좋은 경우에도 그랬다. 직업을 위한 기술은 농사와 집안일을 하거나 도제로 시중을 들면서 일터에서 배울 뿐이었다.

17세기 중반부터 서유럽은 호기심과 회의주의뿐만 아니라 축적된 과학 지식을 바탕으로 진보의 관념을 주창하는 철학자들의 본산지가 됐다. 이들은 신비주의와 종교의 독단적 신조를 합리주의적으로 거부하며, 일찍이 진보적 가치였던 기회의 평등과 표현의 자유, 개인의 권리를 옹호했다. 계몽의 시대에 교육과 그 결과로 향상된 인적자본은 문화와 경제 양면에서 중요해졌다. 하지만 교육을 산업적·상업적 목적에 맞추는 본질적 변혁은 아직 시작되지 않았다.

산업화와 인적자본

산업혁명의 가장 이른 단계의 생산과정에서 문해력과 산술 능력은 그 역할이 제한적이었다. 따라서 인적자본을 구성하는 이런 능력을 키워도 노동자의 생산성에는 제한적 효과만 냈을 것이다. 감독자나 사무직 같은 일부 노동자의 경우, 글을 읽고 초보적인 계산을 해야 했지만 여전히 과업 중 대부분은 문맹자라도 문제없이 수행할 수 있었다.

하지만 그다음 단계에서는 산업 부문의 성장으로 숙련노동 수요가 뚜렷이 늘어났다. 이제 노동자에게 기계 관련 기술뿐 아니라 읽고 쓰며 계산할 수 있는 능력이 요구됐다. 이때부터 인류사에서 처음으로 산업계의 요구 조건을 충족시키기 위한 설계와 실행을 통해 인적자본 형성이 이뤄졌다. 이런 변화는 여러 산업국가에서 나타났지만, 가장 먼저 산업화를 경험한 영국과 프랑스, 독일, 미국에서 그 변화가 더욱 뚜렷했다.

영국 산업혁명의 첫 단계는 생산공정 기계화의 진전이었다. 아직은 이에 발맞춰 숙련노동자의 고용이 늘진 않았다. 1841년에는 영국 남성 노동자의 5퍼센트, 여성 노동자의 2퍼센트만이 문해력이 필요한 노동에 고용됐다.[13] 대부분의 노동자는 주로 현장에서 기술을 계발했고, 아동노동도 대단히 유용하게 활용됐다. 하지만 산업혁명의 나중 단계에서는 교육의 규모와 범위가 극적으로 달라졌다. 영국에서 5~14세 아동의 초등학교 입학률은 1855년 11퍼센트에서 1870년 25퍼센트로 높아졌다. 1870~1902년 중에는 정부가 무상교육을 제공하면서 그 비율이 거의 74퍼센트로 올라갔다.[14] 그렇게 1840년 약 67퍼센트였던 영국 남성의 문해율은 큰 폭으로 올라가 19세기 말에는 97퍼센트에 이르렀다.[15]

프랑스의 경우 교육체계가 산업혁명이 일어나기 한참 전에 개발됐지만, 산업화 초기 단계의 산업적 요구를 위해 심화되고 변형됐다. 17~18세기에는 상업과 제조업 발전을 촉진하고 군사 분야의 효율성을 높이기 위한 기술과 직업훈련 과정에 국가가 일부 개입하긴 했으나 초등·중등교육 제공은 종교적 질서하에 있었다.

프랑스혁명 후에야 국가가 초등학교를 설립하고, 군사 조직과 정부 기관을 운영할 엘리트 배출을 위해 중등·고등교육을 선별적으로 제공했다.[16] 그 후 인적자본에 대한 산업계의 수요 증가를 고려해 초등 수준 이상의 교육 제공을 확대했다. 학교가 없는 공동체 수는 1837년부터 1850년까지 50퍼센트 감소했다. 1881~1882년에는 기술·과학 교육이 강조되면서 보편적이면서 비종교적인 무상교육을 의무화하는 초등학교 체계가 수립됐다. 그에 따라 5~14세 아동의 초등학교 입학률은 1850년 52퍼센트에서 1901년 86퍼센트로 높아졌다.[17]

프로이센의 경우 프랑스처럼 산업혁명 이전인 18세기 초에 의무교육의 첫걸음을 내디뎠으며, 교육을 국가 통합의 수단으로 여겼다. 18세기 후반에는 재원 부족으로 엄격히 실행되진 못했지만 5~13세의 아동에게 교육이 의무화됐다. 19세기 초에는 국민을 결집하고 군사 분야의 효율성을 높이며, 훈련된 관료를 공급하기 위한 교육체계 개혁이 더욱 진전됐다. 3년간의 학교교육이 의무화되고 종교적 색채도 없앴으며, 김나지움gymnasium(독일의 전통적 중등교육 기관 — 옮긴이)은 엘리트를 대상으로 9년 교육을 제공하는 기관으로 재편됐다.[18]

영국과 프랑스처럼 프로이센의 산업화도 보편적인 초등교육 실행과 함께 이뤄졌다. 중등학교도 산업계의 필요에 잘 호응했다. 수학·과학 교육을 강조하는 레알슐레Realschule(독일의 실업계 중학교 — 옮긴이)가 점차 채택되기 시작하고 직업학교와 상업학교도 설립됐다. 전체적으로 중등학교 진학자는 1870년부터 1911년까지 6배로 늘어났다.

미국에서도 산업화로 인해 생산공정과 경제 전반에서 인적자본의 중요성이 커졌다.[19] 19세기 후반과 20세기 초반 산업과 사업, 상업 부문이 부상하면서 회계와 타자, 속기, 대수代數, 상거래 분야에서 훈련된 관리자와 사무직 그리고 교육받은 영업 인력 수요가 늘어났다. 1910년대 후반이 되자 기술적으로 앞선 산업에서는 기하학과 대수학, 화학, 기계제도, 그 밖의 관련 기술 분야에서 훈련받은 블루칼라를 원했다. 미국 교육의 틀은 이러한 요구를 위해 변형됐고, 공립 중등학교의 총 진학자는 1870년부터 1950년까지 70배로 늘어났다.[20]

이와 같은 역사적 자료는 산업화 과정에서 기술 발전과 인적자본 형성이 서로 관련됐음을 보여 준다. 그러나 산업화가 원인이고 인적자본 형성이 결과임을 가리키는 실질적 증거가 있을까? 이 둘의 연관성은 거꾸로 인적자본 형성이 산업화에 미친 영향을 반영할 수도 있다. 혹은 어떤 문화적 혹은 제도적 요인이 산업화와 교육을 모두 촉진했을 수도 있다. 기술의 가속화와 산업화 그리고 인적자본 형성의 인과관계를 알아보기 위해 준-자연 역사실험을 적용할 수 있다.

프랑스의 경우, 산업혁명 초기의 가장 중요한 발명 중 하나인 증기기관을 처음으로 도입한 곳은 프랑스-벨기에 국경에 가까운 한적한 마을인 프렌-쉬르-에스코의 한 광산이었다. 실제 자료를 보면 19세기 중반 증기기관이 프랑스 각 지역에 전파될 때 프렌-쉬르-에스코와 가까운 데파르트망département(1790년에 만들어진 행정단위)일수록 증기기관을 빠르게 채택했다는 사실이 드러난다. 즉, 이 둘 사이의 지리적 거리를 보면 그 지역에 얼마나 많은 증기기관이 도입됐는지 예측할 수 있다.

프랑스에서 데파르트망별로 도입된 증기기관의 실제 숫자는 데파르트망의 기존 교육 수준이나 다른 잠재 요인에 영향을 받을 수도 있다. 하지만 프렌-쉬르-에스코와의 거리는 잠재적 인과관계에 따라 기술이 교육에 미치는 영향을 평가하는 데 쓰일 수 있다. 그 거리는 ① 증기기관 도입 수준을 직접적으로 예측하게 하며 ② 기존 교육 수준이나 다른 교란 요인의 영향을 받지 않으며 ③ 데파르트망별 교육 수준에 직접적 영향을 미칠 수 없고, 증기기관 숫자를 통해 간접적으로만 영향을 미칠 수 있기 때문이다(어쨌든 프렌-쉬르-에스코가 프랑스에서 교육을 처음으로 도입한 곳은 아니므로 이곳이 프랑스에서 교육의 발원지가 아님을 확신할 수 있다)[특정 데파르트망과 프렌-쉬르-에스코 사이의 거리는 산업화(증기기관 도입)가 인적자본 형성에 미치는 영향을 알아보는 분석 모형의 도구변수instrumental variable로 활용된다. ①~③은 그 거리가 도구변수가 될 수 있는 조건이다. 도구변수를 활용하는 이유는 인적자본 형성이 반대로 산업화에 영향을 준다는 역의 인과관계가 존재하거나, 분석 모형에 중요한 변수가 빠져서 인과 효과를 제대로 추정할 수 없는 내생성endogeneity 문제를 해결하기 위해서다 — 옮긴이]]

이를 통해 우리는 산업화의 형태로 나타난 기술 진보의 가속화가 1840년대 인적자본 형성을 보여 주는 몇 가지 지표에 긍정적 영향을 미쳤음을 입증할 수 있다. 이때 산업화는 프랑스 데파르트망에 도입된 증기기관의 숫자에 반영되며, 프렌-쉬르-에스코와의 거리로 추정할 수 있다. 인적자본 형성을 나타내는 지표에는 인구 대비 초등학생 비율과 징집병의 문해율이 포함된다. 분석 결과 실제로 데파르트망마다 도입된 증기기관이 많을수록 인적자본 투자도 많았다.[21] 이와 비슷한 자료가 또 있다. 19세기 초 영국의 어떤 지역에서 증기기관을 이용하면 그와 가까운 곳의 노동력의 숙련도가 높아졌으며, 특히 기계를 다루는 직업이 그랬다는 것이다.[22]

기술 발전이 인적자본 형성에 미치는 영향은 미국에서도 관찰할 수 있다.[23] 여러 신생 도시로 가는 철도가 확장되던 1850~1910년간의 자료를 보면, 운 좋게 전국적인 철도망에 연결된 카운티county(주州 바로 밑의 행정단위로 우리의 군郡에 가깝다―옮긴이)의 문해율이 더 높은 경향을 보였다. 또한 공학 기술자와 기능공, 의사, 변호사 같은 숙련 노동자의 인구 비중이 높았고, 농업 부문에 고용된 인구 비중은 낮았다.[24]

이처럼 광범위한 연구의 결과로 산업혁명기의 기술과 상업 발전이 인적자본에 대한 다양한 투자를 자극했음이 드러난다. 다만 어떤 사회에서는 인적자본이 문해력 향상과 교육의 형태를 취하는 데 비해 다른 사회에서는 전문적 기능의 계발로 나타난다. 앞 장에서 논의한 것처럼 기술 발전과 인적자본이 서로를 강화하는 순환 고리를 만든다는 점을 생각하면, 향상된 인적자본이 추가적 기술 발전을 촉진했다는 증거도 있다는 것이 놀랍진 않다.[25]

실제로 산업혁명이 유럽의 다른 국가도 아닌 영국에서 일어난 이유 중 하나가 인적자본 측면의 비교우위comparative advantage(같은 상품을 더 적은 기회비용으로 생산하는 능력. 반대편은 비교열위comparative disadvantage를 가진다―옮긴이)다. 그 우위는 산업혁명 초기에 특히 유익했던 것으로 밝혀졌다. 증기기관의 연료였던 석탄의 경우 영국이 확실히 풍부했지만, 다른 국가도 마찬가지였다.

그런데 영국에는 더욱 희소한 원재료가 하나 있었다. 바로 인적 자본이었다. 역사학자들은 당시 영국엔 여러 부류의 전문 목수와 금속가공인, 유리 제조공, 발명가 뒤에서 그들의 혁신적 설계에 따라 물건을 제작하고 심지어 개선까지 할 수 있는 기술자가 있었다고 설명한다.[26] 이들은 그 기술을 도제에게 전수했다. 영국의 산업혁명 초기 단계엔 그 도제의 숫자가 급증했으며 산업 기술이 채택되고 발전되며 확산되는 과정에서 역할을 톡톡히 했다.[27]

실제로 영국에서 이주해 온 기술자의 경우 벨기에와 프랑스, 스위스, 미국을 포함해 다른 국가에서 산업의 개척자로 활약했다. 실제로 북아메리카의 첫 섬유 공장은 1793년 로드아일랜드주의 도시 포터킷에 세워졌다. 내가 이 책을 쓴 브라운대학에서 불과 몇 마일 떨어진 곳이다. 미국 산업가 모지스 브라운Moses Brown이 자본을 댄 그 공장의 기획자는 다름 아닌 스물한 살에 미국으로 온 영국계 산업가 새뮤얼 슬레이터Samuel Slater였다.

슬레이터는 열 살 때부터 섬유 공장에서 일했는데, 그곳에서 아크라이트의 방적기를 직접 다루며 기술적 이해도를 높였다. 자국의 기술 우위를 지키기 위해 영국 정부는 방적기 수출을 금지하고 제작에 필요한 청사진 반출까지 막았다. 하지만 슬레이터는 간단한 방법을 찾았다. 간단하지만 극히 어려운 그 방법은 설계도를 통째로 외우는 것이었다. '미국 산업혁명의 아버지'로 불리는 슬레이터의 영향은 너무나 커서 그가 태어난 영국 도시에서는 '반역자 슬레이터'라며 비난했다.

교육받은 노동자가 기술 발전에 이바지한 사실은 산업화를 일찍 경험한 다른 국가의 역사적 자료에서도 확인된다.[28] 19세기 프로이센에서는 문해율이 특허등록으로 나타나는 혁신 역량에 긍정적 영향을 미쳤다.[29] 더 놀라운 사례도 있다. 어떤 연구는 18세기 프랑스 각 도시의 (교육받은 엘리트 집단 규모를 반영하는) 《백과전서Encyclopédie》 구독자 수가 만 1세기 후 같은 도시에서 활동하는 기업의 기술혁신과 긍정적 관계가 있었음을 보여 준다.[30] 그와 비슷한 국가 간 분석에 따르면 각국의 기술자 수가 1인당 소득에 지속적으로 영향을 미친다는 사실도 확인할 수 있다.[31] 오늘날 세계에서 인적자본 형성은 기업가정신을 북돋우고, 새로운 기술과 작업 방식을 채택하도록 장려하며, 더 넓게는 경제 성장을 촉진한다.[32] 그렇다면 이처럼 대중을 상대로 하는, 이른바 공교육은 어떻게 자리 잡았을까?

보편적 공교육 시대가 오다

1848년, 인류사에서 가장 영향력 있는 책 가운데 하나가 런던에서 출간됐다. 마르크스와 엥겔스의 《공산당선언》이다. 마르크스와 엥겔스는 당시 세계의 사회적·정치적 격변은 생산방식에서 나타난 급격한 기술적 변화와 직접적인 관련이 있다 믿었다. 제대로 짚었다. 그들은 자본가계급의 부상이 봉건적 질서를 뿌리 뽑고 경제적 진보를 창출하는 데 중요한 역할을 했다고 주장했다. 하지만 더 나아가 자본가계급 내 경쟁이 격화되면서 그들의 이윤은 감소할 수밖에 없으며, 그에 따라 자본가는 노동자를 더욱 강도 높게 착취한다고 주장했다. 사회는 필연적으로 '프롤레타리아proletariat에게 잃을 것은 사슬밖에 없는' 지경에 이를 터이므로 계급투쟁은 피할 수 없다고 했다.

마르크스주의자들의 주장에서 중심축은 자본가와 노동자 사이의 피할 수 없는 권력투쟁이었다. 그 투쟁은 결국 혁명으로 이어져 계급 기반의 사회를 박살 낼 것이었다. 실제로 산업화된 국가의 경우 19세기 후반과 20세기 초반 자본가와 조직된 노동자 사이에 벌어진 격렬하고 폭력적인 투쟁을 경험했다. 그런데 마르크스와 엥겔스가 예견한 공산주의 혁명은 1917년 그 어느 곳도 아닌 러시아에서 일어났다. 러시아는 전체 고용에서 농업 부문이 무려 80퍼센트를 넘는 나라였다. 사실 산업화가 진전된 자본주의국가의 경우 마르크스와 엥겔스가 살아 있을 때든 그 후에든 성공적인 계급 혁명을 경험한 적이 전혀 없다.

그렇다면 대부분의 사회는 어떻게 '필연적' 계급투쟁과 공산주의 혁명을 피할 수 있었을까? 이에 대한 한 가지 설명은 산업화된 국가가 혁명의 위협에 자극을 받아 계급 간 긴장을 누그러뜨리고 불평등을 완화하기 위한 정책을 채택했기 때문이란 것이다. 주로 투표권을 확대하고, 이를 통해 부를 재분배할 권력을 확장했을 뿐 아니라 복지국가의 부상을 촉진했다.[33] 그러나 대안적 가설의 경우 산업화 시대의 생산과정에서 인적자본이 수행하기 시작한 결정적 역할에 중점을 둔다. 이에 따르면 노동자의 교육과 기술에 대한 투자는 자본가 계급에게 덜 중요해진 게 아니라 더 중요해졌다. 자본가가 마음대로 이용할 수 있는 자본 가운데 인적자본이 이윤 하락을 막는 열쇠임을 깨달았기 때문이다.[34]

특히 산업화로 가는 국가가 그 첫걸음을 내디딜 때 유용했던 특수한 수공手工 기술은 그 중요성이 줄어들었다. 그다음에는 일부에서 추측하듯 기술이 필요 없어진 게 아니라, 노동자가 기술과 제도 측면에서 급속히 변화하는 환경의 어려움을 극복하도록 일반적이고 융통성 있는 일련의 기술이 필요해졌다. 이러한 상황에서 노동자는 특정 과업과 직업에 대해서만 보완적 역할을 하는 한정된 기술 교육보다 폭넓고 유연한 내용의 교육을 받는 게 유리했다.[35]

생산과정에서 진행 중인 기술적 변화는 산업 생산성을 높이는 데 인적자본을 결정적 요소가 되도록 했다. 산업혁명으로 인적자본의 가치가 잠식되고 생산수단을 소유한 이들이 노동자를 더 모질게 착취할 것이란 마르크스의 추측과는 정반대였다. 그러므로 공산주의 혁명 대신 산업화가 촉발한 대중교육 혁명이 이뤄졌다.

대중교육 혁명 이후 자본가의 이윤율은 더 줄어들지 않고, 노동자의 임금이 오르기 시작했다. 그렇게 마르크스주의의 심장을 고동치게 하던 계급투쟁은 마침내 퇴조하기 시작했다. 즉, 기술이 역동적으로 변하는 환경에선 보편적 대중교육이 기업주와 노동자 모두에게 중요하다는 것을 깨달았기 때문에, 전 세계의 산업사회는 공교육 제공에 압도적 지지를 보냈다. 서구적 현대성의 다른 측면에 대해 저항하던 이들도 공교육만은 지지했다.

다만 노동자가 새로이 배운 기술로 다른 직장을 찾지 않으리란 보장이 없었으므로, 산업가는 잠재적 노동자 대상 교육에 투자하기를 꺼렸다. 1867년 영국 철강 업계의 거물 제임스 키트슨James Kitson은 한 공식 위원회에서, 개별 제조업자는 자신들의 교육투자에 따른 결실을 경쟁자가 차지할까 겁내므로 학교에 투자하는 것을 망설인다고 증언했다.[36] 네덜란드와 영국에서 몇 안 되는 산업가가 자체적으로 세운 학교에 실제로 자금을 댔으나 제한적인 성공만 거둔 것도 사실이다. 웨일스의 섬유 제조업자 로버트 오언Robert Owen처럼 실제로 학교를 설립하고 운영한 자본가가 몇몇 있었지만, 그들의 학교

운영은 언제나 자선사업의 차원이었다.

하지만, 산업사회를 창조하는 데 기술이 필요하다는 것이 명백해지자 상황은 달라졌다. 이제 자본가는 노동계급이 급진적이고 전복적인 사상을 받아들일 것이란 걱정을 버리고 정부를 향해 공교육을 제공해 달라고 로비하기 시작했다. 벨기에와 영국, 프랑스, 독일, 네덜란드, 그리고 미국의 산업가들은 자국의 공교육 체계에 영향을 미치기 위해 그 틀을 짜는 데 적극적으로 개입했고, 지도자에게 대중교육에 대한 투자를 확대하라고 촉구했다. 각국 정부는 결국 이런 압력과 로비를 받아들여 초보적 수준의 교육에 대한 지출을 늘렸다.

1867~1868년, 영국 정부는 자본가의 요구를 다루기 위해 의회에 과학교육특별위원회를 설치했다. 그렇게 해서 과학과 산업 그리고 교육 간 관계에 대한 의회 조사가 거의 20년간 진행됐다. 이 조사를 통해 나온 보고서는 감독자와 관리자, 사업주, 노동자가 받았던 훈련이 불충분했다고 강조했다. 특히 관리자와 사업주의 경우 생산공정을 제대로 이해하지 못했으며, 이로 인해 효율성을 높이고 혁신적 기술을 연구하고 노동자의 기술을 평가하는 데 실패했다고 주장했다.[37] 그리고 몇 가지 권고를 더했는데, 그중에는 초등학교에 대한 재정의와 함께 학교교육 전체의 (특히 산업 및 제조업과 관련된) 교과를 개정하며, 교사 대상 훈련을 개선하는 방안이 그것이다. 그뿐 아니라 중등학교에는 기술과 과학 교육을 도입하라고 권고하기도 했다.

그렇게 영국 정부는 자본가의 요구를 받아들여 고등교육뿐만 아니라 초등교육에 대한 정부의 기여를 늘렸다. 1870년에는 보편적 초등교육을 보장하는 책임을 맡았고, 1884년 선거권이 대폭 확대되기에 앞서 1880년에 공교육이 의무화됐다.

물론 공교육을 제공하는 정책에 대한 저항도 존재했다. 흥미로운 것은 그 저항이 산업보다는 토지에 기반을 둔 엘리트를 중심으로 일어났다는 점이다. 1902년에 영국 의회가 교육법Education Act을 제정해 공교육을 무상 제공하기로 했을 때, 제조업과 서비스업에서는 공학 기술자와 기능공, 사무원, 변호사 그리고 설계도나 작업설명서를 읽고 업무를 파악할 수 있는 노동자에 대한 수요가 늘어나고 있었다. 노동자의 생산성을 높일 인적자본 투자에서 산업가는 이득을 볼 터였다.

하지만 토지에 기반을 둔 엘리트의 상황은 달랐다. 농민이 교육을 받았다 해서 교육받지 않은 동료보다 생산성이 높아지는 경우는 거의 없었다. 당연히 공교육을 지지할 유인이 없었다. 오히려 그 반대였다. 운 좋게도 지주가 된 사람을 생각해 보자. 그는 소작인이 자녀 교육에 투자하는 것을 중단시키려 애써 로비했을 것이다. 교육받은 노동자에게 생기는 새로운 기회를 좇아 땅을 떠나려 할 테니 오히려 반대 로비를 했을 것이다. 실제로 산업 직군의 노동자 비중이 높은 지역구 의원 대부분은 교육법에 찬성했지만, 농업 비중이 높고 지주 엘리트가 세력을 떨치던 지역구 의원은 포용적인 교육제도 확립에 가장 강력히 반대했다.[38]

공교육에 대한 반감을 부추긴 또 하나의 큰 요인은 토지 소유의 집중이었다. 토지가 상대적으로 고르게 분배된 지역의 경우, 지주에게 교육개혁을 방해할 유인이 별로 없었다. 교육 덕분에 자신들의 자녀가 누릴 복리와 비교하면 농업을 통한 소득은 상대적으로 제한적이었기 때문이다. 하지만 토지가 몇몇에 집중된 곳의 경우, 지주는 포용적인 교육제도 확립에 매우 적대적이었다. 그들은 농업에 크게

의존해 부를 쌓았기에, 일꾼들이 도시로 빠져나가지 못하게 쐐기를 박고 싶어 했다.[39)]

이렇게 토지 소유의 역사적 불평등은 농업으로부터 산업으로 전환하는 속도를 좌우하고, 현대적 성장 체제가 출현하는 데에도 강력한 영향을 미쳤을 것이다. 이는 20세기 초 미국에서 지역에 따라 교육개혁 속도가 달리 나타나고, 불평등한 토지 분배가 교육비 지출에 부정적 효과를 냈다는 사실로도 증명된다.[40)] 실제로 라틴아메리카와 비교하면, 캐나다와 미국의 토지 분배가 상대적으로 평등했다는 사실로도 해당 지역 간 교육 격차가 부분적으로 설명된다. 게다가 라틴아메리카 내에서도 상황은 달랐다. 토지소유권의 분배가 (상대적으로) 더 고른 아르헨티나와 칠레, 우루과이의 교육 수준이 더 높았다. 그리고 일본, 한국, 대만, 러시아처럼 세계의 다른 지역 역시 토지 소유를 어느 정도 평등하게 만든 농지개혁 입법이 공교육을 개선하는 추가적 개혁으로 이어졌다.

결국 산업화의 두 번째 국면에서 자녀와 부모, 산업가의 공통된 이해관계가 지주의 이해관계를 눌렀고, 교육은 맨 먼저 산업화된 국가의 전 사회계층으로 확산됐다. 19세기로 접어들 때는 기초적인 학교교육의 대상은 서방 국가에 비교적 소수의 성인뿐이었다. 하지만 20세기로 바뀌기 전에 교육체계는 완전히 정비됐고, 영국과 미국 그리고 다른 산업국가의 성인 중 거의 100퍼센트가 초등교육을 마쳤다. 20세기 중반 개발도상국에서도 기술 발전이 이러한 변화를 불러왔고 진정한 대전환이 일어났다.

이러한 변화는 확실히 진보였다. 이 진보는 노동자의 삶에서 논란의 여지가 없을 또 다른 개선으로 이어졌다. 마르크스가 계급투쟁의 유령이 나타나리라 예언한 후 50년이 지났을 때, 노동자의 임금은 올랐고 계급의 경계가 흐려지기 시작했다. 대중교육이 이뤄지면서 더 많은 이들이 더 많은 기회를 가질 수 있었다. 그리고, 무엇보다 모르는 사이에 널리 퍼진 관행이었던 아동노동이 사라졌다.

아동노동은 이제 그만!

1910년, 미국의 사진작가인 루이스 하인Lewis Hine은 한 장의 사진을 찍었다. 맨발에 누더기 차림으로 섬유 공장의 커다란 기계에 기대선 열두 살 소녀의 모습이었다. 이름이 애디 카드Addie Card인 소녀의 심각한 표정이 뇌리를 떠나지 않게 한다. 하인 말고도 다른 사진

그림 2.   미국 버몬트주 노스파우널 섬유 공장의 애디 카드[41)

가들 역시 미국과 영국에서 아동노동의 실상을 보여 주는 사진을 많이 찍었다. 이들이 찍은 불멸의 이미지는 곧 산업혁명의 가장 상징적인 초상으로 꼽혔다. 이런 사진은 대중의 격렬한 항의를 불러일으켰고, 아동노동을 금지하는 법률 제정으로 이어졌다.

하지만 대중의 믿음과는 반대로, 아동노동은 산업혁명기에 새로 도입된 것도 산업화 과정을 이끈 중대 요인도 아니었다. 더 놀라운 것은 그 관행이 법으로 뿌리 뽑힌 것도 아니었다는 사실이다.

사실, 아동노동은 인류사 내내 본래부터 존재하던 요소였다. 생존을 유지하려면 아동 역시 집안일이든 농사든 등이 부러질 만큼 심하게 일해야 했다. 물론 산업혁명이 일어났을 때 이 관행이 전례 없는 수준으로 널리 확산된 것은 사실이다. 도시의 가구 소득은 생존유지 수준을 간신히 넘었고, 네 살밖에 안 된 아동도 산업 부문에서 일하고 광산에 보내졌다. 특히 아동노동은 섬세한 손으로 기계의 장애물을 제거하는 게 유리했던 섬유 공장에서 널리 행해졌다. 이 기간에 아동이 혹사당하면서 겪었던 비참하고 위험한 작업 조건은 교육의 기회를 빼앗으면서 빈곤의 악순환을 강화했다.[42]

하지만 산업화 과정에서 기술이 급속히 변화하면서, 교육받은 노동에 대한 수요가 늘어남에 따라 산업가뿐만 아니라 부모에게도 아동노동의 수익성이 점차 줄어들었다. 먼저, 새로운 기계가 아동이 하던 비교적 단순한 작업을 자동화하면서 아동노동의 생산성이 상대적으로 감소했다. 따라서 부모와 자녀 간 소득 창출 능력의 격차가 커지고, 부모가 아동노동을 통해 얻는 이득은 줄어들었다. 또한 생산공정에서 인적자본의 중요성이 커짐에 따라, 부모는 자녀가 일보다 공부에 집중하도록 투자하고, 교육된 인력을 절실히 바라는 산업가

역시 아동노동을 제한하다 결국 금지하게 되는 입법을 지지했다.[43]

아동노동을 제한하는 데 효력이 있는 첫 법률은 1833년 영국에서 통과됐다. 이른바 공장법Factory Act은 9세 미만 아동의 고용을 금지하고, 9~13세 아동의 노동시간을 하루 9시간으로 제한했다. 여기에 18세 이하 아동의 야간 교대를 금지했다. 1844년 영국 의회는 9~13세 아동의 노동시간을 (학교 공부에 3시간을 온전히 쏟도록) 6시간 반으로 더욱 제한하고, 14~18세 아동의 노동시간을 12시간을 넘지 않도록 하는 새 법을 통과시켰다. 아동이 기계를 작동하거나 청소할 때 안전을 유지하도록 하는 조건도 추가적으로 부과했다. 그 후에도 몇 년간 일관되게 고용 가능 연령이 올라갔고, 고용주가 젊은 노동자의 교육비를 부담하도록 의무화하는 추가 조치도 통과됐다.

지금까지 많은 이들은 영국의 아동노동을 뿌리 뽑는 데 법이 결정적 역할을 했다 주장한다. 이러한 규제는 아동노동에 물리는 세금이나 마찬가지였으니 말이다. 물론 법이 아농노동 근절에 도움이 됐을 가능성은 충분하지만, 국가가 개입하기 훨씬 전부터 영국에서 아동노동은 이미 감소 추세였다.[44] 영국의 면직 산업에서 13세 미만 노동자의 비중은 1816년 13퍼센트에서 1835년 2퍼센트로 낮아졌는데, 이때는 어떠한 법도 제대로 집행되기 전이었다. 또 다른 섬유인 리넨linen 산업도 비슷한 추세를 보였다.

사실, 아동노동을 줄이는 데는 입법 이전부터 기술 발전이 큰 역할을 했다. 부분적으로는 리처드 로버츠Richard Roberts의 자동 뮬 정방기 같은 새로운 기계 덕분에 여러 분야에서 아동노동의 필요성이 줄어들었다. 견직물 산업의 경우 더욱 값싼 원료를 이용할 수 있는 해외 생산자와 경쟁해야 하므로 아동노동 관련 법 적용을 면제받았는

데, 견직물 공장에서도 아동노동 비중이 낮아졌다. 1835년 거의 30 퍼센트에 이르렀던 아동노동 비중이 1860년엔 13퍼센트로 낮아졌다. 이런 추세가 전형적이라면, 다른 분야에서도 법이 제정되기 전에 이미 아동노동이 줄어들었으리라 생각할 수 있다.

사실 19세기 후반에 교육 재정이 공적 지원을 받게 되자 고용주는 노동자 교육에 대한 재정적 지원 부담에서 벗어날 수 있었다. 그렇게 아동노동에 대한 '세금'이 사실상 줄어들었다. 하지만 공장에 고용된 아동 수는 그 세기에 접어들 무렵과 같은 수준으로 되돌아간 적이 없었다. 1851년부터 1911년 기준 영국 공장에서 일하는 10~14세 소년의 비율은 대략 36퍼센트에서 20퍼센트 미만으로 낮아졌다. 소녀의 경우 거의 20퍼센트에서 10퍼센트 가까운 수준으로 하락했다.[45] 대부분의 선진국이 이와 비슷한 추세를 기록했다.

따라서 법은 아동노동과 착취를 줄이는 데 보조적 역할만 한 것으로 볼 수 있다. 정작 아동노동과 착취를 줄인 주요인은 부모와 자녀 간 소득 격차의 확대, 교육에 대한 태도 변화였다. 교육에 대한 태도 변화가 대부분 인적자본에 대한 수요 증가 때문임을 고려하면 산업화가 가장 진전된 국가에서, 거기서도 산업화가 가장 빨랐던 지역에서 아동노동의 고난이 가장 먼저 사라진 것은 놀라운 일이 아니다.[46]

실제로 미국에서는 아동노동을 제한하는 법이 1842년 주요 산업지대인 매사추세츠주에서 처음 통과됐다. 산업화가 진전된 주의 주지사가 꼭 더 계몽된 인물이어서 그런 것은 아니었다. 급속한 기술 진보가 이뤄지면서 인적자본이 절실히 필요해졌고, 아동노동에 대한 의존도는 낮아졌다. 이에 따라 아동노동을 제한하는 법에 대한 반대

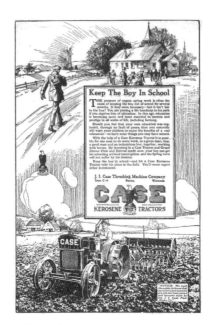

그림 3.   1921년의 트랙터 광고

"아들이 학교에 있게 해 주세요"

당신의 아들은 흔히 봄철에 급히 해야 할 일에 떠밀려 몇 달간 학교 밖에서
머물러야 합니다. 필요한 일로 보일 수도 있습니다. 하지만 아동에게는 부당한
일입니다! 당신이 아들에게서 교육 기회를 빼앗는다면 그에게 평생 안고 가야 할
불이익을 던져 주는 것입니다. 그 나이에 받는 교육은 농업을 포함해 모든
직업에서 성공하고 신망을 얻는 데 필수가 됐습니다.

케이스 등유 트랙터Case Kerosene Tractor 의 도움을 받으시면 한 사람만으로도 건장한
어른과 부지런한 소년이 말 여러 필과 함께 일하는 것보다 더 많은 일을 할 수
있습니다. 지금 케이스 트랙터와 그랜드 디투어 쟁기 및 써레Grand Detour Plow and
Harrow 한 벌에 투자하시면, 당신의 아들은 중단 없는 교육을 받을 수 있고,
아들이 없어도 봄철 농사에 지장이 없습니다. 아들이 학교에 있게 해 주세요.
케이스 등유 트랙터가 아들의 자리를 대신하게 하세요. 어느 쪽의 투자에서도
당신은 절대 후회하지 않을 것입니다.[47]

도 누그러졌다. 산업혁명이 이뤄진 모든 주에서 매사추세츠주와 비
슷한 법이 통과되는 데는 오랜 시간이 걸리지 않았다. 물론 농업 비
중이 높은 주에는 나중에 가서야 그 변화가 확산됐다. 어쨌든 기술
진보의 속도에 탄력이 붙자 미국에서도 교육의 중요성이 뚜렷해지

고, 아동노동은 서서히 사라졌다. 1870~1940년까지 미국의 14~15세 소년의 노동 비율은 42퍼센트에서 10퍼센트로 낮아졌다. 소녀와 더 어린 아동도 비슷한 패턴을 기록했다.

1921년에 나온 한 트랙터 광고는 당시 기술이 아동노동에 미친 영향을 어떻게 인식했는지 보여 주는 흥미로운 예다. 농민이 트랙터를 사도록 설득하기 위해 인적자본의 중요성이 커진다는 점을 강조한다. 회사의 판매 전략은 새로운 기술 덕분에 인력이 절감되고, 이에 따라 농사에서 가장 바쁜 봄철에도 자녀를 학교에 보낼 수 있음을 편익으로 강조한다. '농업을 포함해 모든 직업에서' 인적자본이 중요하다고 강조한 대목이 특히 흥미롭다. 아마도 교육받은 자녀가 농장에 머무르지 않고 번창하는 산업 부문의 일자리를 선택할지 모른다는 농민의 걱정을 누그러뜨리려는 것으로 보인다.

이처럼 기술혁신의 속도가 놀랄 만큼 빨라졌고, 대중교육이 도입됐으며, 아동노동은 사라졌다. 이 세 가지 핵심적 변화를 볼 때 산업혁명기는 확실히 진보의 시대였다. 하지만 앞서 이야기한 상전이를 유발하고 맬서스의 덫에서 인류를 탈출시킨 것은 이 세 가지 핵심적 변화가 여성과 가족 그리고 출산에 미친 영향이었다.

5 _____ 대변혁

산업혁명의 초기 단계에서는 산업화 도중에 있던 대부분 국가의 인구가 급속히 늘어났다. 기술이 빠르게 발전하고 소득이 높아지던 때였다. 그러나 19세기 후반에는 그 추세가 반전됐다. 선진국의 인구 증가율과 출산율은 가파르게 낮아졌다. 이 패턴은 20세기에 나머지 지역에서도 더욱 빠른 속도로 되풀이됐다.[1] 1870년부터 1920년까지 대부분의 서유럽 국가 출산율은 30~50퍼센트 낮아졌고(도표 8), 미국의 하락세는 더욱 급격했다.[2] 이와 같은 출산율 추락은 이에 앞서 나타나는 사망률 하락과 더불어 인구변천이라 일컫는 현상이다.

이 인구변천은 맬서스 기제를 지탱하던 주춧돌 중 하나를 부숴버렸다. 이제 높아진 소득이 늘어난 인구를 부양하는 데 흘러가지 않았다. 더 많은 자녀가 '남는 빵'을 나눌 필요가 없어졌다. 인류사에서 처음으로 기술 진보가 장기적인 생활수준 향상을 불러왔다. 정체의 연대에 조종을 울린 셈이다. 맬서스의 덫에서 벗어나 지속적으로 성장하는 현대의 탄생을 알린 것은 낮아지는 출산율이었다.[3]

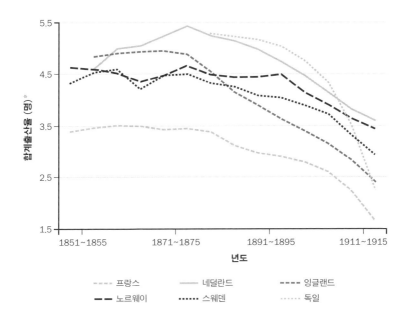

······ 프랑스	—— 네덜란드	━━━ 잉글랜드
━ ━ 노르웨이	•••••• 스웨덴	········ 독일

도표 8.　1850~1920년 서유럽 국가의 여성 1명당 자녀 수 [4]

＊합계출산율Total Fertility Rate은 한 여성이 평생 평균 몇 명의 자녀를 낳는지
나타내는 지표다. 국가 간 출산력을 비교할 때 대표적으로 쓰이는 지표다. (옮긴이)

　그렇다면 인구변천은 왜 일어났을까? 우리 시대의 관점에서 보면
피임이 주요인이라 추측할 수 있다. 현대적 방식으로 출산 조절을
할 수 없던 때 가장 흔한 피임법은 그야말로 결혼 자체를 미루고 금
욕하는 것이었다. 물론 질외사정법도 쓰였다.

　서유럽의 경우 결핍의 시기에는 독신이 유행하면서 평균 결혼연
령이 올라갔다. 이런 두 가지 추세는 모두 출산율을 낮추는 결과를
낳았다. 산업혁명이 불러온 변화에 반대하는 운동을 주도한 영국 국
회의원 윌리엄 코베트William Cobbett는 이러한 추세에 대해 "남성이 일
할 능력과 의지가 있음에도 가족을 부양할 수 없고, 대다수 여성과

마찬가지로 자녀가 굶주릴까 두려워 독신의 삶을 이어 갈 수밖에 없는 사회"라고 지적했다.[5] 반대로 번영의 시기 때는 평균 결혼연령이 내려가고 출산율은 높아졌다. 이러한 '유럽형 결혼 패턴European Marriage Pattern'(북서유럽 특유의 인구 억제형 결혼 관습. 주로 여성의 초혼 연령이 높고, 독신 여성이 많으며, 결혼 후 핵가족을 이루는 것이 특징이다 — 옮긴이)이 17세기부터 21세기 초까지의 일반적인 경향이었다(도표 9).[6]

다른 곳에서는 유라시아와 북아프리카 사회에서 신부의 결혼지참금dowry과, 그 반대로 사하라 남쪽 아프리카와 아시아, 중동, 오세아니아의 신붓값bride price 같은 관습이 생활수준과 결혼연령 그리고 출산율 사이에 더욱 단단한 연결 고리를 만들었다. 번영의 시기에는

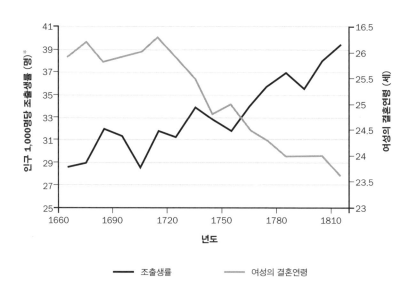

도표 9   1660~1820년 잉글랜드의 출산율과 여성의 결혼연령

* 조출생률Crude Birth Rate은 합계출산율과 달리 특정 인구 집단의 출산 수준을 보여 주는 지표로, 1년간의 출생아 수를 그해 총인구와 대비해 나타낸다. (옮긴이)

많은 집안이 이러한 돈을 쓸 여유가 있었으므로 자녀를 더 젊은 나이 때 결혼시켰고, 이에 따라 결혼연령은 낮아지고 출산율은 올라갔다. 반면 결핍의 시기에는 자녀의 결혼이 늦어지고 출산율은 낮아졌다.

인공유산도 산업화 이전 사회에선 광범위하게 행해졌다. 이 역사는 적어도 고대 이집트까지 거슬러 올라간다.[7] 등이 부러질 만큼 힘든 노동이나 무거운 물건 들기를 일부러 하기도 했고, 다이빙처럼 격렬한 육체 활동을 하기도 했다. 다른 방법으로는 곡기를 끊거나, 배 위에 뜨거운 물을 붓거나, 뜨겁게 달군 코코넛 위에 엎드리거나, 실피움silphium 같은 약초를 먹기도 했다(실피움은 로마제국 멸망 전에 멸종으로 내몰렸는데, 거의 틀림없이 남용한 탓이었다). 그리고 이집트와 그리스, 로마의 고대 문명에선 살정제殺精劑와 원시적인 콘돔까지 썼음을 시사하는 증거도 있다.[8]

물론 출산율을 조절하는 방법은 인류사 내내 활용됐으며, 인구변천 직전에 사정이 바뀐 것은 아니다. 그러므로 중대하고 갑작스러우며 광범위한 출산율 하락에는 틀림없이 더 심층적 요인이 작용했을 것이다.

무엇이 인구변천을 촉발했나

상승하는 인적자본 수익률

앞 장에서 논의했듯이 급속히 변하는 기술적 환경에 대응하는 데 교육이 더욱 중요해졌고, 이에 따라 인적자본 형성이 촉진됐다. 제조업과 상업, 그리고 서비스업 분야에서 웬만한 직업을 가지려면 문해력과 기초적인 산술 능력에 더해, 기계를 다루는 다양한 기술의 실행 능력까지 갖춰야 했다. 따라서 부모는 자녀의 문해력과 산술 능력,

기술 그리고 자녀의 건강에까지 투자했다. 그에 따라 모든 부모가 인류사 내내 씨름할 수밖에 없었던, 해묵은 양과 질의 상충 관계quantity-quality trade-off의 균형이 바뀌었고, 이러한 변화는 인구변천 과정에서 극적인 출산율 하락을 부추겼다.[9]

이와 비슷한 패턴은 인류사의 앞쪽에서도 찾아볼 수 있다. 기원전 1세기 유대인 사회를 보자. 모든 부모가 아들을 교육해야 한다고 당시 현자들이 선언했을 때, 교육비를 대느라 힘겨웠던 유대인 농민은 냉혹한 선택을 해야만 했다. 현자들의 말에 복종하지 않거나, 심지어 실제로 많이들 한 것처럼 종교를 버리거나, 더 적은 자녀에 만족해야 했다.[10] 물론 시간이 지나면서 자녀 교육에 투자하는 쪽을 선호하는 사람들이 늘어났다.

산업혁명의 기술 진보는 양과 질의 상충 관계에 몇 가지 중요한 영향을 미쳤다. 첫째, 기술 진보에 따른 부모의 소득 증가다. 즉, 원한다면 부모가 자녀에게 더 많이 투자할 수 있는 여유가 생겼다는 뜻이다. 이 소득효과income effect는 전체적으로 양육에 투자하는 자원을 늘려 주는 쪽으로 작용했다. 둘째, 소득 창출 능력이 늘어남에 따라 양육의 기회비용opportunity cost(무엇을 얻기 위해 포기해야 하는 모든 것. 명시적 비용뿐만 아니라 암묵적 비용도 포함된다 — 옮긴이)이 늘어났다. 즉, 부모가 일하는 대신 양육을 하기 위해 포기해야 하는 비용이 늘어났다. 이러한 대체효과substitution effect는 출산 횟수를 줄이는 쪽으로 작용했다. 역사적으로는 소득효과가 대체효과를 압도해 출산율이 높아졌다고 볼 수 있다. 실증 연구는 실제로 맬서스 연대와 산업화 초기 단계에서는 가구 소득 증가가 정확히 이러한 결과를 낳았음을 보여 준다.

그러나 인구변천이 이뤄지는 시기에는 또 다른 힘이 작용했다.[11] 특별히 교육을 받은 이들에겐 새로운 기회가 주어짐에 따라, 부모는 자녀 교육에 더 많은 소득을 투자했다. 이에 따라 소득효과로 출산율이 높아질 가능성은 더욱 낮아졌다. 결국 소득효과를 무력화하고 출산율을 낮춘 힘은 자녀에 투자해 얻는 수익률이 높아졌다는 데 있었다.

기술 발전이 촉발한 몇 가지 중요한 변화 역시 이러한 기제를 강화했다. 기대수명이 급속히 늘고 유아사망률이 낮아지면서, 교육에 대한 투자수익의 지속기간duration이 길어졌다. 이에 따라 인적자본에 투자하고 출산율을 낮출 유인이 더 커졌다. 기술이 발전하고 교육에 대한 산업계의 수요가 늘면서, 아동노동의 상대적인 생산성이 떨어지고 수익성이 하락하는 파급효과가 나타났다. 이러한 효과는 노동력을 얻기 위한 출산 유인을 감소시켰다. 마지막으로, 시골에 살던 부모가 생활비가 더 드는 소읍이나 도시로 이주하면서 양육비가 늘어난 것도 출산율 하락을 더욱 부추긴 요인이다.

프로이센에서 일어난 종교개혁의 지리적 확산은 교육투자 확대가 출산율에 미치는 영향을 밝혀 주는 준-자연 역사실험 기회를 제공하는 사건이다. 1517년 10월 31일, 독일의 수사이자 신학자인 마르틴 루터Martin Luther는 당시 교회의 면죄부(면벌부) 판매에 항의하며 비텐베르크의 만성교회(슐로스키르헤Schlosskirche) 정문에 '95개조 논제'를 붙이고 못을 박았다(원제는 '면죄부의 능력과 효용성에 관한 토론'이다 — 옮긴이). 종교개혁의 불을 지핀 것이다.

루터는 인간과 신 사이에서 교회가 할 중재 역할은 없다고 주장하면서 독자적인 성경 읽기를 권장했다. 그를 따르는 이들이 자녀 교육에 애쓰도록 장려하는 급진적 믿음이었다. 실증 자료는 1517년 이전에는 어떤 지역이 비텐베르크와 얼마나 가까운지가 그 지역의 경제나 교육 발전에 아무런 영향을 미치지 않았음을 보여 준다.

하지만 1517년 이후 비텐베르크에서 시작된 프로테스탄티 즘Protestantism(루터와 프랑스 신학자 장 칼뱅Jean Calvin이 주축이 된 종교개혁 의 중심 사상과 교의. 오직 신앙을 통해서만 신과 신자가 연결된다고 가르친 다 — 옮긴이)의 물결이 퍼져 나감에 따라, 비텐베르크와 가까운 지역 의 부모는 이 혁명적 사상에 더 많이 노출됐다. 이러한 경험으로 인 해 자녀의 문해력에 투자하려는 부모의 성향이 강해졌다.

종교개혁이 인적자본 형성에 미친 효과는 참으로 오래 지속됐다. 종교개혁으로부터 3세기 반이 지난 후, 프로이센에서 비텐베르크에 가까운 지역일수록 교육 수준이 더 높았고, 더 큰 폭의 출산율 감소 를 보였다. 이는 양과 질의 상충 관계라는 개념에 부합한다.[12]

교육과 출산율 간의 관계를 밝혀 주는 또 하나의 준-자연 역사 실험은 미국에서 이뤄졌다. 1910년 록펠러위생위원회Rockefeller Sanitary Commission는 미국 남부의 십이지장충을 박멸하기 위한 계획에 착수 했다. 이 기생충에 감염된 아동의 경우 학습 시 주의력이 떨어진다고 보고 아동의 학습 능력을 향상시켜 학업을 완수하도록 돕기 위해 십 이지장충을 박멸하려는 것이었다. 이 계획이 성공한다면 아동의 인 적자본에 대한 투자수익률이 높아지는 셈이다(실제로 성공했다). 실제 로 이 계획에서 혜택을 본 지역의 부모와, 그렇지 않은 지역의 부모 간 출산율 변화를 비교해 보니, 아동교육을 통해 얻는 높은 투자수 익률이 실제로 출산율 하락을 불러오는 것으로 나타났다.[13]

출산율 하락에서 양과 질의 상충 관계가 작용하는 힘은 지난 몇십 년간 개발도상국을 대상으로 한 국가 간 분석에서뿐만 아니라 중국, 프랑스, 잉글랜드, 아일랜드 그리고 한국을 비롯한 다른 국가 내에서도 관찰됐다.[14)]

특히 1580~1871년 중 잉글랜드에서 나온 자료는, 가구에서 자녀가 한 명 더 태어날 경우 다른 자녀의 읽고 쓸 가능성 그리고 숙련이 필요한 직업을 가질 가능성을 낮춘다는 것을 시사한다.[15)] 이와 비슷한 사례로, 13~20세기 중국에서 나온 증거들 역시 형제자매가 적은 가구의 자녀일수록 엄격한 공직 시험에 응시할 가능성이 더 높았음을 보여 준다.[16)]

자녀를 적게 낳되 교육에 더 투자하는 쪽을 선택한 부모의 경우, 인적자본이 노동생산성에 미치는 영향만을 염두에 두고 그러한 선택을 한 건 아니었다. 앞 장의 논의처럼 인류는 몇천 년간 종교적·문화적·민족적 열망을 반영해 교육에 관심을 가졌다. 이런 요인도 출산율과 기술혁신에 영향을 끼쳤다. 하지만 19세기 말을 향하는 시기에 인적자본 투자와 공교육 제공이 산업화가 진전된 국가를 중심으로 광범위하게 이뤄진 것은 결코 우연한 사건이 아니다. 인적자본 투자와 공교육 제공이 인구변천과 나란히 일어난 것 역시 우연이 아니다.

하지만 이 과정에서 중요하게 작용한 요인이 하나 더 있다. 바로 성별 임금격차가 줄어들고 여성의 유급 고용이 증가한 것이었다.

줄어드는 성별 임금격차

미국과 영국에서 임금 차별이 불법화된 후 반세기가 넘게 지났고, 이젠 여성이 남성보다 높은 교육 수준에 이른 것이 사실임에도 오늘날 세계의 많은 여성은 평균적으로 남성보다 낮은 임금을 받는다. 이러한 성별 임금격차엔 다양한 요인이 작용한다. 고임금 부문과 고위직에 남성이 상대적으로 더 많이 고용되고, 육아휴직이 경력 계발에 부정적 영향을 미치며, 노골적 형태의 성차별이 아직 남은 탓이다.

그리고 얼마 전까지의 성별 임금격차는 오늘날보다 훨씬 컸다. 두 번째 단계의 산업화가 시작된 후 전 세계적으로 그 격차가 크게 줄어든 다음인데도 그랬다. 1820년 미국의 여성 노동자 임금은 남성 대비 30퍼센트였다. 1890년에는 46퍼센트였고, 2차 세계대전 때까지는 약 60퍼센트로 올라갔다.[17] 아마 당연한 일이겠지만 임금격차가 줄어든 것과 여성에게 교육 기회가 높아진 것은 동시에 일어난 현상이었다. 1840년 영국 남성의 문해율은 67퍼센트로 여성의 50퍼센트에 비해 높았다. 하지만 19세기 말까지 그 격차는 극적으로 줄어들었고, 영국 남녀 모두 문해력이 90퍼센트를 넘겼다.[18] 산업화 과정에 있던 서유럽 국가와 20세기의 개발도상국 전체에 걸쳐 이와 비슷한 패턴이 나타났다.[19]

성별 임금격차가 줄어드는 데에는 경제와 문화, 제도, 법, 사회의 다양한 요인이 기여했다.[20] 특히 생산공정이 기계화되면서 전통적으로 '사나이의 일'로 여겨졌던, 숙련도가 낮고 격렬한 육체노동의 중요성이 떨어진 반면 정신적으로 강도 높은 일이 더 요긴해졌으며, 이 두 요인 모두가 소득과 교육의 성별 불균형을 줄이는 데 이바지했다. 여기에 재산권을 보장하는 여러 법률이 제정되고, 교육의 기회가 광범위하게 주어졌다. 이러한 변화가 뿌린 씨앗의 결실로서 여성의 선거권이 인정되고, 궁극적으로는 성차별을 도덕적으로 용인할 수 없다면서 차별을 금지하는 법률도 제정됐다.

19세기 초, 섬유 산업의 자동화로 인해 가내 작업장에서 여성이 손수 짠 직물에 대한 수요가 줄어들었을 때 잉글랜드의 성별 임금격차는 벌어지고 출산율은 높아졌다.[21] 그러나 그 세기를 지나는 동안, 부분적으로 생산공정의 급속한 기계화가 이뤄지고 정신적 노동의 중요성이 커졌기 때문에 모든 부문에 걸쳐 성별 임금격차가 극적으로 줄었다.[22] 미국의 경우 1890년부터 1980년까지 거의 한 세기 동안 더 빠른 기술 진보를 경험한 부문에서는 여성의 고용률이 남성과 비교해 상대적으로 올라갔다.[23]

여성 임금이 급상승한 데 따른 효과는 출산율에 몇 가지 엇갈리는 영향을 미쳤다. 경제적 제약이 줄어들어 자녀를 더 많이 낳을 수 있었다. 소득효과가 나타난 것이다. 하지만 다른 한편으로는 자녀를 더 일찍 결혼시킬 때뿐 아니라 자녀 수를 늘릴 때도 기회비용이 커졌다. 결과적으로 결혼이 늦어지고 출산은 억제되면서 대체효과가 나타났다. 역사적으로 대부분의 문화권에서 양육 부담은 주로 여성의 몫이었으므로 대체효과가 소득효과를 압도했고 출산율은 낮아졌다.[24]

성별 임금격차가 줄어들면서 인적자본에 대한 투자수익률 상승

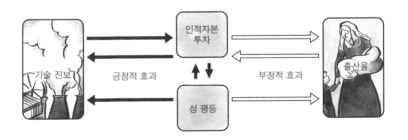

그림 4.　기술 진보와 출산율의 관계

으로 촉발된 출산율 하락은 더욱 빨라졌다. 1911년 잉글랜드와 웨일스의 인구조사 자료는 여성의 노동 기회가 늘고 성별 임금격차가 줄어들면서 출산율 또한 하락했다는 사실을 보여 준다.[25] 각국의 섬유 공장을 조사하면 비슷한 패턴이 나타나는데 1880~1910년 독일,[26] 1881~1900년 미국,[27] 1860~1955년 스웨덴에서 그랬다.[28]

즉, 산업혁명의 기술 발전으로 인적자본의 투자수익률은 높아지고, 성별 임금격차는 줄어들었다. 아동노동은 줄어들고 기대수명은 늘어났으며, 시골에서 도시로 빠져나가는 이주가 증가했다. 이러한 요인은 인구변천이 진행되는 동안 출산율 하락에 기여했다. 그렇다면 이러한 대전환이 우리 일상적 삶에는 어떤 영향을 미쳤을까?

가족 이야기

여기서는 세 가구의 예를 들어 보겠다. 16세기 아일랜드의 켈리 Kelly 씨 가족, 19세기 초 잉글랜드의 존스 Jones 씨 가족, 20세기 초 스웨덴 스톡홀름의 올손 Olsson 씨 가족이다. 시대별로 전형적인 출산율과 교육 정도, 생활수준을 나타내는 가족들이다.

켈리 씨 가족은 맬서스 연대에 산다. 이 시대에는 경제적 복리가 답보 상태고, 남은 식량은 주로 더 많은 자녀를 낳고 기르는 데 쓰인다. 존스 씨 가족은 산업혁명의 여명기에 산다. 이때는 가구 소득이 증가하면서 식구는 더 늘고, 자녀가 이따금 필요한 훈련을 받기도 한다. 올손 씨 가족의 시대는 인구변천 이후다. 가구당 자녀 수가 줄어들면서 자녀에 대한 교육투자는 늘어나며, 생활 조건은 큰 폭으로 개선됐다.

켈리 씨 가족은 아일랜드 시골에서 많지 않은 땅으로 살아간다.

켈리 부부에겐 1남 2녀가 있다. 막내딸이 하나 더 있었는데 몇 달 전 폐렴으로 세상을 떠났다. 조그마한 농장에서 얻는 소득은 다섯 식구가 간신히 먹고살 정도다. 집은 다 낡은 오두막으로, 비가 오면 지붕에서 물이 샌다. 자녀들은 항상 감기와 굶주림, 영양부족에 따른 질병에 시달린다.

켈리 부인은 항상 언니 앤을 부러워한다. 이웃 마을의 부유한 지주와 결혼했기 때문이다. 앤은 자녀 다섯을 낳아 건강히 키우는데, 이들은 농장과 집안의 일을 돕는다. 가족들끼리 모였을 때 앤의 남편은 아메리카에서 온 놀랍고 유망한 작물 이야기로 어른들을 기쁘게 한다. 바로 감자다. 켈리 씨는 어느 정도 미심쩍어 했지만 켈리 부인은 남편을 설득해 밀 대신 감자를 심는다. 감자를 통해 조그만 토지에서 더 많은 열량을 뽑아낼 수 있으리라 믿는다. 자녀들은 감자를 먹어 점차 힘이 세지고, 남은 식량을 시장에 내다 파는 부모를 돕기 시작한다.

그렇게 돈을 모아 켈리 가족은 집을 수리하고, 모진 겨울철에 대비해 따뜻한 옷을 구할 여유를 얻는다. 그리고 켈리 부인은 다시 임신한다. 얼마 안 있어 자녀가 한 명 늘고 삶이 나아질 거라 기대하며 부부는 기뻐한다. 이전보다 켈리 부인은 더 건강하니 태어난 아기도 더 튼튼할 것이고, 세 자녀가 집안일을 하는 동안 켈리 부인은 모유를 먹이며 아기를 돌볼 수 있다. 그 아기는 곧 성년에 이를 것이다. 나이가 더 많은 자녀 셋 중 두 명, 그리고 다음에 태어날 두 명 중 한 명도 그럴 것이다.

하지만 켈리 부부는 자녀 교육엔 도통 투자할 생각을 않는다. 그들 모두 문맹인데, 사실 시장이나 사제를 빼고는 부부 주변 대다수가 문맹이다. 이웃의 농부들뿐만 아니라 목수, 어부, 장인도 마찬가지다. 그들은 농민보다 소득이 높지만 그 차이는 미미하다. 이들의 기술에는 기초적인 문해력이 필요 없으며, 교육 대신 일터에서 얻은 기술에 의존한다.

약사와 변호사처럼 교육이 필요한 직업 자체가 드물고, 그 자리는 먼 곳의 엘리트 교육기관에서 공부한 귀족이나 부르주아 계급 자녀의 몫이다. 켈리 부부에게는 얼마 안 되는 소득을 자녀 교육에 쓰려는 동기가 없으며, 교육은 농장과 집안의 노동력을 줄인다는 뜻이므로 더욱 그렇다.

켈리 씨 가족이 감자 수확으로 얻은 추가 소득은 가족의 주거 공간과 식생활 개선, 더 많은 자녀를 기르는 데만 쓰인다. 맬서스의 덫에 빠진 켈리 가족의 소득은 곧 일시적인 것으로 드러난다. 켈리 부부의 자녀 또한 소득이 최저 생활수준 이상이 될 때마다 자녀를 더 낳을 것이다. 켈리 씨 가족의 재산은 조그만 땅뿐이니 그들의 생활수준은 점차 떨어진다.

몇 세대 안에 켈리 씨 가족의 후손은 선대처럼 혹독한 생활 조건에 시달릴 것이다. 가족은 성장을 멈추고 소득은 겨우 생존을 유지할 수 있는 수준에 가깝게 유지되며, 결국 가족 중 일부는 아일랜드 대기근으로 인한 굶주림으로 비극적인 죽음을 맞고 살아남은 이들은 아메리카로 이주할 것이다.

다음으로 잉글랜드 시골에 사는 존스 씨 가족을 보자. 존스 씨 가족도 허물어진 집에서 살아가며 좁은 토지에서 농사를 짓는다. 천연두로 세상을 떠난 막내아들을 제외하고 이 집의 자녀는 2남 1녀다. 당시 영국은 대서양 무역의 확대뿐만 아니라 섬유와 석탄, 금속 산업의 기계화로 변화의 회오리 속에 있었다.

존스 부인의 여동생 엘런은 최근에 결혼했는데, 섬유 공장 관리자인 남편을 따라 이웃 도시 리버풀로 이사한다. 가족 모임에서 엘런의 남편은 존스 부부의 두 아들에게 섬유 공장에서 일할 것을 제안한다. 존스 씨는 처음엔 망설이지만, 부인의 설득으로 제안을 받아들인다. 그렇게 존스 부부도 마을을 떠나 리버풀로 이사한다. 도시에서의 생활이 쉽지 않지만, 공장에서 일하는 세 사람의 임금은 농사짓던 시절 소득을 훨씬 넘는다. 몇 달 후 존스 부부는 자녀에게 옷도 사 주고 더 널찍한 공동주택으로 이사 갈 여유를 얻는다.

머지않아 존스 부인은 건강한 딸을 낳았다. 아내가 집에서 아기를 돌보는 동안 존스 씨는 큰아들 윌리엄을 데리고 공장의 수석 기술자를 만난다. 그리고 아들을 견습생으로 받아 훈련을 시켜 주면 그 대가를 지급하겠다고 제안한다. 아직 십 대인 윌리엄은 견습공이 돼 녹초가 되도록 일하는 것이 탐탁지 않지만, 전문성을 가지면 더 많은 임금을 받을 테고 이웃집 딸과 결혼할 수 있다며 존스 부인이 아들을 설득한다. 이를 보고 윌리엄의 남동생은 실망한다. 집안 형편상 자신에게 쓸 돈이 부족하다는 것을 잘 알기 때문이다. 동생은 평생 초라한 공장 노동자로 고된 일을 견뎌야 할 것이다. 큰아들의 기술 교육에 투자하는 동안 존스 부부는 건강한 아기 둘을 더 낳는데, 둘 다 가난한 삶을 살 운명을 진다.

이 시기에는 존스 부부처럼 많은 부모가 자녀의 교육과 기술에 투자하기 시작하지만 출산율은 급속히 높아진다. 그러나 먹여 살릴 식구가 늘어도 이는 기술 진보가 생활 조건에 미치는 긍정적 효과를 부분적으로 상쇄하는 데 그치기 시작했다. 켈리 씨 가족과 달리, 존스 씨 가족은 맬서스의 덫을 벗어나는 여정을 시작한 셈이다. 존스 부부와 그 자녀, 특히 윌리엄의 후손은 시간이 지날수록 더 번영을 누릴 것이다.

마지막으로, 스웨덴 스톡홀름에 사는 올손 씨 가족을 보자. 올손 부부에게도 2남 1녀가 있다. 켈리나 존스 부부와 달리 올손 부부는 자녀의 희생을 애도해야 하는 처지는 아니다. 아직까지 자녀 누구도 먼저 세상을 떠나지 않았다. 올손 씨의 시대에는 서방 세계 전역에서 눈부신 기술 발전이 이뤄졌다. 주변 신축 건물에는 전기가 들어오고, 그들 지인 중 농민은 소수에 그친다. 증기기관차와 증기선을 통해 유럽의 다른 지역에 쉽게 갈 수 있고, 거리엔 자동차가 다니기 시작했다.

올손 씨 부부는 모두 읽고 쓸 줄 안다. 그들은 가정을 꾸리기 전에 충분한 부를 쌓으려 했기 때문에 존스나 켈리 부부보다는 늦게 결혼했다. 올손 씨에겐 작은 어선 한 척이 있고, 결혼 전 섬유 공장에서 일하던 올손 부인은 이제 지역신문에서 시간제로 일하며, 남는 시간을 페미니스트 운동에 쏟는다. 그들의 두 아들은 교육을 마치고 한 명은 신문 배달 일을 하고, 다른 한 명은 부두 창고에 취업했다. 막내딸은 곧 학교에 들어갈 예정이다.

올손 부인의 여동생 잉그리드는 부유한 은행가와 결혼해 교외에 널찍한 주택을 샀고, 자녀를 비싼 사립 중등학교에 보낸다. 크리스마스 오찬 때 잉그리드의 남편은 올손 씨에게 자신이 일하는 은행에서 대출을 받아 증기 엔진으로 움직이는 저인망 어선에 투자할 것을 제안한다. 올손 부부는 잠시 주저하지만 그 기회를 잡기로 한다. 그렇게 투자한 배는 올손 씨의 어획량을 엄청나게 늘려 줬고, 올손 부부는 그 수입으로 두 아들을 중등학교에 보낸다. 이들이 학교에 있는 동안엔 추가 소득이 없지만, 교육을 받고 나면 존경받고 성과 높은 직업을 가질 수 있으리라 기대하기 때문이다.

당시는 인적자본이 중요해짐에 따라 교육이 사회적 지위의 강력한 상징이 되는 시대다. 그 상징은 사회적 계층구조에서 자신이 차지하는 위치를 가리키며, 그에 맞는 배우자를 찾고 사회적·상업적으로 유대 관계를 맺으며 더 많은 일을 할 수 있는 능력에 영향을 미친다. 자녀 교육에는 돈이 많이 드는 데다 올손 부인의 시간도 귀중했으므로, 올손 부부는 더 이상 자녀를 낳지 않기로 한다. 스톡홀름의 출산율은 사망률보단 아직 높지만, 인구 증가세는 완만해지면서 가파르게 치솟는 생활수준을 부분적으로 상쇄할 뿐이다.

호모사피엔스 출현 이후 수십만 년이 지나고, 올손 부부는 맬서스의 덫을 처음으로 벗어난 세대 중 하나가 된다. 서유럽과 북아메리카에서 빈곤을 탈출한 수백만 가구 중 하나이기도 하다. 올손 씨 가족이 누리는 삶의 질은 기술 진보의 직접적 산물이며, 삶의 질 향상은 그다음 몇 세대에도 후퇴하지 않고 가속화될 것이다. 존스 씨 가족의 후손은 인구변천을 거치는 시기를 살아갈 것이고, 19세기가 끝나갈 즈음에는 올손 씨 가족보다 조금 더 일찍 맬서스의 덫에서 풀려난다. 참고로 켈리 씨 가족의 후손은 그보다 조금 늦은 20세기 초에 그 덫에서 벗어날 것이다.

이러한 인구변천 덕분에 인류는 마침내 상전이를 경험한다.

상전이
인류가 출현한 새벽부터, 기술 진보는 더 많은 진보를 위한 특성을 확산시켰을 뿐 아니라 인구 규모 증가에도 도움을 줬다. 하지만 앞에서 논의했듯이, 맬서스의 덫이 지닌 중력은 인류 생활수준 향상이 지속적으로 이뤄지지 못하게 수십만 년간 번번이 좌절시켰다. 하지만 그 표면 아래서는 기술 진보와 인구 규모 및 구성이 맞물린 변화의 톱니바퀴가 돌고 있었다.

이 변화의 톱니바퀴는 처음엔 알아채지 못할 정도로 조금씩 속도를 더해 가다 점점 더 빨라졌고, 17세기 후반 산업혁명기에는 기술 발전의 폭발적 힘을 터뜨렸다. 그리고 100년 후에는 기술혁신이 가속화되고, 그 영향으로 교육받은 노동자에 대한 수요가 늘어났다. 변화하는 기술적 환경을 헤쳐 나갈 수 있는 노동자가 필요했기 때문이다.

이와 더불어 기대수명이 늘고, 아동노동과 성별 임금격차는 줄었다. 그렇게 인구변천이 시작되면서 경제 성장은 인구 증가로 상쇄되는 효과에서 벗어났다. 마치 문어의 긴 다리처럼 인류를 옥죄던 맬서스의 덫을 벗어나 인류의 생활수준은 급속히 향상될 수 있었다.

인류의 여정이 그린 궤적이란 곧 맬서스의 덫에서 벗어나 성장하

그림 5. 변화의 톱니바퀴

는 현대로 전진한 과정이다. 마치 이 과정이 필연적으로 보일지도 모른다. 하지만 전환의 시기와 속도는 대단히 중요한 요인의 영향을 받았다. 앞에서 본 주전자의 비유로 돌아가면, 액체에서 기체로 물의 상전이가 일어나는 정확한 시점은 온도에 달렸지만, 습도와 기압 같은 다른 변수도 작용한다. 추가적 변수에 따라 상전이는 섭씨 100도라는 경계선 아래나 위에서도 일어날 수 있다.

인류의 여정에서 상전이는 지구의 모든 시대, 모든 지역에서 기술 진보를 추동하면서 인류가 맬서스의 덫에서 벗어나도록 한 가장 심층적·구조적인 변화로 초래됐다. 하지만 지역마다 존재하는 특유의 지리적·문화적·제도적 측면이 상전이를 가속화하거나 방해하기도 했다. 그 힘의 정체를 밝히고 그 영향에 대해 이해하는 것이 인류의 여정을 돌아보는 두 번째 목표다.

그 전에 먼저 던져 봐야 할 질문이 있다.

이 상전이 이후 경험한 생활수준 향상이 단지 일시적이고 예외적인 것이라면 어떨까? 지금 우리가 경험 중인 성장의 시대가 (일부에서 반드시 그럴 것이라 믿듯이) 갑자기 끝나 버린다면 어떨까?

지금 우리는 과연 약속의 땅에 이르렀을까?

산업화는 장기적으로 번영에 이바지할까?

인류의 여정은 지속될 수 있을까?

1부 인류의 여정

6 ———— 약속의 땅

19세기 후반 인류 대다수는 전기나 수도, 화장실, 상하수도 혹은 중앙난방 시설이 없는 집에서 살았다. 식사는 단조로운 데다 빈약하기까지 했으며, 세탁기나 식기세척기는 말할 것도 없고 냉장고도 쓸 수 없었다. 비행기는 고사하고 자동차를 이용하리라 상상이라도 해본 이들도 별로 없었다. 라디오는 막 발명됐고, 텔레비전과 컴퓨터는 존재하지도 않았으며, 전화를 쓸 기회는 매우 제한적이었다. 그때 이동전화나 인터넷의 개념만 이야기해도 그야말로 마법이라 느껴졌을 것이다.

그러나 이러한 생활 조건은 금세 바뀌었다. 미국 기준으로 상수도 이용 비율은 1890년 24퍼센트에서 1940년 70퍼센트로 치솟았고, 실내 화장실을 갖춘 가구 비율은 같은 기간 12퍼센트에서 60퍼센트로 상승했다. 1900년에는 전깃불 이용 가구 비율이 미미했지만, 1940년에는 수백만 가구가 전력망에 연결돼 전체 가구의 80퍼센트가 전깃불을 밝혔다. 중앙난방은 20세기 초에 처음 도입돼 1940년에는 전체 가구의 42퍼센트를 따뜻하게 했다. 또한 1940년에는 전체 가구의 거의 60퍼센트가 자동차를, 45퍼센트가 냉장고를, 40퍼센트가 세탁기를 가졌다.[1]

같은 시기에 다른 서방 국가도 미국과 비슷한 추세를 보였고, 20세기 후반부터는 세계의 다른 지역도 그 추세를 따랐다. 이러한 숫자 뒤에 있는 보통 사람의 생활수준은, 오늘날 수도나 전기 혹은 실내 화장실 없이 살아 본 적이 없는 우리가 거의 이해할 수 없을 만큼 굉장히 향상됐다.

말할 것도 없이 인류 생활의 질에서 가장 중요하게 꼽히는 건강 측면에서도 대단한 도약이 있었다. 20세기 후반 현대적 약품이 도입되기 오래전에 프랑스 과학자 루이 파스퇴르Louis Pasteur의 공헌으로 세균이 질병을 일으킨다는 이론이 공인됐고, 20세기에 접어들 무렵에는 주요 도시에 상하수도가 설치되면서 감염병으로 인한 사망이 급속히 줄어들었다. 게다가 그다음 몇십 년에 걸쳐 천연두와 디프테리아, 백일해를 포함한 각종 질병에 대한 백신 접종이 도입되고 확산되면서 사망률은 더욱 낮아졌다.

이처럼 생활수준이 전례 없이 높아진 덕분에 인류 기대수명은 놀랄 만큼 늘어났다. 몇천 년간 1인당 소득이 겨우 생존을 유지하는 수준에 가까웠을 때 기대수명은 30~40세 사이의 좁은 범위에서만 오르내렸다. 전쟁과 기근, 전염병뿐만 아니라 자원의 변화도 출산율과 사망률의 일시적 변동을 불러일으켰지만, 맬서스 기제가 생활 조건의 지속적인 향상이나 악화를 막았기 때문이다.

그러나 19세기 중반 1인당 소득이 전례 없는 상승을 시작하면서 기대수명이 급속히 늘기 시작했다(도표 10). 그 추세는 산업화를 이룬

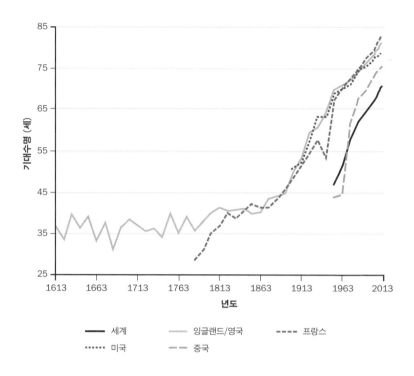

도표 10. 1613~2013년 세계 각국의 (출생 시) 기대수명 변화[2]

국가가 19세기 중반 이후 맬서스의 덫에서 벗어나는 동안에 시작됐다. 그리고 20세기 후반을 향할 때 개발도상국에서도 그 추세가 이어졌으며 추위와 굶주림, 질병에 가장 취약하고 사회에서 가장 빈곤한 계층에 가장 큰 영향을 미쳤다. 이처럼 인류의 건강이 전체적으로 개선됨에 따라 기술 진보와 인적자본 형성 사이의 선순환이 강화됐다.

기술 발전 덕분에 발병률morbidity rate(일정 기간 내 질병에 걸리는 인구 비율. 이환율이라고도 한다 — 옮긴이)은 낮아지고 기대수명은 늘어났으며 이는 결과적으로 교육투자의 유인을 키우고 더 많은 기술혁신을 촉진했다. 20세기 초 미국 남부와 마찬가지로, 20세기 중반 그리고 세기말을 향할 땐 브라질과 콜롬비아, 멕시코, 파라과이, 스리랑카 같은 국가에서도 말라리아가 박멸되면서 아동 건강뿐만 아니라 그들의 교육과 기술 그리고 몇십 년 후 미래의 소득 창출 능력도 향상됐다.[3] 물론 생활수준은 건강과 재화, 육체적 안락함에 그치지 않고, 인류의 존재를 규정하는 사회적·문화적·정신적 차원에도 영향을 받는다.

이러한 점에서 19세기 중반 이후 기술 발전은 물리적 거리와 상관없이 훨씬 더 많은 정보에 접근해 문화 교류를 하며 사회적 접촉을 시도할 기회를 제공했다. 이와 관련해 처음으로 이뤄진 중대한 발전은 구텐베르크의 인쇄술이다. 인쇄술이 급속히 보급되면서 책과 신문을 통해 정보와 문화가 원활하게 전파될 수 있었다. 그 후 19세기 영국에서는 롤런드 힐Rowland Hill이 주창한 우편 서비스 개혁으로 보통 시민도 편지를 주고받을 수 있었고, 정보 전달 기술의 획기적 도약이라 평가받는 전신이 도입되면서 대서양 양안처럼 먼 지역 간에도 즉각적 의사소통이 가능해졌다.

하지만 변화가 워낙 급속하다 보니 그토록 놀라웠던 전신조차 곧 빛을 잃었다. 스코틀랜드 태생의 미국 발명가 알렉산더 그레이엄 벨Alexander Graham Bell은 1876년 그가 발명한 전화기로 인류 역사상 첫 통화를 했다. 20세기로 바뀔 즈음 미국 전역엔 60만 대의 전화기가 벨을 울렸고, 1910년까지 그 수는 10배로 불어나 580만 대에 달했다.[4] 같은 기간 덴마크와 스웨덴, 노르웨이, 스위스에서도 전화 보급률이 엄청난 증가세를 보였다.[5]

이렇듯 20세기 초 인류가 경험한 삶의 질적 도약이 어느 정도였는지를 완전히 이해하긴 어렵다. 어쨌든 멀리 있는 친척과 친구 그리고 동료와 몇 주(혹은 그보다 더 길게)를 기다리며 편지를 주고받을 필요 없이 바로 소통할 수 있게 됐다. 짧막한 전보를 치느라 큰돈을 쓸 필요도 없었다.

이 시기의 발전상에는 독특한 문화적 양상도 포함된다. 1877년 에디슨은 축음기를 고안하면서, 중요한 정치 연설 기록과 웅변 강습에 축음기가 쓰이길 바랐다. 하지만 1890년대의 축음기는 주로 카페와 레스토랑에서 음악을 내보냈고, 20세기 초엔 각 가구로 확산됐다. 문화적 측면에서 축음기는 참으로 선풍적이었지만, 1895년 이탈리아의 발명가 굴리엘모 마르코니Guglielmo Marconi가 라디오 기술을 개발하기 전까지는(마르코니가 개발한 무선전신은 그 자체로 라디오가 아니라 라디오의 원천 기술을 적용한 것이다 — 옮긴이) 문화와 오락에 대한 대중의 접근이라는 측면에서 아직 최고의 개선은 이뤄지지 않았다.

19세기 후반에 출현한 무선전송 기술은 해상운송 업계에서 먼저 받아들였다. 1912년 타이타닉호Titanic가 빙산에 부딪혔을 때 무선으로 조난신호를 보냈지만, 비극적 결말을 바꿀 수도 있었던 주변 선박의 송수신기가 꺼진 상태라 조난신호가 닿지 않았다. 1차 세계대전으로 인한 지연 후 1920년 11월이 돼서야, 세계 최초의 상업 라디오방송이 미국에서 전파를 탔다. 그리고 유럽과 북아메리카, 아시아, 라틴아메리카, 오세아니아에서 BBC와 라디오파리Radio Paris, 풍크-슈툰더 AG 베를린Funk-Stunde AG Berlin을 비롯한 수많은 방송사가 우후죽순 생겨났다.

라디오는 그 전에 나온 다른 어떤 발명보다 인류의 라이프스타일과 문화에 극적 영향을 미쳤다. 외딴 지역에 사는 이들에겐 외부 세계와 접촉할 수 있는 유일한 수단이었으며, 국가 수도의 정치적

흥밋거리와 현대적 음악, 해외 뉴스로 가득했기 때문이다. 영화 〈라디오 데이즈Radio Days〉에 묘사된 것처럼 1930~1940년대 미국은 그야말로 라디오 쇼에 중독된 상태였다. 허버트 조지 웰스Herbert George Wells의 소설 《우주전쟁The War of the Worlds》이 1938년에 라디오 드라마로 나왔을 때 공포에 빠져들었고, 우물에 빠진 여덟 살 소녀의 구조 상황을 전하는 생방송에 마음을 빼앗겼다.

1895년 파리에서는 뤼미에르Lumière 형제(촬영기와 영사기를 발명해 영화 제작·보급의 선구자 역할을 함. 형은 오귀스트 뤼미에르Auguste Lumière, 동생은 루이 뤼미에르Louis Lumière 다 — 옮긴이)가 최초의 상업적 영화를 만들었고, 20세기 초에 영화가 확산되자 찰리 채플린Charlie Chaplin 과 메리 픽퍼드Mary Pickford 같은 배우는 국제적 스타가 됐다. 흑백 무성영화는 곧 컬러 '발성영화'Technicolor 'talkies'에 자리를 내주었고, 1939년에는 전 세계 수천만 명의 영화 애호가가 〈오즈의 마법사The Wizard of Oz〉에서 쏟아져 나오는 총천연색 빛깔을 보고 경악했다.

"토토, 이제 우리는 캔자스에 있지 않은 것처럼 느껴져……."

(주디 갈런드Judy Garland가 연기한) 도로시가 자신의 개한테 말한다.

"우린 무지개 위에 있는 게 틀림없어!"

1세기 넘게 아찔한 기술적 진보를 이룬 인류는 마침내 무지개 위에 올라선 것 같았다. 정말 그랬을까? 20세기 전반 놀라운 기술 진보가 이뤄지고 생활수준이 엄청나게 향상되는 가운데서 인류는 몇 차례 재앙을 겪기도 했다.

1차 세계대전 동안 참호 속에서 죽고 1918년 전 세계를 떨게 한 스페인독감의 대유행으로 스러진 세계 인구는 수천만 명에 달했다. 1929년의 대공황Great Depression 은 많은 국가를 빈곤과 실업뿐만 아니라 파괴적인 정치적 극단주의로 몰아갔고, 10년 후에는 잔학 행위가 만연하는 2차 세계대전의 첫 총성이 울렸다.

또한 생활수준이 향상되던 이 시기에도, 가장 선진화된 사회 중 일부에서는 그 효과가 다양한 계층에 평등하게 공유되지 않았다. 기회의 불평등, 차별 그리고 사회적 부정의는 암울한 노예 시대의 유산과 인종적 편견, 성별 선입관을 반영하면서 사회적·경제적 불평등을 거대하게 키웠다. 건강과 교육의 격차가 커졌고, 시민적 자유는 선택적으로 부여됐다. 사회적 부정의는 어떤 측면에서 보면 더욱 널리 퍼졌다.

하지만 지난 100년간의 이런 끔찍한 사건조차 인류사에서 새로운 단계의 지속적 경제 성장과 진보의 궤도를 방해하지 못했다. 오히려 넓게 보면, 인류 전체의 생활수준은 이런 재앙과 방해가 일어날 때마다 빠르게 회복됐다. 인구변천이 시작된 후 전 세계에 걸쳐 1인당 소득이 전례 없는 지속적 성장을 이룬 사실을 통해서도 그 사실을 알 수 있다.

1870년부터 2018년까지 전 세계의 1인당 연평균소득은 10.2배로 급증해 1만 5,212달러에 이르렀다(도표 1에서 언급된 영국의 경제사학자 매디슨이 과거의 각국 경제지표를 추정하면서 시작한 '매디슨 프로젝트Maddison Project'의 2020년 데이터 인용. 여기서 GDP는 각국의 물가를 고려해서 추정했으며, 2011년 달러 기준이다 — 옮긴이). 그 전에는 생각조차 할 수 없었던 증가세다. 미국과 캐나다, 호주, 뉴질랜드의 경우 11.6배로 늘어 5만 3,756달러에 달했고, 서유럽은 12.1배로 증가해 3만 9,790달러였다. 라틴아메리카에서는 10.7배로 늘어난 1만 4,076달러, 동아시아에서는 16.5배로 증가한 1만 6,327달러에 달했다. 아프

리카에서는 증가 폭이 상당히 낮았지만, 그래도 4.4배로 늘어 3,532 달러에 이르렀다.[6]

　더욱 멀찍이 떨어져서 지난 2세기의 주요한 추세를 보자. 지난날 인류의 대부분은 문맹이었고, 대다수의 농민은 끊임없이 노동하며 극빈자처럼 지냈다. 아무리 자녀를 많이 낳아도 그중 절반이 성년에 이르기 전에 죽는 것을 지켜볼 수밖에 없었다. 하지만 오늘날 우리는 자신들보다 오래 살 것으로 기대되는 자녀를 낳고, 다채로운 식사와 오락을 즐기며, 더 안전한 환경에서 격렬하지 않은 일을 한다. 그간의 전환으로 훨씬 높은 소득과 더 길어진 삶을 누린다.

　즉, 기술 진보를 지렛대로 삼아 무언가를 창조하고 기회의 평등을 촉진하며 인류의 불행을 줄이려는 힘이 지속적으로 존재했다. 더 나은 세계를 건설하려는 그 힘과 비교하면, 권력을 쌓거나 파괴하고 억압하기 위해 기술 진보를 이용했던 힘은 부차적 영향에 불과했다.

　이러한 성장의 지속 가능성을 생각할 때, 최근 몇십 년간 이뤄진 중요하고 흥미로운 전환 중 한 가지 사실에 대해 숙고할 필요가 있다. 20세기 말이 가까워질 때까지 생활 조건이 계속 향상된 것은 산업화 시대의 제조업 덕분이 아니라는 사실이다. 제조업의 황혼에도 불구하고 생활 조건의 향상이 이뤄졌기 때문이다. 이 사실은 무엇을 뜻할까?

산업의 황혼

　19세기 후반 서양 세계에서 가장 빠르게 성장한 산업도시 중 하나는 북아메리카 오대호 기슭에 있다. 바로 미국 미시간주 디트로이트다. 눈부신 건축물과 전등이 줄지어 선 드넓은 대로 덕분에 '서방

의 파리'라는 별명을 얻은 이 도시는 인근 시카고를 뉴욕과 그 밖의
동부 해안으로 잇는 광대한 상업망의 심장부에 자리 잡았다.

20세기 초 헨리 포드 Henry Ford는 이 도시에 포드자동차라는 대단
히 성공적인 기업을 세웠고, 곧 기업가들이 대규모로 유입되면서 디
트로이트는 세계 자동차 산업의 수도가 됐다. 디트로이트는 1950년
대에 그 정점에 이르렀는데, 인구 185만 명으로 미국에서 다섯 번째
로 큰 도시가 됐다. 자동차 산업 노동자는 다른 산업의 노동자보다
더 높은 임금을 받았고, 자동차 제조 회사는 관리자·기술자를 대거
고용했다. 다른 계층보다 고소득을 올린 이들은 교외에 사치스러운
집을 짓고, 일류 레스토랑에서 식사하며, 호화로운 극장에서 연극을
즐겼다.

하지만 1960년대부터 디트로이트의 운명이 바뀌기 시작했다. 자
동차 산업의 경쟁이 치열해졌고, 어떤 회사는 노동비용을 절감하려
공장 일부를 멕시코와 캐나다, 미국 남부로 옮겼다. 그렇게 디트로
이트를 떠나는 인구 대이동이 시작됐다. 심지어 지역 전체가 유령도
시가 되는 경우도 많았다. 1967년에는 닷새간의 폭동이 일어나 43명
의 목숨을 앗아갔다. 디트로이트는 부패와 범죄, 실업으로 얼룩졌으
며 이런 이미지는 영화 〈로보캅 RoboCop〉 같은 대중문화 속에도 자리
잡았다. 2013년, 결국 디트로이트시는 파산을 신청했다. 현재 디트
로이트의 인구는 1950년대와 비교하면 3분의 1이 채 안 되고, 텅 빈
건물이 줄지은 거리도 수없이 많다. 화려한 과거와 서글픈 대조를
이룬다.

디트로이트만 쇠퇴를 겪은 게 아니다. 뉴욕주 버펄로와 오하이오
주 클리블랜드, 펜실베이니아주 피츠버그 같이 북동부·중서부 산업

중심지의 도시도 20세기 후반에 뚜렷한 쇠퇴를 겪었다. 이로 인해 해당 지역에는 '러스트 벨트Rust Belt'라는 달갑지 않은 별명이 붙었다.

영국과 프랑스, 독일 그리고 다른 선진국에서도 20세기 초 번창했던 산업 지대가 이웃 지역보다 훨씬 뒤떨어지는 모습이 나타났다. 선진국 전체로 보면 제조업 분야 일자리는 1980년 직후부터 전반적으로 줄어들었다. 선진국 경제에서 제조업 고용 비중은 1970~1979년의 약 25퍼센트에서 2010~2015년엔 약 13퍼센트로 급격히 낮아졌다.[7] 1981~2019년 영국 경제에서 제조업 고용 비중은 21.8퍼센트에서 7.6퍼센트로 줄어들었다.[8] 같은 기간 미국의 경우 21퍼센트에서 8퍼센트로 낮아졌다.[9] 대조적으로 신흥 시장과 개발도상국 경제에서 제조업 고용 비중은 1970~1979년의 13퍼센트에서 1981~2019년엔 12퍼센트로 약간 줄었을 뿐이다. 그러나 같은 기간 중국은 10퍼센트에서 21퍼센트로 급상승하는 추세를 경험했다.[10]

앞 장에서 논의했듯이 산업혁명기 서양의 생활수준 향상은 인적자본 형성과 급속한 기술 발전의 결과였고, 이 둘은 서로를 강화했다. 기술 발전은 산업화의 형태를 취했지만 생활수준 향상이 산업화 과정 그 자체에 달린 것은 아니었다. 물론 산업화 초기에는 이 둘이 서로 손을 잡고 나아간 것이 사실이다. 1인당 소득 증가와 산업 성장은 나란히 진행됐다. 그러나 20세기에는 저숙련 산업의 기술 변화 속도가 느려지면서, 산업화가 생활수준에 미치는 영향이 과거와는 달라졌다. 저숙련 산업은 인적자본 양성과 경제 성장을 되레 억눌렀다. 꼭 과거의 농업처럼 말이다.

프랑스의 경우를 보자. 19세기 중반 급속한 산업화와 경제 성장을 경험한 지역의 경우 1930년대까지도 상대적으로 부유했지만, 21세기로 접어들 때는 산업화가 덜 진전된 다른 지역보다 생활수준이 뒤떨어졌다. 단기적으로 보면 제조업에 특화된 덕분에 산업 중심지 주민은 부유했다. 그러나 시간이 지나면서 제조업 부문은 점점 기초적교육을 받은 노동력에만 의존했다. 그 결과 더 높은 수준의 교육에 투자할 유인이 줄어들었고, 교육에 대한 열망도 위축됐다. 저숙련산업 위주의 지역과 고숙련 산업 혹은 서비스업 위주의 지역 간 불균형은 인적자본 형성 측면에서 더욱 심해졌다. 이는 과거의 산업 중심지가 높은 수준의 교육이 필요한 기술을 채택하는 데 걸림돌이 됐으며, 그에 따라 해당 지역이 저숙련 산업에 집중하는 경향이 강해지면서 번영은 뒷걸음질했다.[11]

제조업의 중요성이 상대적으로 줄어들면서 나타난 반향은 최근몇 년간의 정치적 사건에서도 나타난다. 미국의 경우 도널드 트럼프 Donald Trump가 2016년 대통령 선거 때 미국의 산업을 '다시 위대하게' 만들겠다는 약속을 내세우며 선거운동을 폈다. 실제로 트럼프의지지는 인디애나주와 미시간주, 오하이오주, 펜실베이니아주처럼 러스트 벨트에 위치하거나, 산업 쇠퇴에 따른 실업으로 황폐해지고 공동화된 지역에서 주로 나왔다.

브렉시트 Brexit(영국의 유럽연합 탈퇴 — 옮긴이) 역시 제조업 쇠퇴와관련이 있을 것이다. 제조업에서 일하거나 잉글랜드 북동부처럼 산업 생산에 의존하는 지역에 사는 이들은 브렉시트에 찬성표를 던질가능성이 높았다.[12] 영국뿐만 아니라 프랑스와 독일 그리고 다른 선진국은 빈번한 보조금과 관세, 수입 물량 제한, 그 밖의 다양한 정책을 통해 국내 산업을 지원한다. 이를 통해 기업의 해외 이전을 저지하고 싶어 하지만 별 소용이 없다.

제한적·초보적 기술에 의존하던 산업계는 서비스업과 금융 그리고 디지털 기술을 비롯해 새롭게 주목받을 산업 부문을 찾기 시작한다. 경제 성장의 두 엔진인 기술 진보와 인적자본 투자의 불빛이 다른 곳을 비추기 시작했다. 산업에 집중한 도시와 지역의 쇠퇴는 그곳에 기반을 둔 공동체에는 대단한 고통이었다. 나이 든 노동자의 경우 생계 수단을 되찾을 기약이 없었고, 젊은 노동자는 다른 곳으로 일자리를 찾아 떠날 수밖에 없었다. 하지만 통합적 기초 교육을 시행하고 다른 분야에도 통용될 기술을 가르쳐 보편적 인적자본에 투자한 덕분에, 사양산업에 있던 노동자 가운데 많은 이들은 활황 산업으로 옮겨 지속적으로 향상되는 생활수준이라는 과실을 딸 수 있었다.

개발도상국의 경우 미국과 유럽에서 미리 경험했던 저숙련 산업의 황혼에서 그 교훈을 얻을 수 있다. 전통적인 저숙련 집약형 산업 부문보다는 인적자본 형성과 기술집약형 부문에 투자하는 것이 더 이롭다는 것이다.[13]

성장 시대

변화의 톱니바퀴는 20세기 후반엔 그 어느 때보다 맹렬하게 돌아갔다. 바로 이때 세계 경제 전체가 마침내 성장의 시대를 맞았다. 흔히 성장은 매우 불균등하게 나타났지만, 세계 인구 수십억 명의 생활 조건이 전반적으로 향상됐다. 이러한 변화는 현대사회에서 삶의 질을 개선하는 데 인적자본이 중추적 역할을 했음을 다시 한 번 보여 줬다. 이러한 추세를 본 미국의 경제사학자 클로디아 골딘Claudia Goldin은 20세기를 '인적자본의 세기'로 일컬었다.

20세기의 주요 기술적 돌파구 중에는 라디오와 텔레비전 그리고 당연히 포함돼야 할 인터넷뿐 아니라 핵에너지 이용과 개인용컴퓨터 도입, 항생제 개발, 자동차·항공기의 발전을 꼽을 수 있다. 기술 변화는 완전히 새로운 발명과 더불어 인류에게 가장 영속적이고 필수적인 농업 관련 상품의 질도 높였다. 수확량이 더 많고 병해에 내성이 있는 밀과 옥수수, 벼 품종이 개발됨에 따라 농업 생산성도 거의 하룻밤 새 향상됐다. 말 그대로 '녹색혁명Green Revolution'이었다.

새로운 품종이 채택됨에 따라 수확량은 엄청나게 늘어났고, 전 세계적으로 굶주림이 줄어들었다. 멕시코의 경우 1960년대부터 곡물 자급이 가능해졌다. 인도와 파키스탄의 경우 1965~1970년에는 밀 수확량을 거의 2배로 늘렸고, 1974년에는 곡물 자급이 가능한 수준에 이르렀다.

기술적·과학적 혁신이 아니라 조직과 관련된 혁신 사례도 많다. 1968년 국제표준화기구International Organization for Standardization는 미국 기업가 맬컴 맥린Malcolm McLean의 일관수송형intermodal(여러 수송 수단 간 상호 연결이 가능한 형태 — 옮긴이) 선박 컨테이너를 세계 표준으로 권고했다. 단일 표준이 세계 모든 해상운송에 채택되니 하역 작업이 훨씬 효율적으로 이뤄질 수 있었고, 운송비까지 극적으로 줄어들면서 국제무역이 더욱 활황을 맞았다.

언제나 그렇듯 기술이 확산되자 인적자본에 대한 수요가 늘고, 그 자본의 가치가 올라가면서 인구변천이 이뤄졌다. 1976~2016년 간 전 세계적으로 인적자본 투자가 늘어남에 따라 세계 성인 인구의 문해율이 올라갔다. 남성은 77퍼센트에서 90퍼센트로, 여성은 61퍼센트에서 83퍼센트로 상승했다. 한편 취학연령인데 학교를 다니지

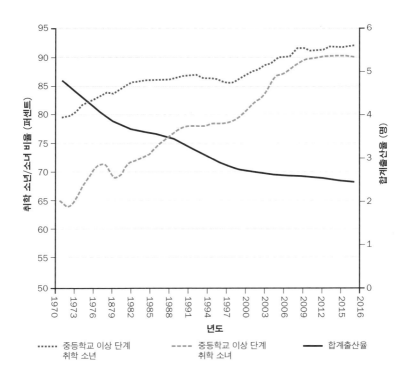

도표 11. 1970~2016년 전 세계의 교육 확대와 출산율 하락[14]

않는 소년 비율은 1970년 20퍼센트에서 2016년 8퍼센트로, 소녀의
비율은 35퍼센트에서 10퍼센트로 낮아졌다. 더욱 놀랍게도 세계은
행World Bank이 '저소득'으로 분류하는 국가의 경우 취학연령에 학교
에 다니지 않는 소년 비율이 1970년 56퍼센트에서 2016년 18퍼센
트로 하락했다. 소녀의 비율은 72퍼센트에서 23퍼센트로 낮아졌다.
이제 예상할 수 있겠지만, 인적자본 형성이 늘어나는 곳이라면 어디
서나 출산율이 낮아졌다(도표 11).

　　20세기 후반 개발도상국도 맬서스의 덫을 부수고 나오기 시작했

다. 아프리카와 아시아, 라틴아메리카 곳곳에서 자녀를 적게 낳는 대신 교육에 투자하기 시작했다. 1970~2016년 전 세계 평균 출산율은 5명에서 2.4명으로 낮아졌다. 정도의 차이는 있어도 하락 추세가 모든 지역에 걸쳐 나타났다. 고소득 국가에서는 평균 출산율이 3명에서 1.7명 수준으로 하락했다. 저소득 국가에서는 6.5명에서 4.7명, 사하라 남쪽 아프리카에서는 6.6명에서 4.8명, 아랍 세계에서는 6.9명에서 3.3명으로 하락했다.

인구가 많은 국가에서도 출산율은 가파르게 낮아졌다. 중국의 경우 1979년부터 시행된 한 자녀 정책 때문에 출산율이 5.7명에서 1.6명으로 가파르게 낮아졌다. 인도 역시 5.9명에서 2.3명으로 낮아졌다. 가장 선진화된 국가 중 독일과 이탈리아, 일본을 포함한 일부 국가는 이민을 제외할 경우 출산율이 대체출산율rate of replenishment(현재의 인구를 유지할 수 있는 수준의 출산율. 대체적으로 출산율이 2.1명이면 인구가 유지되는 것으로 간주한다 — 옮긴이) 아래로 낮아졌다. 이들 국가의 인구는 앞으로 몇십 년 안에 줄어들 것으로 예상된다. 이와 같은 세계적인 출산율 하락은 급속한 경제 성장과 어우러져 생활수준의 극적인 향상으로 이어졌다.

세계은행은 하루 소득 1.9달러를 빈곤선poverty line으로 정한다. 이에 미치지 못하면 빈곤하다는 뜻이다. 1970~1980년대에는 세계 인구 중 거의 40퍼센트가 빈곤선 아래에서 살았다(도표 12). 특히 1994년 사하라 남쪽 아프리카의 경우 전체 인구의 61퍼센트가 빈곤선 아래의 생활을 했다. 중국에서는 1990년 전체 인구의 66퍼센트가 빈곤선 아래 있었고, 인도의 경우 1972년 전체 인구의 63퍼센트가 그런 생활을 했다. 이 비율은 최근 몇십 년간 사하라 남쪽 아프리카를 제

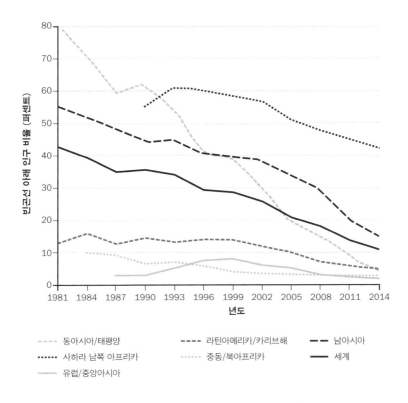

도표 12. **1981~2014년 지역별 빈곤선 아래 인구의 비율**[15]

외하고 가파르게 낮아졌다.

오늘날엔 세계 인구의 약 10퍼센트가 빈곤선 아래서 살아간다. 사하라 남쪽 아프리카에서는 40퍼센트에 이르지만, 라틴아메리카와 카리브해 연안 국가의 경우 5퍼센트를 밑돈다. 인도에서는 2011년 22퍼센트로 낮아졌다. 가장 인상적인 사례인 중국은 2016년 1퍼센트 미만이었다.

경제 성장이 생활수준 향상에 얼마나 기여했는지는 건강 관련 지표에서 명백히 나타난다. 1953~2015년 세계의 평균 기대수명은 47세에서 71세로 늘어났고, 유아사망률 하락 역시 인상적이었다. 이젠 수십억 명의 아동이 학교에서 공부하고, 수십억 명의 여성이 기본 위생 시설을 갖춘 병원에서 아기를 낳으며, 수억 명의 노령자가 재정적 지원을 누린다는 뜻이다. 20세기가 저물어 갈 즈음에 태어난 아동이라면 하루하루의 고된 노동에서 벗어나 그 너머의 세계를 볼 수 있다는 뜻이다. 삶의 질이 지속적으로 향상될 미래, 그것은 이제 그저 꿈꾸는 것이 아니라 근거를 갖고 기대할 수 있는 미래다.

물론 특정 지역, 특정 시기의 경제 성장 속도는 온갖 일시적 요인의 영향을 받는다. 2차 세계대전 직후 많은 국가는 전후 재건 노력에 힘입어 강렬하고 급속한 경제 성장의 활력을 분출했다. 그와 대조적으로 1970~1980년대에는 석유파동과 인구 추세 변화에 따라 성장 속도가 느려졌다. 하지만 1990년대에는 정보 기술혁명과 세계화, 아웃소싱outsourcing(기업의 일부 기능을 외부에 맡기는 것 — 옮긴이) 그리고 중국과 여타 개발도상국의 깜짝 놀랄 만한 경제적 팽창 덕분에 성장률이 다시 올라갔다. 그 후 2008년 금융 위기와 코로나19 팬데믹은 성장 궤도에 일시적 악영향을 미쳤다. 서유럽과 북아메리카의 경제 성장은 이처럼 중대한 위기로 인해 단기적 변동을 겪긴 했지만, 인구변천이 시작된 이후인 지난 150년간을 보면 연평균 2퍼센트가량의 성장 속도를 유지했다.

영국의 경제학자 존 메이너드 케인스John Maynard Keynes 는 "장기적으로 우린 모두 죽는다"고 말했다(1923년 《통화개혁론A Tract on Monetary Reform》에서 쓴 말이다 — 옮긴이). 이 유명한 금언은 수백만 명의 삶에 미치는 단기적 위기보다 장기적 발전 과정에만 초점을 맞추는 경제학자들을 비판하기 위한 말이었다.[16] 하지만 이 말에는 상당한 오해의 소지가 있다. 사실 우린 모두 자신이 태어나기 몇십 년 전이나 몇 세기 전, 심지어 몇천 년 전에 시작된 사건과 행동의 산물이며, 또 그에 따른 여파와 씨름하기 때문이다.

2부에서 더 자세히 보겠지만, 지금의 경제적 번영은 2차 세계대전의 잔학 행위와 파괴가 몰고 온 중대한 후과나 대공황의 파괴적 충격보다 더 심층에 있는 역사적·지리적·제도적·문화적 특성의 산물이다. 물론 앞서 언급한 사건이 벌어지는 동안이나 그 직후에 인류가 겪었던 고통은 매우 끔찍했다. 다만 그때의 인적 손실과 트라우마의 무게를 고려하더라도, (개인적인 차원이 아니라) 사회 전체적인 생활 조건에 이 사건이 미친 효과는 놀랄 만큼 단기적이다. 일반적으로 몇 년 혹은 몇십 년 내에 그 영향은 희미해지고 만다. 하지만 이 책에서 여러분이 보고 있을 근본적 힘은 어떤가? 몇백 년이나 몇만 년, 심지어 몇천 년간 지속적으로 영향을 미친다.

최근 몇십 년간 수많은 개발도상국이 성장의 시대에 합류하고 세계의 수십억 명이 굶주림과 질병, 삶의 불안정에서 벗어났다. 하지만 새로운 위험이 수면 위로 떠올랐다. 바로 지구온난화다. 그렇다면 지구온난화는 실제로 겪으며 살아갈 세대에게는 파괴적일 수 있어도 결국 단기적 문제로 판명될까? 아니면 가장 재앙적이고 지속적인 결과를 초래해 인류의 여정에서 탈선을 초래할 단 하나의 역사적 사건이 될까?

성장과 환경 파괴

산업혁명은 인류가 환경에 두려운 영향을 끼칠 수 있도록 판을 깔아 놓았다.[17] 이 혁명의 초기부터 산업화된 주요 도시의 경우 오염이 극적으로 늘면서 지금 우리가 맞닥뜨린 기후 위기를 부추기기 시작했다. 특히 화석연료를 태우는 과정에서 대기에 열을 가두는 온실가스의 수치가 높아지며 지구온난화를 재촉했다. 앞으로 몇십 년간 지구 전체의 예견된 온도 상승은 중대한 환경 변화를 일으키고, 이는 다양한 동식물의 멸종으로 이어지면서 지구상 생명이 이루는 복잡한 균형이 흐트러질 것이다. 여기에 해수면 상승으로 수천만 명이 거주지에서 쫓겨나고, 세계 식량 공급에 차질이 빚어지면서 중대한 경제적 손실과 인간적 고통이 야기될 것으로 예상된다. 환경 규제가 도입되고 대체에너지 이용, 자원 재활용, 쓰레기나 폐수 처리와 같이 환경적으로 지속 가능한 기술이 채택되면서 이러한 추세는 부분적으로 완화됐다. 하지만 여전히 환경 파괴는 우려스러운 수준이다.

폭발하는 인구를 부양하지 못해 대규모 기아 사태가 오리라는 과거의 예측은 녹색혁명과 인구 증가율의 둔화로 인해 틀린 것으로 판명됐다. 하지만 지난 200년간 세계 인구가 7배로 늘고 1인당 소득이 14배로 증가하면서, 전 세계적으로 소비가 극적으로 확대된 것은 분명 환경 악화의 주요인이다. 누군가는 지금 우리가 아는 것과 같은 인류의 여정은 더 이상 이어 갈 수 없을지 모른다고 걱정한다. 지속 가능한 에너지로의 전환과 환경친화적 상품 생산은 아직 충분한 속도를 내지 못한다. 그래서 환경 재앙을 피하기 위해 경제 성장 속도를 늦출 필요가 있다는 견해가 힘을 얻는다.[18]

그렇다면 경제 성장은 정말 환경 보존과 양립할 수 없을까? 우리는 둘 중 하나를 꼭 선택해야 할까? 반드시 그럴 필요는 없다.[19] 국가 간 분석을 보면 시사점을 얻을 수 있다. 탄소 배출은 인구 증가와 더불어 늘어나며, 그 인구의 물리적 부가 증진될 때도 늘어나는데,

부의 증진보다 인구 증가에 따른 배출량 증가가 훨씬 큰 폭으로 나타난다. 그러니까 인구 5,000만 명에 1인당 소득이 1만 달러인 국가의 탄소 배출량이 인구 1,000만 명에 1인당 소득 5만 달러인 국가보다 훨씬 많다는 뜻이다(총소득은 똑같다).

이는, 출산율이 하락해서 경제 성장이 촉진되면, 다시 말해 생산 연령 인구working-age population의 상대적 규모가 커져서 성장이 이뤄지면(경제학에서는 인구배당demographic dividend이라고 한다) 탄소 배출을 큰 폭으로 줄일 수 있다는 것을 시사한다. 인구변천이 시작된 후 낮아진 출산율은 기하급수적으로 늘어나는 인구가 환경에 가하는 부담을 줄였다. 산업혁명이 지금의 지구온난화를 촉발했지만, 그와 동시에 시작된 인구변천이 경제 성장과 환경 보존 사이의 상충 관계를 누그러뜨림으로써 충격을 줄였을 것이다.

그렇다면 추가적 환경 파괴를 막고, '붕괴' 가능성을 낮추면서 지속적 경제 성장을 이루려면 어떻게 해야 할까? 우리를 지금의 곤경에 이르게 한 핵심 요인에 집중해야 한다. 그것은 바로 에너지 전환을 촉진함으로써 환경친화적 기술로 나아가도록 할 기술혁신 그리고 인구가 환경에 지우는 부담을 줄이면서 추가적 경제 성장을 창출할 출산율 하락이다. 미국 마이크로소프트의 창업자로 이젠 과학기술 전문가, 기업계 지도자이면서 자선가인 빌 게이츠Bill Gates는 이렇게 말했다.

"앞으로 10년 동안 우리는 2050년까지 온실가스를 제거하는 길로 이끌 기술과 정책, 시장구조에 집중해야 합니다."[20]

게이츠가 집중하고자 한 정책과 구조에는 세계적으로 성 평등을 촉진하고 교육의 문호를 넓히며, 이에 더해 피임약 이용을 쉽게 해

1부 인류의 여정

출산율을 낮추는 작업이 포함돼야 한다. 이런 말들이 지구온난화 추세를 누그러뜨려 인류가 이 싸움의 판을 뒤집는 데 필요한 기술을 개발하는 시간을 버는 길이다. 대부분의 개발도상국에서 전통적 기후 정책보다는 인구 관련 조치가 정치적으로 더 많은 지지를 얻을 것이다. 청정에너지 기술과 환경 규제는 집행하고 관리하는 데 돈이 많이 들지만, 출산율을 낮추는 정책은 환경 보존과 더불어 경제 성장의 혜택까지 주기 때문이다.

지금의 성취에 자만하지 않고 적절한 자원을 투입할 수 있다면 앞으로 몇 세기 안에 기후 위기를 희미한 기억으로 바꿔 놓을 혁명적 기술이 발전할 수 있을 것이다. 진보의 시대에 그토록 굉장한 힘으로 분출한 인류의 놀라운 혁신 역량이 출산율 하락과 어우러진다면 가능한 일이다. 이러한 혁신과 출산율 하락은 인적자본 형성으로 촉진되는 것이다.

간추리기 성장의 수수께끼를 풀다

지금까지 인류가 이룬 발전을 보면 참으로 놀랍다. 지구상 그 어떤 종의 진화와도 근본적으로 다른 길을 인류는 숨 가쁘게 달려왔다. 초기의 인류는 어둠을 밝히고 몸을 따뜻하게 하며 요리하기 위해 불을 쓰고, 날붙이와 도끼를 만들기 위해 돌을 깎으며 동아프리카의 사바나를 돌아다녔다. 수백만 년이 지난 지금, 그들의 후손 중한 명이 복잡한 수학적 연산을 몇 분의 1초 내로 처리하는 휴대용 기기로 이 책을 쓰는 중이다. 그 휴대용 기기는 나노 기술 기반의 프로세서를 쓰며, 불과 50년 전 인류를 달에 착륙시킬 때 쓴 컴퓨터보다 정보 처리 능력이 10만 배나 뛰어나다.

이 독특한 여정을 시작하도록 인류를 자극한 첫 번째 불꽃은 바로 뇌의 발전이었다. 진화의 압력에 특유의 방식으로 적응하는 과정에서 인류 뇌에 더 큰 능력이 생겨났다. 강력한 뇌를 지닌 인류는 더 나은 기술을 개발해 더 효율적인 수렵·채집을 할 수 있었다. 그 진보 덕분에 인류가 불어날 수 있었다. 그 기술을 더 잘 이용할 수 있게 하는 특성은 생존에 더욱 유리하게 작용했다. 그렇게 **호모테크놀로지쿠스**Homo technologicus(기술을 개발하고 활용하는 인류 — 옮긴이)가 출현했다. 그들의 손가락은 사냥과 요리에 유용한 도구를 깎고 다듬는 데 알맞게 적응했고, 팔은 더 멀리 던질 수 있게 발달했다. 뇌는 정보를 저장·분석·전달하고, 언어를 통해 추론하고 소통하며, 복잡한 거래와 협력을 원활히 하도록 진화했다.

수십만 년에 걸친 진화를 통해 환경에 대한 인류의 적응력은 끊임없이 향상됐다. 그렇게 인류는 번창하고 성장했으며, 아프리카를 벗어나 새로운 생태적 지위로 퍼져 나갈 수 있었다. 그들은 변덕스러운 날씨를 피해 스스로 보호하는 법을 배웠고, 약 1만 2,000년 전 중대한 전환기를 경험하기 전까지 광범위한 활동 무대에서 수렵·채집 기술을 연마했다. 그 후 일부는 정착해 농사로 식량을 얻기 시작했고, 인류 전체가 그에 따르도록 진화적 압력을 만들었다.

신석기혁명은 인류에게 오랫동안 영향을 미쳤다. 불과 몇천 년만에 인류 대다수가 방랑을 끝내고, 토지를 경작하고 소와 양, 염소를 기르면서 새로운 환경에 적응했다. 농업사회의 기술적 우위는 그 뒤로 몇천 년간 지속됐다. 관개와 경작의 기술혁신으로 농업의 산출물은 늘어나고 인구밀도는 높아졌다. 여기에 전문화가 촉진되면서 식량을 생산하지 않고 지식 창출에만 전념하는 계급이 출현했다. 이들을 통해 예술과 과학, 문학이 발전했으며, 기술 진보에도 속력이 붙고 인류 문명이 시작됐다. 인류의 거주지도 점차 변모했다. 농장이 마을로 자라났고, 마을은 소읍과 성벽을 두른 도시로 확장됐다. 도시 안에는 웅장한 궁전과 사원, 요새가 솟아올랐고, 가공할 군대가 생겼으며, 토지와 명성 그리고 권력을 위해 적을 살육하는 지배층의 보루가 들어섰다.

인류사 대부분에 걸친 기술 진보와 인구 사이의 상호작용은 서로를 강화하는 순환 고리였다. 기술 진보 덕분에 인구가 늘어났고 혁신에 적합한 사회적 특성이 장려됐다. 인구 증가와 적응을 통해 발명가의 층이 두터워지고 혁신에 대한 수요가 확대됐다. 이 순환 고리는 또 다른 신기술의 창출과 채택을 더욱 자극했다. 거대한 변화의 톱니바퀴는 참으로 오랜 시간 멈추지 않고 인류의 여정에 추진력을 더했다. 이러한 변화는 거의 모든 문명과 대륙, 모든 시대에 걸쳐 더 많은 기술 진보를 촉발했다.

하지만 인류의 여정에서 한 가지 측면은 대체로 영향을 받지 않은 채 남아 있었다. 생활수준이 그것이다. 오랜 기간 기술 진보는 인류의 복리 측면에서 어떤 유의미한 향상도 초래하지 못했다. 지구상의 다른 모든 종처럼 인류도 빈곤의 덫에 걸려 있었기 때문이었다. 기술 진보를 통해 자원이 늘면 그를 바탕으로 항상 인구가 늘어났는데 이는 진보의 과실을 더 많은 이들이 나눠야 한다는 뜻이었다. 그간의 기술 진보와 혁신으로 몇 세대 정도는 번영할 수 있었지만, 결국 인구가 증가하면서 생활수준은 다시 겨우 생존을 유지하는 수준으로 뒷걸음질했다. 비옥한 토지와 정치적 안정을 누릴 때 기술은 크게 진보할 수 있었다. 그런 진보는 고대 이집트, 페르시아와 그리스, 마야문명과 로마제국, 여러 이슬람 왕조, 중세 중국의 폭발적인 발전이다. 폭발적인 진보는 새로운 도구와 생산방식을 지구상의 모든 지역으로 전파했고, 생활수준은 올라갔다. 하지만 이러한 향상은 단기에 그쳤다.

그렇게 인류사에서 필연적으로 가속화된 기술 발전은 마침내 임계점에 이르렀다. 18~19세기 유럽 북부의 좁은 지역에서 산업혁명이 시작되고 급속한 혁신이 이뤄지면서 아주 특별한 자원에 대한 수요가 늘어났다. 끊임없이 변화하는 기술적 환경을 헤쳐 나갈 수 있게 노동자의 역량을 키워 주는 기술과 지식이 그것이다. 이러한 상황에서 인류는 자녀 양육과 교육에 대한 투자를 늘렸고, 따라서 자녀를 더 적게 낳을 수밖에 없었다. 여기에 인류 기대수명이 급속히 늘고 사망률이 낮아짐에 따라 교육투자의 수익을 얻을 기간이 길어져, 인적자본 투자 증가와 출산율 감소를 더욱 촉진했다. 여기에 성별 임금격차가 줄어들면서 자녀 양육의 기회비용이 더욱 늘어났고, 소가족의 매력은 더욱 커졌다. 이러한 요소가 인류 출산율의 하락을 불렀고, 출산율 증가와 경제 성장이 같은 방향으로 움직이는 끈질긴 관계가 종료됐다.

이처럼 출산율이 극적으로 낮아지면서 경제 발전은 인구 증가에 따른 상쇄 효과에서 벗어났다. 기술 향상이 불러온 번영은 일시적 분출이 아니라 영구적인 개선이 됐다. 인적자본 투자로 인해 노동력의 질이 높아지고 기술 진보가 가속화되면서, 생활 조건이 좋아지고 1인당 소득이 지속적으로 늘어났다. 인류는 그야말로 상전이를 경험한 셈이다. 신석기혁명이 비옥한 초승달 지대나 양쯔강(창장) 유역 같은 몇몇 중심 지역으로부터 확산됐던 것처럼, 산업혁명과 인구변천도 서유럽에서 시작돼 20세기 중에 지구 대부분 지역으로 퍼져 나갔다. 그 변화의 물결이 닿는 곳 어디든 이전보다 더 높은 수준의 번영을 누렸다.

지난 200년의 시간은 인류사에서 혁명적인 시기였다. 생활수준을 나타내는 어떤 지표를 보더라도 전례 없는 약진이 이뤄졌다. 세계의 1인당 평균소득은 14배로 높아졌고, 기대수명은 2배 이상으로 늘었다. 아동 사망자가 산을 이루던 잔혹한 세계는 단 한 명의 자녀가 죽는 것도 엄청난 비극이 되는 번영된 세계에 자리를 내줬다. 하지만 생활 조건이 향상된다는 것은 단지 건강과 소득의 발전만을 뜻하지 않았다. 아동노동의 관행이 사라졌고, 노동은 덜 위험하고 덜 힘들게 바뀌었다. 또한 엄청나게 멀리 떨어진 상대와 소통하며 거래하는 것이 가능해졌고, 대중적 오락과 문화가 발전해, 우리의 조상이 상상조차 해 본 적이 없을 만큼 번창했다.

다만 이러한 혜택은 지구 모든 곳에 공유되지 못했고, 때로는 터무니없을 만큼 불균등하게 분배됐다. 자연재해와 감염병, 전쟁, 잔학 행위, 정치·경제의 격변이 이따금 밀어닥쳐 개인의 삶을 파괴하기도 했다. 물론 이러한 비극과 부정의는 놀랍고 끔찍했지만 인류의 여정에서 장기적인 진로를 바꾸지는 못했다. 넓게 보면 인류의 생활수준은 재난이 발생해도 놀라울 만큼 빨리 회복됐고, 변화의 톱니바퀴가 만드는 추진력으로 인류는 계속 거침없이 앞으로 달려갔다.

그러나 산업화 과정은 현재 인류의 생계와 생명까지 위협하는 지구온난화를 촉발했다. 그러자 지금의 소비가 윤리적인지, 인류의 여정이 지속 가능한지 의문을 가진 이들이 생겼다. 하지만 높은 생활수준의 원천을 생각하면, 지금 생활수준을 보존하는 방법까지 제시할 수 있다. 그 원천은 바로 출산율 하락과 동반된 혁신의 힘이다. 이 둘을 통해 경제 성장과 환경 보존 사이의 상충 관계를 줄일 수 있다. 현재 진행 중인 환경친화적 기술의 개발과 전환이 잘 이뤄지고, 교육투자에 따른 수익 증가와 성 평등으로 인구 증가율이 더욱 낮아져 환경적 부담이 줄어든다면 지구온난화 추세를 누그러뜨리면서 경제 성장을 현재의 속도로 유지할 수 있다. 이는 우리가 지금의 지구온난화를 반전시키기 위해 꼭 필요한 혁명적인 기술을 개발할 귀중한 시간을 벌어 줄 것이다.

인류의 여정에는 마음을 사로잡는 흥미로운 일화가 넘친다. 이러한 일화에만 집중한다면 인류사 밑바닥의 강력한 흐름을 보지 못하고, 지엽적 사건만 넘치는 수면에서 표류하기 쉽다. 이 책의 1부에서는 인류사 밑바닥의 강력한 흐름인 기술 진보와 인구 규모 및 구성의 상호작용을 보았다. 인류 뇌에서 일어난 진화와 두 차례의 기념비적 혁명(신석기혁명과 산업혁명), 인적자본 투자 증대와 인구변천을 포함해 인류가 지구를 지배하는 종이 되게 한 주요 추세를 알아봤다. 인간이라는 종이 앞으로 나아가는 데 이러한 힘들이 어떻게 기여했는지 파악하지 않고는 인류사를 이해하는 것이 사실상 불가능하다. 이런 수면 아래의 흐름은 인류의 여정을 이해할 수 있도록 통합적인 개념 틀과 명확한 기준을 제공한다. 이런 개념 틀과 기준이 없다면 인류사는 단순한 사실들의 연대기적 나열 혹은 여러 문명이 혼란스럽게 부침하는 불가해의 영역이 될 것이다.

하지만, 인류의 생활수준 향상 속도는 일반적이지도, 필연적이지도 않았다. 어디에서 태어났느냐에 따라 생활수준이 달라진다는 점을 봐도 현대사회는 예외적이다. 그렇다면 국가와 지역에 따라 부의 격차가 생기는 근본 원인은 무엇일까? 인류가 태어나고 자라는 곳의 역사와 지리의 덫에 빠지는 건 필연적일까? 이러한 불평등은 결정론적일까 아니면 무작위적일까? 뿌리 깊은 제도적·문화적·사회적 특성은 부의 불평등에 어떤 역할을 했을까?

지금까지는 과거에서 현재로 인류의 여정을 따라온 시간이었다.

이젠 두 번째 수수께끼를 풀 시간이다. 지금부터는 인류 불평등의 기원을 찾기 위해 시계를 거꾸로 돌릴 것이다. 그렇게 인류 여정의 출발점인, 수천 년 전 호모사피엔스가 아프리카에서 대탈출에 나섰던 시기로 다시 돌아갈 것이다.

2부   부와 불평등의 기원

7 _____ 화려한 삶, 비참한 삶

해마다 아프리카의 이주자를 넘치도록 태운 배 수십 척이 리비아 코앞 해안에서 가라앉아 수천 명이 목숨을 잃는다. 이 충격적인 사건에서 살아남은 이들은 목적지에 이르지 못한 데 대해 실망감을 드러낼 뿐이다. 그 위험천만한 항해에 오르기로 한 결정을 후회하는 경우는 드물다. 그렇게 2015년 한 해에만 100만 명 넘는 이들이 지중해를 건넜다.

이와 같은 인도적 위기 속에 아프리카와 중동, 라틴아메리카에서 출발한 수천 명이 유럽과 미국 국경에 이르려 시도하다 죽는다. 이 필사적 탈출에서 자신들의 목숨도 위험하지만, 가족과 고국을 두고 떠나야 하며 상당한 금액까지 밀입국 브로커에게 건네야 한다. 이러한 대탈출의 원인은 국가 간 생활수준의 엄청난 불평등이다. 대탈출은 최근 몇 해 동안 긴급한 현안이 된 폭력적 분쟁의 확산뿐만 아니라 인권과 시민적 자유, 사회·정치적 안정, 교육의 질, 기대수명 그리고 소득 창출 능력의 격차까지 명백히 보여 준다.

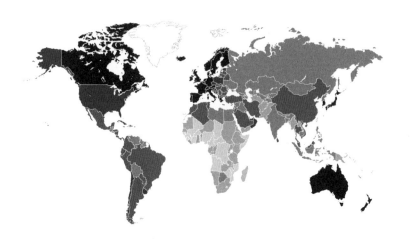

｜ ｜ 52~61세　｜ ｜ 62~28세　▓ 69~74세　▓ 75~77세　▓ 78~80세　▓ 81~85세

도표 13a. 2017년 세계 각국의 출생 시 기대수명

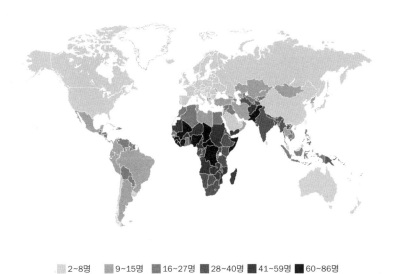

｜ ｜ 2~8명　｜ ｜ 9~15명　▓ 16~27명　▓ 28~40명　▓ 41~59명　▓ 60~86명

도표 13b. 2017년 유아사망률(출생아 1,000명당)

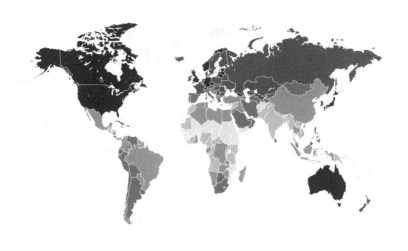

1.5~4.3년 ▧ 4.4~6.7년 ▨ 6.8~8.7년 ▦ 8.8~10.8년 ▩ 10.9~12.6년 ■ 12.7~14.1년

도표 13c. 2017년 평균 취학 연수

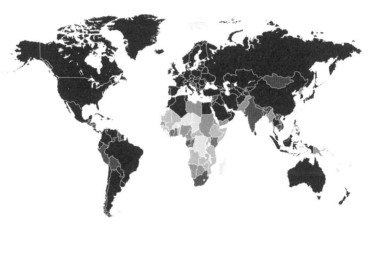

▨ 9~26 ▨ 27~46 ▨ 47~63 ▨ 64~80 ▨ 81~96 ■ 97~100
퍼센트　퍼센트　퍼센트　퍼센트　퍼센트　퍼센트

도표 13d. 2017년 전기 사용 인구 비중

2부　부와 불평등의 기원

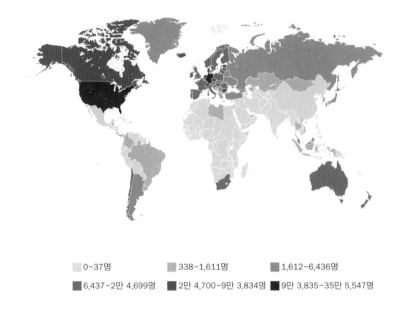

| ▨ 0~37명 | ▨ 338~1,611명 | ▨ 1,612~6,436명 |
| ▨ 6,437~2만 4,699명 | ▨ 2만 4,700~9만 3,834명 | ▨ 9만 3,835~35만 5,547명 |

도표 13e. 2017년 인구 100만 명당 인터넷 서비스 확보자

현재 인류의 생활 조건 격차는 너무나 크다. 사회 양 극단의 모습은 서로가 상상하기조차 어려울 정도다. 2017년 가장 발전한 국가의 경우 기대수명이 80세를 넘고, 유아사망률은 1,000명당 5명을 밑도는 수준이었다. 전체 인구 중 거의 모두가 전기를 쓸 수 있고, 대부분 인터넷에 연결되며, 영양부족을 겪는 이들은 약 2.5퍼센트에 그쳤다.

이와 대조적으로, 발전이 가장 늦은 국가의 경우 기대수명은 62세가 채 안 된다. 유아사망률의 경우 60명을 넘을 정도다. 또 전기를 쓸 수 있는 이들은 전체 인구의 40퍼센트 미만이고, 인터넷은 인구 '1퍼센트 중 10분의 1'만이 쓸 수 있으며, 전체 인구의 19.4퍼센트가

영양부족에 시달린다(도표 13a~13e).[1]

국가 간이 아니라 사회적·민족적·인종적으로 구분되는 집단 간 생활수준의 격차 역시 당혹스러울 정도로 교육과 소득, 건강의 불평등을 보여 준다. 코로나19의 충격이 오기 전인 2019년, 세계에서 가장 부유한 국가인 미국을 보자. 먼저 기대수명은 아프리카계 미국인이 74.7세, 백인이 78.8세였다. 유아사망률은 아프리카계 미국인이 1,000명당 10.8명, 백인이 4.6명이었다. 또한 25세까지 대학 학위를 받는 이들은 아프리카계 미국인의 경우 26.1퍼센트, 백인의 경우 41.1퍼센트였다.[2] 이렇듯 집단 간 차이가 명백하더라도 가장 부유한 국가와 빈곤한 국가 사이의 격차에 비할 정도는 아니다. 수백만 명이 지금도 목숨을 걸고 선진국에 가려고 시도하는 이유가 여기에 있다.

격차를 벌린 요인

이러한 글로벌 불평등의 표면에 드러난 사실을 정리해 보면, 선진국의 1인당 소득이 개발도상국의 그것보다 상당히 높고(도표 14) 그만큼 교육과 보건, 영양과 주택 공급에 대한 투자에서 차이가 난다.

어떤 국가 거주자가 다른 국가 거주자보다 훨씬 많이 버는 이유는 뭘까? 소득 격차는 부분적으로 노동생산성의 차이를 반영한다. 같은 노동시간에 생산한 상품과 서비스의 가치는 지역마다 다르다. 예를 들어 농업을 보자. 2018년 미국 농민 1인당 노동생산성은 에티오피아의 147배, 우간다의 90배, 케냐의 77배, 인도의 46배, 볼리비아의 48배, 중국의 22배, 브라질의 6배에 달한다.[3] 그렇다면 왜 미국 농민은 사하라 남쪽 아프리카와 남동아시아, 남아메리카 지역 농민

2부 부와 불평등의 기원

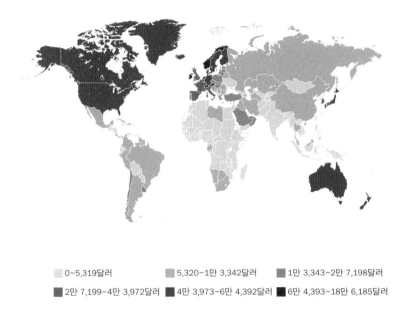

0~5,319달러   5,320~1만 3,342달러   1만 3,343~2만 7,198달러

2만 7,199~4만 3,972달러   4만 3,973~6만 4,392달러   6만 4,393~18만 6,185달러

도표 14. 미국 달러 기준 2017년 1인당 소득[4]

보다 훨씬 많은 결실을 거둬들일까?

그 답이야 놀랄 만한 건 아니다. 앞에서 계속 이야기한 숙련과 교육, 훈련 그리고 경작과 수확 기술의 차이다. 미국 농민은 트랙터와 트럭, 콤바인으로 농사를 짓는 데 비해 사하라 남쪽 아프리카의 농민은 소가 끄는 나무 쟁기로 농사를 지을 확률이 높다. 게다가 미국 농민은 더 높은 수준의 직업훈련을 받고, 유전자 변형 종자나 더욱 좋은 비료와 농약 그리고 냉장 운송 수단을 쓸 수 있다. 개발도상국에서는 실행 가능성이나 수익성이 없는 수단이다.

그렇지만 이러한 일련의 근인近因, proximate cause은 격차의 근원root을 밝히지는 못한다(근인 또는 근사近似 요인이란 특정 사건이나 현상의 표면에

160

서 볼 수 있는 그럴듯한 원인을 뜻한다. 이 책에서는 더 깊숙이 파고들어야 찾을 수 있는 근본根本 요인 혹은 심인深因을 근인과 자주 비교한다 — 옮긴이). 근인은 우리를 더 근본적인 물음으로 이끌 뿐이다. 그렇다면 왜 어떤 국가의 생산과정은 더 숙련된 노동자와 정교한 기술의 혜택을 받을까?

녹슨 도구

노벨 경제학상 수상자인 로버트 솔로Robert Solow의 연구처럼, 경제성장을 이해하려는 앞선 시도는 바구니와 갈퀴, 트랙터, 그 밖의 기계류 같은 물적 자본축적이 성장에 중요하다는 점에 초점을 맞춘다.

어떤 농민 부부가 일주일에 몇십 개의 빵을 구울 수 있는 밀을 수확한다고 상상해 보자. 이들은 빵 일부를 먹고 나머지는 시장에 내다 판다. 그 돈으로 충분히 저축을 하면, 부부는 쟁기를 사서 물적 자본을 축적하며 수확량을 더욱 늘린다. 이는 결국 일주일에 구울 수 있는 빵의 개수를 늘리는 일이다. 이 부부가 자녀를 더 낳지 않는 한 (쟁기를 추가하는) 자본축적은 그들의 1인당 소득을 늘리는 데 도움이 된다. 하지만 이 물적 자본축적의 효과는 한계생산성 체감의 법칙 law of diminishing marginal productivity[자본이나 노동 같은 생산요소를 한 단위씩 더 투입할 때 추가로 얻는 수확(한계생산)이 줄어드는 경향 — 옮긴이]의 제약을 받는다. 부부가 쓸 수 있는 토지와 시간은 한정돼 있기 때문이다. 부부가 첫 번째 쟁기 구매로 주당 빵 다섯 개를 더 구울 만큼 밀 산출을 늘린다면, 두 번째 쟁기 구매는 빵 세 개를 늘리는 데 그칠 수 있다. 그러나 다섯 번째 쟁기 구매로는 생산성을 거의 올리지 못할 것이다.

이 분석에서 자연스럽게 나오는 중요한 결론은 무엇일까? 쟁기가 지속적으로 효율성을 높일 때만 부부가 장기적으로 소득을 늘릴 수 있다는 점이다. 더욱이 새로 구매한 쟁기는 규모가 같은 두 농장 가운데 더 발전한 농장보다 뒤처진 농장이 더 빠르게 성장하도록 자극할 것이다. 빈곤한 농장에서 쟁기를 산다면 첫 번째 구매일 가능성이 높지만, 부유한 농장이라면 세 번째나 네 번째 구매일 확률이 높기 때문이다. 즉, 상대적으로 빈곤한 농장이 앞선 농장보다 더 빠르게 성장할 테고, 시간이 지나면서 빈곤한 농장과 부유한 농장 간 소득 격차는 줄어들 것이다.

그렇게 솔로의 성장 모형은 기술과 과학의 진보 없이는 경제 성장이 무한히 지속될 수 없음을 시사한다.[5] 게다가 이 모형은 각국이 초기의 1인당 소득수준과 자본 양에서만 차이를 보일 때 그 격차는 시간이 지나면서 줄어들 것으로 예상한다. 주자들이 출발점에서 멀리 갈수록 한 걸음 더 내딛는 것이 더 힘들어지는 마라톤 경주를 상상하면 쉽다. 똑같은 재능을 가졌다면 몇 분 먼저 출발한 주자들이 후발 주자들보다 앞서 나가겠지만, 두 그룹 간 거리는 한 걸음 더 뗄 때마다 좁혀질 것이다.

그와 유사하게, 초기의 1인당 소득과 자본축적에서만 차이가 있는 국가들이 경쟁하는 상황에서도 경주를 늦게 시작한 가난한 국가들은 일찍 달리기 시작한 부유한 국가들을 점차 따라잡을 테고, 결국 이들 국가 간 소득 격차는 줄어들 것이다. 하지만 실제로 선진국과 개발도상국 경제는 수렴하지 않았다(도표 15). 오히려 정반대로 지난 2세기 동안 지역 간 생활수준 격차는 확대됐다. 그렇다면 일부 국가 사이에서 이처럼 격차를 크게 벌린 요인은 무엇일까? 더 부유한 국가를 따라잡지 못하도록 더 빈곤한 국가를 가로막은 힘은 무엇일까?

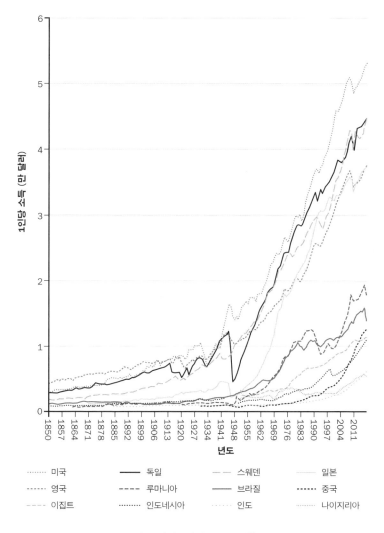

1인당 소득 (만 달러)

년도

.... 미국	—— 독일	―― 스웨덴	—— 일본
...... 영국	――― 루마니아	—— 브라질	••••• 중국
――― 이집트	.... 인도네시아	.... 인도	.... 나이지리아

도표 15. 1850~2016년 국가별 1인당 소득 추이[6)]

20세기 후반, 정책 결정자들은 기술 진보와 물적·인적자본의 축
적이 경제 성장을 촉진한다는 통찰을 바탕으로 개발도상국들의 생
활수준을 높이기 위한 계획을 추진했다. 하지만 국가 간 불평등이

2부 부와 불평등의 기원

너무나 끈질기고 심해서 그런 정책의 효과는 제한적이었다.[7] 그 정책들은 불평등을 불러온 근원보다 표면상 요소와 명백히 드러난 불균형에 초점을 맞췄기 때문이다. 그들의 지나치게 좁은 시각 탓에, 눈에 잘 보이지는 않지만 더 끈질기게 버티는 걸림돌을 넘도록 돕는 정책을 설계하지 못한 것이다.

그 눈에 보이지 않는 요소가 투자와 교육 그리고 새로운 기술 채택을 가로막는 장벽을 만들어서 세계의 불균등한 발전을 조장했을 수도 있다. 우리가 불평등의 수수께끼를 풀고 전 세계적인 번영을 촉진하려면 그 근본적 요인과 걸림돌이 무엇인지를 알아야 한다.

무역, 식민주의 그리고 불균등한 발전

19세기 국제무역은 큰 폭으로 늘어났다. 무역 확대는 유럽 북서부의 급속한 산업화가 촉발하고, 식민주의가 기름을 부은 결과였다. 무역은 낮아진 무역 장벽과 운송비에 더욱 고무됐다.

1800년에는 세계의 생산액 중 단 2퍼센트만이 국제적으로 거래됐다. 이 비율은 1870년까지 5배로 늘어 10퍼센트가 됐다. 1900년에는 17퍼센트, 1차 세계대전 전야인 1913년에는 21퍼센트에 이르렀다.[8] 이러한 무역의 대부분은 산업화된 국가 사이에서 이뤄졌지만, 개발도상국의 경제도 중요한 시장으로 주목받으면서 무역 규모가 커졌다. 당시 무역 패턴은 명백했다. 북서부 유럽 국가는 제조업상품의 순수출국이었고, 아시아, 라틴아메리카와 아프리카 각국은 원재료와 더불어 농업 기반 생산품의 수출 비중이 압도적으로 높았다.[9] 이때 기술 발전 수준은 국제무역의 도움 없이도 산업혁명을 낳을 정도였다. 하지만 서유럽 국가의 산업화 속도와 성장률은 국제무역 덕분에 더욱 높아졌다. 서유럽의 성장은 그들의 식민지와 자원, 원주민, 노예가 된 아프리카인과 그 후손에 대한 착취에 더해 이러한 국제무역에 힘입은 결과다. 또한 그 전 몇 세기 동안 절정에 달했던 대서양 삼각무역과 아시아, 아프리카를 상대로 한 무역도 서유럽 경제에 중대한 영향을 미쳤다.

당시 상품 교역은 그 자체로 수익성이 매우 높았고 산업화 과정에 필요한 목재와 고무, 원면 같은 원재료를 공급하는 역할도 했는데, 이는 모두 노예와 강제 노동을 통해 값싸게 생산됐다. 그렇게 식민지에서 얻은 밀과 쌀, 설탕, 차 같은 농산물을 통해 서유럽 국가는 공업 제품 생산에서 전문성을 높이고, 식민지에 자국 상품 시장을 확대해 이득을 볼 수 있었다.[10]

특히 영국의 경우 국민소득 가운데 국제무역에서 창출된 것이 1780년대의 10퍼센트에서 1837~1845년엔 26퍼센트, 1909~1913년엔 51퍼센트로 높아졌다. 이러한 수출은 일부 산업 부문이 생존하는 데 결정적으로 중요했다. 특히 1870년대 면화 산업의 경우 영국 내 생산량의 70퍼센트가 수출됐다.[11] 다른 유럽 국가도 영국과 사정이 비슷했다. 1차 세계대전 직전 국제무역으로 창출한 국민소득의 비중은 프랑스의 경우 54퍼센트였고, 스웨덴은 40퍼센트, 독일은 38퍼센트, 이탈리아는 34퍼센트였다.[12]

산업화 초기 단계에서 국제무역의 확대는 산업화된 경제와 그러지 못한 경제의 발전에 중대한 영향을 미쳤다. 이는 불균형적 영향이었다. 산업화된 경제에서 무역 확대는 숙련노동이 필요한 공업 제품 생산에 대한 전문화를 촉진하고 향상시켰다. 그렇게 숙련노동자 수요가 증가하면서 인적자본에 대한 투자가 확대되고 인구변천이 촉진됐다. 이는 기술 진보를 더욱 자극하고 관련 상품 생산에 대한 비교우위를 강화했다.

산업화를 이루지 못한 경제에 국제무역은 어떤 영향을 미쳤을까? 상대적으로 숙련도가 낮은 농산물과 원재료 생산에 집중하는 유인을 제공했다. 이런 산업의 경우 교육받은 노동자에 대한 수요가 적으므로 인적자본 투자의 유인이 제한적이고, 인구변천 역시 늦어졌다. 이는 저숙련 노동력이 상대적으로 풍부해지도록 하고 '기술집약형' 상품 생산에 대한 비교열위를 부추긴 셈이다.

그렇게 2세기 동안 이뤄진 세계화와 식민주의는 국가 간 부의 격차를 더욱 키웠다. 산업화된 국가에서는 무역에서 얻는 이득이 주로 교육투자에 투입돼 1인당 소득 증대로 이어졌지만, 산업화를 이루지 못한 국가에서는 무역상 이득 중 대부분이 출산율과 인구를 늘리는 데 쓰였다. 이러한 힘은 전 세계의 인구와 기능, 기술의 분포에 영향을 미쳐 산업화된 경제와 그렇지 못한 경제 사이의 기술과 교육 격차를 더욱 벌려 놓았다. 즉, 초기에 나타난 비교우위의 패턴을 약화시키기보다는 강화시킨 셈이다.[13] 국제무역이 선진국과 개발도상국 경제의 출산율과 교육 수준에 상반되는 효과를 낸다는 주장의 전제는 역사적인 자료뿐만 아니라 현재 데이터에 바탕을 둔 지역과 국가 간 분석으로도 뒷받침된다.[14]

세계화와 식민주의가 미치는 불균형적 영향은 선진국과 개발도상국의 산업화 속도에서도 극명히 드러난다. 각국의 산업화 수준을 비교해 보자. 1인당 산업생산지수 index of per capita industrial production [1900년 영국의 1인당 산업 생산량을 기준(100)으로, 국가별로 산업 생산이 어느 정도였는지 파악하기 위한 지수—옮긴이]의 경우 영국은 1750~1800년간 50

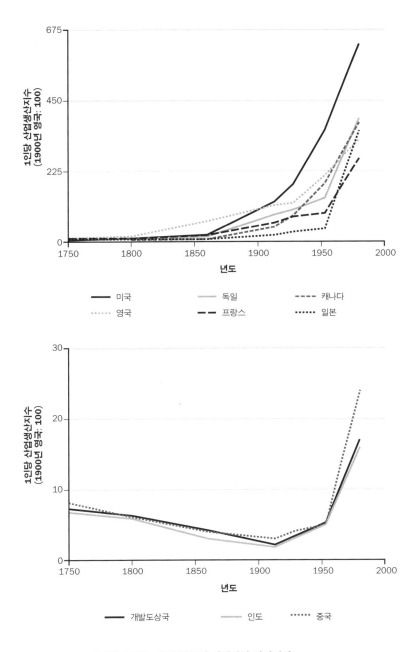

도표 16. 세계화의 영향: 세계 각국의 산업화와 탈산업화

2부   부와 불평등의 기원

퍼센트 상승했고, 1800~1860년에는 4배로 뛰었으며, 1860~1913년에는 거의 2배가 됐다. 미국은 1750~1860년까지 4배로 상승했고, 1860~1913년에는 6배로 뛰었다. 독일과 프랑스, 스웨덴, 스위스, 벨기에, 캐나다도 비슷한 패턴을 보였다. 하지만 개발도상국의 경우는 19세기 중에 1인당 산업생산지수 하락을 경험했고, 그 지수가 초기의 수준으로 회복하고 20세기 후반에 날아오르기까지 거의 2세기의 시간이 걸렸다(도표 16).[15]

영국과 인도의 무역 관계가 전형적 사례다. 인도는 1813년부터 1850년까지 수출입 물량이 급속히 늘어나면서 직물을 비롯한 제조업 상품 수출 국가에서 농산물과 원재료를 공급하는 국가로 바뀌었다.[16] 그 변화의 가장 큰 요인은 영국과의 무역이었다. 영국은 19세기 대부분에 걸쳐 인도의 수입품(주로 제조업 상품) 중 3분의 2 이상을 공급하고, 인도 수출품의 3분의 1 이상을 소화하는 시장이었다.[17]

이러한 무역이 영국에 미친 효과는 익히 알 만하다. 영국의 산업화 과정을 촉진함으로써 산업혁명의 두 번째 단계에서 숙련노동에 대한 수요가 뚜렷이 늘도록 힘을 보탠 것이 인도와의 무역이었다.

영국 남성 노동자의 평균 학교교육 연수는 1830년대까지 뚜렷한 변화를 보이지 않다 20세기가 시작될 때까지 3배로 늘었다. 10세에 학교를 다니는 자녀의 비율은 1870년 40퍼센트에서 1902년 거의 100퍼센트로 늘어났다.[18] 영국의 전반적인 출산율은 1870년대부터 낮아지기 시작해서 50년에 걸쳐 5명에서 2.5명으로 하락했다. 같은 기간 1인당 소득이 연 2퍼센트 가까이 성장했다.

영국과 대조적으로 인도는 1인당 산업생산지수 하락을 경험했다. 교육이 꼭 필요하지 않은 농업 부문이 확고히 자리 잡다 보니 20

세기의 한참을 지날 때까지 문맹이 광범위하게 퍼졌다. 이를 해결하기 위해 인도는 초등교육을 확대하려 했지만, 출석률이 낮고 중퇴자가 많아 곤란을 겪었다.[19] 어렵사리 교육이 보급됐음에도 1960년 기준 15세 이상 인구 중 72퍼센트는 학교교육을 전혀 받지 못했다. 이렇다 할 인적자본 형성이 이뤄지지 않은 터라 인도의 인구변천은 20세기 후반 상당히 시간이 흐를 때까지 늦춰졌다.

영국의 경우는 무역의 이득으로 출산율 하락이 촉진되고 1인당 소득이 뚜렷이 늘어났지만, 인도의 경우는 무역의 이득이 출산율 상승을 낳은 셈이다. 1820년 이후 영국 대비 인도의 상대적 인구 규모가 2배로 불어나는 동안 인도 대비 영국의 상대적 소득 수준 역시 2배로 늘어났다.

하지만 식민지 시대의 지배와 착취 그리고 불균형적인 무역 패턴은 비교우위의 패턴을 처음으로 만든 게 아니었다. 기존의 패턴을 강화한 것뿐이다. 그렇다면 식민지 시대에 앞서 일어난 불균등한 발전은 어떻게 설명할 수 있을까? 무엇 때문에 어떤 국가는 산업화를 이루며 식민지의 지배자가 됐고, 다른 국가는 산업화를 못 이룬 채 피지배자가 됐을까?[20] 앞에서 말했듯, 불평등의 수수께끼는 쉽사리 풀리지 않는다. 우리는 지금까지 알아본 것보다 더욱 뿌리 깊은 요인을 살필 필요가 있다.

뿌리 깊은 요인

어느 눈부신 아침, 당신은 침대에서 빠져나와 커피 한 잔을 내린다. 그리고 새로운 하루를 맞이하러 바깥으로 나섰을 때, 옆집 잔디가 우리 집 잔디보다 더 푸르다는 사실을 발견한다. 왜 옆집 잔디가 더 푸르러 보일까? 과학적 지식을 동원해 옆집 잔디는 빛스펙트럼의 녹색 구간에 있는 파장의 빛을 반사하는 데 비해, 우리 집 잔디는 황색 구간에 가까운 빛을 반사한다고 답할 수도 있다. 틀린 설명은 아니지만 원인 규명에 그다지 도움이 되진 않는다. 이런 설명으로는 문제의 근원을 이해하는 데 조금도 더 가까이 갈 수 없다.

더 철저하되 덜 현학적인 대답이라면, 잔디를 돌볼 때 물을 주고 깎고 비료를 치고 살충제를 뿌리는 방법과 시기, 강도의 차이에 초점을 맞출 것이다. 그 이유 역시 중요하지만, 여전히 이웃집 잔디가 더 푸르른 뿌리 깊은 원인을 밝혀내지는 못한다.

그렇다면 두 집 잔디의 진짜 차이는 어디서 나올까? 일단 잔디의 질에서 나타난 가시적 차이는 근인일 뿐이다[경제 발전의 원인을 따질 때 겉으로 드러나는 자본과 노동 투입 증가, 기술혁신 같은 것들을 근사 요인(근인)으로 볼 수 있다. 이러한 일이 왜, 언제, 어떤 국가에서 일어났는지 더 깊이 파고든다면 근본 요인(심인)이 드러날 것이다 — 옮긴이]. 이러한 근인 뒤를 봐야, 왜 이웃집이 잔디에 더 규칙적으로 물을 주는지, 왜 더 성공적으로 해충을 통제하는지 설명해 주는 근본적인 원인이 드러난다. 그 뿌리 깊은 요인(심인 — 옮긴이)의 역할을 이해하지 못하면 아무리 끈질기게 이웃집의 정원 가꾸는 방식을 배우려 시도하더라도 당신이 간절히 바라는 눈부신 초록의 정원을 만들어 낼 수는 없을 것이다.

두 집 잔디의 차이에는 어떤 심인이 있을까? 먼저 지리적 요인이 있을 수 있다. 즉, 토양의 질과 햇볕에 대한 노출도 차이 때문에 이웃의 성공을 모방하려는 노력이 좌절될지도 모른다. 근본적인 문화적 요인이 반영됐을 수도 있다. 즉, 당신과 이웃이 자라 온 환경과 교육의 본질에서 나타나는 문화적 특성의 차이다. 예를 들어 이웃집 주인은 특별히 미래 지향적인 마음가짐으로 잔디를 돌보는 데 더욱 주의를 기울이고 애정을 쏟을 수 있다.

당신과 이웃집의 행정구역이 달라서 생긴 문제일 수도 있다. 당신의 지역은 물 절약을 위해 잔디밭에 물 뿌리는 것을 금지하는데, 이웃집은 맘껏 물을 줄 수 있다면 차이가 발생한다. 이웃집의 정원 관리 기술을 본떠 격차를 줄이려는 당신을 가로막는 것은 제도적 요인일 수 있다.

이러한 제도적 차이를 불러온 더 심층적 이유가 있을 수도 있다. 그것은 역시 지역별로 다를 텐데, 지역 내 공동체의 구성 자체와 관련됐을 수도 있다. 공동체의 구성이 상대적으로 동질적이라면 규제 실행과 관개시설에 대한 공공투자와 해충 박멸을 위한 집단적 결정이 빠를 것이다. 공동체 구성이 이질적이어도 장점은 있다. 정원을 가꾸는 데 더욱 다양하고 혁신적인 기법을 배우면서 교류할 수도 있기 때문이다. 즉, 인적다양성이 격차의 원인일 수 있다.

국가의 부에서 나타난 거대한 격차 역시 두 집 잔디의 차이를 만든 요인과 같이 일련의 인과적 요인에 뿌리를 두고 있다. 그 격차의 표면에는 국가 간 기술과 교육의 차이 같은 근사 요인이 있을 테고, 그 핵심에는 제도와 문화, 지리, 인구의 다양성처럼 더 심층적이면서 모든 것의 뿌리에 존재하는 근본 요인이 있다.

어떤 차이와 현상에서 근사 요인과 근본 요인이 미친 영향을 구별하는 작업은 실로 어렵지만 필요한 일이다. 뿌리 깊은 요인이 변화의 톱니바퀴가 돌아가는 속도에 어떤 영향을 미치는지, 어떻게 지역마다 경제 발전 속도 변화를 좌우했는지 이해하기 위해서는 결정적으로 중요한 일이다.

8 _____ 제도의 지문

이제껏 우주에서 찍은 사진 중에서 가장 오래 내 뇌리를 떠나지 않는 것 하나를 소개하려 한다. 사진 아랫부분에는 번영하는 나라 한국이 있다. 늦은 저녁 찬란한 별들의 은하가 번영의 빛을 발하는 것 같다. 한국인들은 환하게 불을 밝힌 도로를 운전하며 집으로 돌아가거나, 불빛이 쏟아지는 레스토랑과 쇼핑몰, 문화센터에서 즐거운 저녁 시간을 보내거나, 불을 환히 밝힌 집에서 가족과 함께하는 중일 것이다.

너무나 대조적인 사진 윗부분을 보자. 지구에서 가장 빈곤한 국가로 꼽히는 북한을 어둠이 삼켜 버렸다. 북한 사람들 대부분은 때때로 발생하는 정전으로 어두운 저녁을 보내다 일찍 잠자리에 들 준비 중일 것이다. 이 국가는 에너지를 충분히 생산하지 못해 심지어 수도 평양에서도 전력망을 항상 가동할 수 없을 정도다.

북한과 한국 사이의 격차는 지리와 문화 차이가 낳은 것도 아니고, 북한이 전력망을 구축하고 제 기능을 다하도록 유지하는 데 지식

그림 6.   2012년 야간의 한반도를 찍은 위성사진[1)]

이 부족하다는 사실을 말해 주는 것도 아니다. 지난 1,000년간 한반도는 거의 모든 시기에 대체로 하나의 사회를 이뤘고, 언어와 문화를 공유했다. 그러나 2차 세계대전 후 한반도가 소련과 미국의 영향권으로 분할됨에 따라 정치와 경제는 두 쪽으로 갈라졌다.

북한의 빈곤과 후진적 기술은 베를린장벽 붕괴 전 동독처럼, 개인과 경제의 자유를 제한하는 정치와 경제제도에서 비롯됐다. 정부권력에 대한 통제는 불충분했고 법의 지배는 제한적이었으며 개인의 재산권은 불안정했다. 이에 더해 중앙의 계획은 처음부터 비효율적이었다. 이러한 요소가 기업가정신과 혁신을 저해하고 부패를 부추기며 북한을 정체와 빈곤으로 내몰았다. 2018년 한국의 1인당 소득이 북한보다 24배나 높고, 2020년 기대수명이 11년이나 긴 삶을 누

2부   부와 불평등의 기원

리는 것은 더 이상 놀랍지도 않다. 삶의 질을 가늠하는 다른 지표를 가져와도 이 극단적 격차는 줄어들지 않는다.[2]

200여 년 전, 영국의 정치경제학자 애덤 스미스Adam Smith와 리카도는 경제적 번영엔 전문화와 상거래가 중요하다는 점을 강조했다. 하지만 노벨 경제학상을 탄 미국 경제사학자 더글러스 노스Douglass North의 주장처럼, 경제적 번영을 위해서는 상거래를 가능케 하고 촉진하는 정치·경제적 제도가 있어야 한다. 이는 구속력 있고 집행 가능한 계약 제도처럼 상거래가 이뤄지는 데 필요한 결정적인 전제 조건이다. 한마디로 통치 제도를 통해 합의 위반이나 공갈, 절도, 협박, 연고주의, 차별을 방지하지 못하면 거래는 어려워지고 거래상 이득까지 줄어들 가능성이 높다.[3]

과거의 인류는 원활한 거래를 위해 혈족의 유대와 부족이나 종족의 관계망 그리고 비공식적인 제도에 의존했다. 예를 들어 중세 북서아프리카의 마그리브Maghrib 상인들은 합의를 어긴 이들에게 집단 제재를 부과했고, 먼 지역사회와 특별한 유대 관계를 구축함으로써 북아프리카와 그 너머의 지역에 걸쳐 번창하는 국제 교역을 발전시켰다.[4]

그러나 사회가 더 커지고 복잡해지면서 이러한 규범을 공식화할 필요가 생겼다. 궁극적으로 공통의 통화나 재산권 보호, 엄정히 집행되는 법령처럼 상거래에 도움이 되는 제도를 발전시킨 사회일수록 효과적인 경제 성장을 촉진하고 인구 규모 및 구성과 기술 진보 사이의 선순환을 강화할 수 있었다. 이에 굼뜬 사회는 당연히 뒤처졌을 것이다.

인류의 여정에서, 정치·경제의 권력이 소수에 집중돼 자신들의 특권을 보호하고 기존 격차를 유지할 때면 진보의 물결은 막혀 버렸다. 자유로운 기업의 숨통이 막히고, 교육을 위한 뜻 있는 투자가 가로막히며, 경제 성장과 발전이 억눌렸다. 이렇게 지배층이 권력을 독점하고 불평등을 영속화하는 제도를 학자들은 **착취적 제도**extractive institution라고 부른다. 이와 대조적으로 정치적 권력을 분산하고 재산권을 보호하며 민간 기업과 사회적 이동성을 장려하는 제도를 **포용적 제도**inclusive institution라고 한다.[5] 경제학자 대런 애쓰모글루Daron Acemoglu와 제임스 로빈슨James A. Robinson은 《국가는 왜 실패하는가 Why Nations Fail》에서 이러한 정치적 제도 차이로 인해 국가 간 격차가 벌어졌음을 보여 준다. 즉, 착취적 제도는 인적자본의 축적과 기업가 정신, 기술 진보를 방해해서 정체 상태의 경제가 장기적 성장 체제로 전환하는 과정을 지연시키는 데 반해 포용적 제도는 이러한 과정을 강화한다는 것이다.

하지만 예외는 있다. 실제 역사는 착취적인 정치제도가 경제 발전의 모든 단계에서 해로운 것만은 아님을 시사한다. 1806년 나폴레옹에게 패한 직후의 프로이센과 19세기 후반 메이지유신이 일어난 시기의 일본이 그랬던 것처럼, 독재자가 외부의 위협에 대응해 주요한 개혁을 이끈 사례가 있다. 더욱이 한반도 분할 후 한국은 1987년까진 민주주의로의 이행을 시작하지 못했지만, 그 전 30년간 인상적인 성장을 이뤘다. 그동안 북한은 저개발 상태로 남았다. 처음엔 남북한 모두 독재 체제 아래 있었고, 이들의 근본적 차이는 경제적 신조에 있다.

서울의 독재자는 정치와 경제 권력을 분산시킨 광범위한 농지개혁을 시행했을 뿐 아니라 사유재산을 보호하는 제도를 채택했지만,

평양의 경쟁자는 사유재산과 토지의 대대적 국유화 그리고 집중된 의사 결정 체제를 채택했다. 이러한 제도적 차이 때문에 한국은 민주주의 체제로 바뀌기 오래전부터 경제적으로 북한을 앞설 수 있었다. 이와 비슷하게 과거 칠레와 싱가포르, 대만을 통치했던 정권과 지금 중국과 베트남을 지배하는 비민주적 정권도 기반 시설과 인적자본에 대한 투자를 촉진하고 앞선 기술을 채택하면서 시장경제를 장려해 장기적 경제 성장에 박차를 가할 수 있었다.

하지만 포용성이 없는 정치제도가 포용적인 경제제도와 공존할 수는 있어도 이는 예외일 뿐이다. 인류사의 결정적 전기에는 포용적 제도에 관한 일반적 법칙이 중추적 역할을 놓치지 않았다. 영국이 포용적 제도를 도입했다는 사실만으로도 왜 영국에서 처음으로 산업혁명이 시작됐는지가 부분적으로 설명된다. 반면, 과거에 식민지였던 지역 중 일부가 아직 착취적 제도를 유지한다는 사실은 해당 지역이 왜 식민 통치에서 해방되고 몇십 년이 지난 후에도 계속 낙후한 이유를 밝혀 준다.

영국의 부상과 제도적 요인

산업혁명 도중 전례 없는 약진을 통해 영국은 지구상 광대한 지역에 대한 통제권을 장악하고 역사상 가장 강력한 제국 중 하나를 건설할 수 있었다. 하지만 인류사의 대부분 기간을 보면, 부와 교육 측면에서 영국인은 프랑스와 네덜란드 그리고 북부 이탈리아의 이웃보다 낙후한 모습으로 살아갔다. 이 나라는 오랜 시간 서유럽 끝자락의 벽지일 뿐이었다. 게다가 농업 위주의 봉건 체제가 공고했다. 정치와 경제 권력은 소수의 지배층만이 가졌으며, 17세기 초에는 칙

령에 따라 경제의 많은 부문을 귀족이 독점했다.[6] 당시 자유롭게 설립된 기업과 경쟁이 부족했던 만큼 독점 산업은 신기술 개발 차원에서 극히 효율이 떨어졌다.

다른 숱한 지배자처럼 영국의 군주 역시 기술 변화에 적대적이어서 번번이 기술 진보를 좌절시켰다. 잘 알려진 역설적 사례 하나는 영국 섬유 산업의 뒤늦은 태동과 관련이 있다. 1589년, 엘리자베스 1세는 성직자이자 발명가인 윌리엄 리William Lee의 새로운 편물기계에 특허를 내주지 않았다. 여왕은 리의 발명이 손수 천을 짜는 사람들의 길드guild(장인이나 상인의 동업조합 — 옮긴이)에 피해를 주고 실업을 부추길 것이라 여겼고, 그에 따른 사회불안을 초래할까 두려워했다. 여왕에게 거절당한 리는 프랑스로 옮겨 갔다. 영국의 왕과 달리 앙리 4세는 기꺼이 특허를 부여했다. 몇십 년이 지나서야 리의 동생이 이 기술을 판매하려 영국으로 돌아왔고, 그것은 영국 섬유 산업의 초석이 됐다.

그러나 17세기 후반엔 영국의 통치 제도에 근본적 변혁이 일어났다. 가톨릭교로 개종한 제임스 2세는 절대왕정 체제를 굳히려 애썼지만, 이는 거센 반발을 불러일으켰다. 왕의 경쟁자들은 구원자를 찾기 시작했다. 네덜란드공화국의 프로테스탄트 자치주 총독이자, 제임스 2세의 맏딸 메리 공주의 남편인 오렌지공 윌리엄William of Orange(네덜란드어로는 오라녜공 빌럼 — 옮긴이)이 후보로 올랐다. 왕의 경쟁자들은 윌리엄에게 영국에 와 권력을 잡으라 재촉했다. 그 요청을 받아들인 윌리엄은 장인을 몰아내고 윌리엄 3세가 됐다. 조금 잘못 알려진 사실이지만, 유혈 충돌이 거의 없었다 해서 명예혁명Glorious Revolution으로 불리는 이 쿠데타는 영국의 정치적 균형을 바꾼 결정적

2부 부와 불평등의 기원

사건이다. 윌리엄 3세는 외국 출신으로 지지 기반이 없다 보니 의회에 크게 의존할 수밖에 없었다.

1689년에 윌리엄 3세는 권리장전Bill of Rights에 동의했다. 왕은 의회가 정한 법의 효력을 정지시킬 수 없고, 의회 동의 없이 세금을 늘리거나 군대를 동원할 수 없다는 내용이었다. 그렇게 영국은 입헌군주제 국가가 됐다. 의회는 부상하는 상인계급을 포함해 비교적 광범위한 이해관계를 대변하기 시작했고, 자연스럽게 사유재산권을 보호하고 민간 기업을 장려하며 기회의 평등과 경제 성장을 촉진하는 포용적 제도를 확립했다.

명예혁명 직후에 영국은 독점 폐지에 더욱 힘을 쏟았다. 찰스 2세가 아프리카 노예무역에 대한 독점권을 부여한 로열아프리칸컴퍼니Royal African Company는 독점력을 잃은 회사 중 하나일 뿐이었다. 또한 의회는 성장하는 산업 부문에서 경쟁을 촉진하는 새로운 법률을 통과시켜 귀족의 경제적 이익이 잠식되도록 했다. 그 법률은 특히 산업용 화로火爐에 대한 세금을 줄이는 한편, 귀족이 대부분을 소유하던 토지에 부과금을 늘렸다.

영국의 독특한 개혁은 유럽 다른 지역에 없는 유인을 만들었다. 당시 스페인은 국왕이 대서양 무역에서 나오는 이익의 통제권을 지키기 바빴고, 그 이익은 전비 조달이나 사치품 소비에 들어갔다. 하지만 영국에서는 원자재와 생산물 그리고 아프리카 노예를 거래하는 대서양 무역의 이득이 광범위한 상인계급에 공유되면서 자본축적과 경제개발에 투자됐다. 이러한 투자가 산업혁명기 영국의 전례 없는 기술혁신을 가능케 했다.

당시 영국의 금융 체계 역시 극적인 변혁을 거치며 경제 발전을 더욱 촉진했다. 윌리엄 3세는 주식거래소와 국채, 중앙은행을 포함해 고국 네덜란드의 앞선 금융 제도를 채택했다. 이런 제도는 귀족이 아닌 기업가가 신용을 얻을 수 있는 문호를 넓히고, 정부의 절제 있는 행동으로 정부의 지출과 조세수입 균형을 맞추도록 했다. 의회에는 국채 발행을 감독하는 강력한 권한이 부여됐고, 왕실에 돈을 빌려준 채권자는 재정과 통화정책에 관한 의사 결정 과정에서 대표권이 생겼다. 그렇게 영국은 국제 신용 시장에서 더 큰 신뢰를 확보했으며, 유럽의 다른 왕국보다 차입 비용을 낮출 수 있었다.

사실 영국에서 산업혁명이 먼저 시작된 이유는, 이보다 일찍 이뤄진 제도적 개혁 덕분이었을 수도 있다.[7] 2장에서 설명한 것처럼 14세기의 흑사병으로 영국제도의 거주자 중 거의 40퍼센트가 죽었다. 그에 따라 노동자가 부족해지면서 농노의 협상력이 세졌고, 지주 귀족은 소작농의 도시 이주를 막기 위해 임금을 올려 줄 수밖에 없었다. 돌이켜 보면 흑사병은 영국 봉건 체제에 치명타를 안겼고, 포용성을 늘리고 착취를 줄이도록 정치제도를 바꾸었다. 그 제도는 정치적·경제적 권력을 분산하고 사회적 이동성을 장려하며, 사회의 더 많은 부문이 혁신을 이루며 부를 창출하는 데 참여하도록 고무했다.

영국과 달리, 동유럽에서는 흑사병이 휩쓸고 간 후 오히려 지주 귀족의 착취가 강화됐다. 상대적으로 도시화가 느렸던 데다 더 가혹한 봉건 질서가 존속했고, 지역 농산물에 대한 서유럽의 수요가 늘어났기 때문이다(그 수요에 맞추려 동유럽 영주는 농노를 더욱 가혹하게 쥐어짰다―옮긴이). 흑사병 창궐 이전이라면 사소했을 수도 있는 서유럽과 동유럽 사이의 제도적 차이가 흑사병 후에는 중대한 분기分岐를 초래해 서유럽을 동유럽과는 근본적으로 다른 성장 궤도에 올려놓

왔다.[8]

다른 국가에 비해 길드의 힘이 상대적으로 약했던 것도 영국이 산업혁명에 앞서 일부 제도적 변화를 이루는 데 유리하게 작용했다. 유럽 전역에서 운영된 길드는 특정 직업에 종사하는 숙련된 장인을 회원으로 두고 그들의 이익을 방어하는 역할을 했다. 그들은 독점력을 기업가정신과 기술 진보를 억누르는 데 썼다. 15세기 후반 파리의 필경사 길드Scribes Guild는 파리의 인쇄기 도입을 거의 20년에 걸쳐 막아 냈다.[9] 1561년 뉘른베르크의 적금 선반공 길드Red-Metal Turners Guild(동을 80퍼센트 이상 함유한 황동을 적금이라 한다 — 옮긴이)는 시의회에 압력을 가해, 한스 슈파이히Hans Spaichi가 발명한 슬라이드 공구대 선반이 더 퍼지지 못하도록 했고, 심지어 해당 기술이나 제품을 채택한다면 감옥에 집어넣겠다고 협박까지 했다.[10] 1579년 폴란드 단치히(그단스크) 시의회는 새로운 직기를 발명한 이를 익사시키도록 명령했다. 전통 방식으로 띠를 짜는 이들을 위협한다는 이유에서였다.[11] 19세기 초 프랑스에서는 직공 길드Weavers Guild의 분노한 무리가 천공카드를 쓰는 혁신적 직기의 발명가 조셉-마리 자카르Joseph-Marie Jacquard를 상대로 항의 시위를 벌이기도 했다. 자카르의 직기는 후에 첫 세대의 컴퓨터 프로그래밍에 영감을 준 기술로 작동했다.

하지만 영국의 길드는 유럽 대륙 길드에 비해 힘이 약했는데, 부분적으로 여러 지역의 시장이 빠르게 팽창하면서 장인에 대한 수요가 길드의 공급 능력을 넘어섰기 때문이다. 또한 1666년 대화재Great Fire 직후 시티 오브 런던City of London 지역을 신속히 재건하기 위해 대체로 규제하지 않는 방식을 썼기 때문일 수도 있다. 어쨌든 길드의 힘이 약했기 때문에 의회가 발명가를 보호하고 힘을 실어 주기가 더욱 쉬웠고, 산업가가 새로운 기술을 더 빠르고 효율적으로 채택할 수 있었다.

물론 영국이라도 토지에 기반을 둔 엘리트 계층은 기술 진보를 단호히 회피하고 권력을 영속화하려 했다. 하지만 영국이 그들의 이해관계에 휘둘리기보다는 상인과 기업가의 다양한 이해관계에 영향을 받은 것은 앞서 이야기한 제도 개혁 덕분이었다. 이를 통해 영국은 세계에서 처음으로 현대적 경제로 나아갔고, 서유럽의 다른 국가는 재빨리 그 뒤를 따라야 했다. 인류 전체가 맬서스 시대의 끝자락에서 성장의 시대를 눈앞에 둔 상태이긴 했지만, 영국은 곧이어 살펴볼 다른 요인에 더해 이러한 제도적 발전을 빠르게 이룬 덕분에 인류가 상전이를 맞을 여건이 무르익은 바로 그때, 급속한 기술 발전이 가능했다.

이렇듯 영국에서 산업혁명이 먼저 시작되고, 남북한 경제의 격차가 벌어진 이유를 꼽다 보면 제도가 국가의 발전과 번영에 심층적 영향을 미칠 수 있음이 드러난다. 하지만 이처럼 놀라운 사례는 그야말로 예외적인 것일까? 역사의 흐름에서 제도가 더 점진적으로 진화했을 때, 제도 개혁과 경제적 번영 중 무엇이 먼저일까? 혹은 다른 어떤 요인이 영향을 주었을까?

제도와 장기 발전

지난 2세기의 경향을 살펴보면, 부유한 국가일수록 더 민주적이었다.[12] 이를 보고 어떤 이는 민주주의가 경제적 번영을 촉진한다고 주장한다. 민주주의는 대중이 사회의 특수 이해 집단을 극복하도록 힘을 키우고, 이를 통해 더 평등한 기회를 얻고 직업별로 재능을 적절히 분배하도록 하며, 이것이 다시 생산성을 끌어올려 경제적 번영을 불러온다는 주장이다. 달리 표현하면, 민주주의는 정치적으로 포용성을 지니므로 경제적으로도 포용성을 가진다는 것이다. 하지만 민주주의 체제가 더 빠른 경제 성장을 경험했더라도 그것이 꼭 민주주의가 성장을 초래한 원인이라는 뜻은 아니다.[13]

사실, 경제 성장이 정치적 현상現狀에 도전하고 민주적 개혁을 밀어붙일 힘을 지닌 중산층 출현을 촉진했을 수도 있다. 포용적 제도가 원인이 아니라 결과일 수 있다는 뜻이다. 실제로 경제 성장이 민주화에 이바지한다는 '근대화 가설Modernisation Hypothesis'을 옹호하는 주장도 존재한다.[14] 혹은 이 긍정적인 상관관계가 민주주의와 경제적 번영을 둘 다 촉진하는 다른 요인의 영향을 반영했을 수도 있다. 예를 들어, 공교롭게 어떤 민주주의국가의 성장이 이뤄졌을 때 그 지역에 특수한 요인이 작용했을 수 있다. 하지만 그 지역과 지리적·문화적으로 가까운 다른 국가도 그러한 근접성 때문에 같은 기술과 민주주의를 채택하고, 그에 따라 민주주의와 성장 사이에 긍정적인 상관관계가 생겨났을 수도 있다.

이 수수께끼를 풀 한 가지 유망한 방법은 역사적 사건의 영향을 알아보는 것이다. 경제 발전과 무관한 요인으로 일어난 역사적 사건이 어떤 지역에서는 갑작스러운 제도적 변화를 초래하지만 다른 지역에서는 그러지 않았던 사례를 검토하는 방법이다. 그 요인에 영향을 받은 지역과 그렇지 않은 지역의 경제적 번영이 장기적으로 어떻게 변화했는지를 비교해 보면, 제도가 미친 영향을 다른 교란 요인이 미친 영향과 구별할 수 있다. 정복과 식민 지배에 관련된 사건들은 이런 종류의 준-자연 역사실험 기회를 제공한다.

스페인 정복자가 강제 노동을 위해 도입한 미타mita(잉카제국의 언어로 '차례'를 뜻하며, 노역을 시키는 대신 기근이 들었을 때 구호를 보장하던 제도. 하지만 스페인 정복자가 부활시킨 미타는 가장 악랄한 노동 착취 계획이었다 – 옮긴이) 체제는 착취적 제도가 경제 발전에 끈질기게 미치는 부정적 효과를 통찰할 수 있게 하는 사례다. 스페인 정복자는 미타 체제를 통해 특정 지역의 원주민 마을에서 남성 노동력의 7분의 1을 스페인 소유 은광에 강제로 끌어다 썼지만 다른 지역에서는 그러지 않았다.

미타 체제는 1812년 폐지됐지만, 이 체제로 착취당한 지역의 경우 그렇지 않았던 지역보다 더 빈곤한 상태로 남았고 영양부족에 시달리는 아동의 비율도 더 높았다. 이는 미타 체제가 지배하던 지역에서 가장 생산력이 좋은 연령대 남성이 (은광에 끌려가지 않으려) 다른 곳으로 이주한 데 따른 장기적 효과가 반영된 결과로 보인다. 이뿐 아니라 미타 체제가 아니었던 지역의 경우 마을의 공공시설 개발을 지원하며 주민의 장기적 복리에 도움을 주는 대규모 지역공동체가 출현한 사실도 반영됐을 것이다.[15]

또 다른 사례는 프랑스혁명 후 얼마 안 지나 나폴레옹이 프로이센 일부를 정복했을 때다. 프랑스인은 점령 지역에서 법 앞의 평등 원칙을 바탕으로 한 법률 체계를 도입하고 전문직 길드의 독점권을 폐지했다. 또 프로이센 귀족의 특권을 축소하며 경제 성장을 촉진하는 포용적 제도를 확립했다. 일반적으로 침략은 점령 지역의 혼란과 착취를 불러일으키지만, 프랑스군이 물러가고 몇십 년이 지난 후 프로이센의 옛 프랑스 점령 지역은 점령을 당하지 않았던 이웃 지역과 비교해 경제적으로 더 발전했다. 더 높은 도시화율이 이를 증명한다.[16]

이처럼 특별한 역사적 사건을 보면, 제도가 경제 발전 과정에 장기적 영향을 미칠 수 있음을 시사한다. 그런데 더 광범위한 식민 지

2부　부와 불평등의 기원

배와 정복의 역사는 이 영향을 확증해 줄까?

식민 지배의 유산

식민지 지배자는 막대한 부를 쌓았지만, 원주민 그리고 노예로 끌려온 아프리카인은 몇 세대에 걸쳐 비참한 삶을 살았다. 식민주의 시대에 생생히 목격된 사실이다. 앞 장에서 논의한 것처럼, 산업혁명 중의 식민주의 무역은 각국의 운명에서 나타난 뚜렷한 격차를 더욱 크게 벌려 놓았다. 식민 지배자들은 흔히 식민지가 된 광대한 세계의 원주민들에게 파괴적이고 끔찍한 영향을 미쳤다. 하지만 더 길게 보면 식민 지배국이 강요하고 남겨 놓은 광범위한 정치·경제적 제도들이 옛 식민지의 생활수준에 더 끈질긴 효과를 미쳤을 법하다. 그 지배국은 주로 영국과 프랑스, 포르투갈, 스페인과 같은 나라들이었다. 상대적으로 인구가 적고 기술이 뒤떨어졌던 북아메리카와 호주, 뉴질랜드의 광활한 지역은 식민지가 된 후 급속한 경제 성장을 이뤘다. 물론 원주민보다는 급증한 유럽 출신 이주자가 그 성장의 혜택을 누렸지만 말이다.

콜럼버스 시대 이전에 가장 발전된 문명을 낳았던 중·남아메리카의 사정은 달랐다. 번창하는 아스테카문명, 잉카문명과 마야문명의 발상지로서 인구밀도가 높았던 이 지역은 현대에는 발전이 더 느려져 북아메리카의 유럽 식민지에 추월당했다.[17]

이런 상황은 대체로 예상치 못한 운명의 반전이었다. 북아메리카에서 벌어진 영국과 프랑스의 충돌을 두고, 프랑스의 철학자 볼테르Voltaire가 '그깟 눈밭 몇 에이커를 놓고' 싸운다며 얕잡아 봤을 때 이에 동조하는 이들이 많았다. 또한 1756~1763년 동안의 7년전쟁Seven

Years War(오스트리아 왕위 계승 전쟁 때 프로이센에 슐레지엔을 잃은 마리아 테레지아가 실지 회복을 위해 일으킨 전쟁. 유럽뿐 아니라 아메리카와 카리브해, 인도, 아프리카의 식민지에까지 번졌다 — 옮긴이)은 영국의 승리로 끝났다.

영국과 프랑스의 충돌 후 영토 협상의 시간이 왔다. 당시 영국 내에서는 식민지 전쟁이 휩쓸고 간 북아메리카 대신 카리브해의 영토를 요구해야 한다는 목소리가 높았다. 카리브해 영토가 노예노동으로 농사를 짓는 플랜테이션 경제로 막대한 이익을 냈기 때문이다.[18] 하지만 나중에 '그깟 눈밭 몇 에이커'는 지구상에서 가장 부유한 지역 중 하나가 됐다. 이 운명의 반전을 초래한 원인에 대해서는 지난 몇십 년간 폭풍 같은 학술적 논쟁이 벌어졌다. 그렇다면 식민 지배의 유산은 어떻게 장기적 발전에 영향을 끼쳤을까? 왜 어떤 식민지는 번영하고, 어떤 식민지는 빈곤의 늪에 빠졌을까?

이러한 질문에 대한 가설 하나가 있다. 과거 식민지였던 국가는 지배국의 법체계를 물려받는다는 사실에 주목하는 가설이다. 호주와 캐나다, 홍콩, 인도, 뉴질랜드, 싱가포르를 포함한 영국의 식민지와 보호령은 영국식 보통법common law 체계를 채택했고, 앙골라와 아르헨티나, 볼리비아, 브라질, 칠레, 콜롬비아, 인도네시아, 멕시코 같은 스페인과 포르투갈의 식민지는 다양한 형태의 시민법civil law 체계를 채택했다. 보통법 체계는 투자자와 재산권을 더 강력히 보호하며, 여러 실증 연구는 보통법 체계의 채택과 경제적 번영 사이에 긍정적 상관관계가 있음을 보여 준다. 1인당 소득으로 가늠할 때 영국의 식민지는 다른 열강의 식민지보다 장기적으로 더 큰 번영을 누렸다.[19] 물론 영국이 우연히 경제적 잠재력이 더 큰 지역을 식민지로 삼았을 수도 있고, 식민지가 스스로 특별한 기술과 태도, 접근 방식으로 경제를 운영했을 가능성도 무시할 수 없다.

서로 다른 기후 조건 역시 식민지화가 그 지역의 제도에 장기적인 영향을 미치는 데 기여했을 수도 있다. 중앙아메리카와 카리브해 연안의 기후와 토양은 커피와 면화, 사탕수수, 담배 같은 작물 재배에 가장 적합했다. 이런 작물은 대규모 플랜테이션 방식의 농원이 있어야 효율적으로 기를 수 있다. 그래서 식민지 시대에 이 지역에서 부상한 농업 부문은 토지 소유가 집중된다는 특징을 지닌다. 이는 부의 불평등과 강제 노동, 심지어 모든 제도 가운데 가장 착취적인 노예제까지 불러와 불평등을 고착화하고 성장을 방해했다. 독립 이후에도 중·남아메리카와 카리브해 연안에서는 지나치게 집중된 토지 소유 때문에 경제 성장이 억제됐다.

4장에서 보았듯이 소득의 대부분이 시골의 노동력에서 나오는 지주의 경우 공교육에 대한 투자를 좌절시킬 강력한 유인을 지닌다. 일꾼들이 교육받은 노동자에 대한 수요가 많은 도시로 이주하지 못하게 위해서다. 토지 소유가 고도로 집중된 곳에서는 그런 경향이 뚜렷하다. 즉, 토지 소유의 집중은 인적자본의 축적과 산업화, 그리고 경제 성장에 직접적인 걸림돌이 된다.[20]

중·남아메리카와 카리브해 연안과 대조적으로 (미국 남부를 제외한) 북아메리카는 곡물 재배와 가축 사육을 병행하는 농업에 알맞은 곳이었다. 이러한 기후 조건은 서로 연결된 소규모 가족 농장의 성장을 촉진하고, 더욱 평등한 부의 분배를 장려하며, 장기적 번영에 도움이 되는 민주주의와 법 앞의 평등, 재산권 보장을 비롯한 포용적 제도가 채택되도록 고무했다.[21] 역설적으로 이러한 제도 자체는 매우 차별적이어서, 아프리카계 미국인과 아메리카 원주민의 시민적 자유를 부정하고 오히려 착취하는 것이 이른바 '포용적'이라는 제도에 내재된 요소였다.

이와 관련된 다른 가설이 있다. 한때 북쪽보다 기술적으로 더 앞섰던 중·남아메리카가 나중에 빈곤한 지역이 된 까닭은 다름 아닌 콜럼버스 이전 시대의 인구밀도 차이에서 찾아볼 수 있다는 주장이다. 인구밀도 차이는 간접적으로 무시무시한 영향을 미쳤다. 기술 발전과 인구밀도가 맞물려 돌아가던 맬서스 연대에 인구가 조밀한 지역은 자연히 문명이 가장 발전했다. 이처럼 번영된 지역에서는 거대한 원주민 집단을 상대로 부를 수탈하는 제도를 만들려는 식민지 정권의 유인이 더 컸다. 이 식민지가 독립했을 때, 식민지 지배자를 계승한 국내의 강력한 지배층 역시 성장을 저해하는 착취적 제도를 유지했다. 끈질기게 이어지는 경제적·정치적 격차에서 자신들의 이익을 얻으려 했기 때문이다.[22] 반대로 인구밀도가 낮고 덜 발전된 지역은 어땠을까? 식민지 정권은 소규모 원주민 집단을 파괴하고 쫓아내거나 복속시킨 다음, 자력으로 정착해서 개발에 나서는 경향이 나타났다. 그렇게 자신과 후손의 이익을 위해 성장을 촉진하는 포용적 제도를 만들었다. 당연히 아프리카계 미국인이나 아메리카 원주민에게는 매우 차별적이었지만, 이 지역의 경제 발전엔 도움을 주고 운명의 반전을 앞당긴 제도였다.

이 시대에는 식민화된 세계의 제도적 변화 외에도 온갖 변화가 일어났다. 지역마다 농업과 관련된 기후 특성에 차이가 큰 만큼, 식민지의 성장 잠재력도 균등하다고 할 수 없었다. 그렇다면 우리는 어떻게 이런 다양한 요인 가운데 제도의 지속적 영향만을 구별해 볼 수 있을까?

유럽인의 경우, 말라리아와 황열병 같은 질병 때문에 사망률이 상대적으로 높은 식민지엔 대규모로 이주하지 않았다. 그런 지역으로 이주하는 이들은 북아메리카로 간 정착민과 달리 지역 관리자나 군인 같은 지배층이었다. 그들은 임무를 위해 일시적으로 이주했고, 원주민을 착취하고 예속시키는 제도를 확립했다. 이와 대조적으로, 치명적 질병이 상대적으로 덜한 북아메리카에는 이주가 대규모로 이뤄졌다. 그들은 더 포용적인 제도가 확립되도록 뒷받침했고, 이를 통해 유럽에서 더 많은 이민자를 불러오면서 북아메리카의 장기적 경제 성장에 도움을 줬다. 식민지 시대가 끝나고 북아메리카와 호주, 뉴질랜드에 출현한 독립국가는 어느 정도 포용적 제도를 유지했지만, 아프리카와 라틴아메리카 그리고 카리브해 연안 지역에는 착취적 제도가 계승되고 영속화됐다.

그러므로 정착민 인구의 사망률은 뒤이어 나타날 현대 제도의 특성을 예측하는 변수가 될 수 있다. 만약 정착민의 사망률이 (그리고 그 바탕에 있는 질병 관련 환경이) 오늘날의 경제적 번영에 직접적 영향을 미치지 않는다면 그 사망률은 제도가 경제적 번영에 미치는 인과적 영향을 평가하는 변수로 쓸 수 있다(제도가 경제적 성과에 미치는 영향을 알아보는 분석 모형에 도구변수를 활용할 수 있다는 뜻이다. 여기서 도구변수는 정착민 사망률이다. 과거의 정착민 사망률이 지금의 경제적 성과에 직접적 영향을 주지 않고 과거와 현재의 제도를 통해서만 영향을 준다면 도구변수로서 적합하다 — 옮긴이). 이런 방법을 활용한 연구는 역사적 통치 제도가 현대의 국가가 창출하는 부에 중대한 영향을 미쳤음을 시사한다.[23]

물론 이 주장을 비판하는 이들도 있다. 이들은 질병이라면 원주민에게도 역시 치명적일 테고, 질병이 널리 퍼지면 그 지역의 전체적 생산성이 떨어져서 (정치적 제도를 통한 간접적 효과와 무관하게) 그 자체로 경제적 번영을 잠식했을 수 있다고 주장한다.[24] 실제로 과거에 정착민 집단 사망률이 높았던 지역의 경우 지금도 사망률이 높다. 질병이 창궐하는 지역이라면 식민주의 제도의 특성뿐 아니라 위험한 질병 자체도 그 지역에서 몇 세기 동안 저개발 상태가 지속되도록 운명 지웠을 것이다.

유럽 정착민의 기술이 식민지에 미친 영향을 제도의 효과와 구별하는 것도 꽤나 어려운 작업이다. 실제로 식민지로 이주한 유럽인은 원주민을 몰아내면서 모국으로부터 상업적 유대 관계뿐만 아니라 지식과 기술도 가지고 왔다. 실제로 19세기에 유럽인이 많이 거주한 식민지의 경우 토착민 비중이 높은 곳보다 경제 성장을 누릴 가능성이 훨씬 높았다.[25] 식민지 경제 발전에 제도가 중대한 영향을 미쳤음을 보여 주는 것 같았던 현상들이 부분적으로는 유럽에서 인적자본을 들여온 정착민 자신들의 직접적 영향을 반영하는 것일 수도 있다. 어떤 이들은 지금의 1인당 소득을 예측하는 데 정치제도의 특성과 질보다 과거의 인적자본 수준이 더 강력한 변수가 된다고 주장한다.[26]

이런 관점에서 보면 북아메리카의 경제 발전이 중·남아메리카보다 상대적으로 빨랐던 것은 사실 운명이 뒤바뀐 것이 아니다. 급속한 발전은 분명 식민 지배 이전에 살았던 원주민의 후손이 누리는 복리의 변화를 반영하는 것이 아니다. 실제로 북아메리카 원주민은 절멸하거나 거주지에서 쫓겨났다. 오늘날 북아메리카의 부유한 지역에 사는 이들은 바다 건너 상대적으로 부유한 지역에서 온 이주자의 후손이다. 운명이 뒤바뀐 게 아니라, 오히려 운명의 지속성을 보여 준다.[27]

또한 어떤 지역에선 기존 제도의 영향력이 식민지 제도의 힘보다 더 크게 작용했을 수 있다는 점도 지적할 필요가 있다. 아프리카 대륙을 생각해 보자. 1884~1914년간, 이른바 아프리카 쟁탈전Scramble for Africa으로 알려진 시기 이 대륙은 유럽 제국주의 열강이 멋대로 그은 경계로 나뉘었다. 멋대로 그은 국경 때문에 같은 민족성과 종족 기구, 언어를 공유하는 지역이 억지로 각기 다른 국가에 속했다. 흥미롭게도 현재 아프리카의 경제 발전은 식민지 시대부터 이어진 중앙의 국가기구보다는 기존의 지역사회 구조와 종족 내 기구의 영향을 강하게 받았음을 시사하는 증거도 있다.[28]

요컨대 지리적 특성과 질병 환경, 인구밀도를 반영해 어떤 지역에서는 착취적 제도가 형성돼 뿌리 내리고, 다른 지역에서는 더 포용적 제도가 보급됐다는 것이다.

질병 환경, 식민지 지배자의 인적자본 같은 중대한 교란 요인이 계량 분석의 명확한 결론을 방해할지라도, 지금의 여러 증거는 식민지의 경제 발전에 여러 제도가 중대한 영향을 지속적으로 미쳤음을 시사한다. 그렇다면 식민지가 아니었던 사회는 어떨까? 그들의 제도는 어디에서 비롯됐으며, 왜 이를테면 아시아의 상당히 크고 발전된 문명보다 유럽에서 먼저 기술 진보와 경제적 번영에 도움이 되는 제도가 생겨났을까? 또한 유럽 내에서는 왜 프랑스나 독일이 아니라 영국에서 먼저 생겨났을까?

제도의 기원

역사의 흐름에서 결정적인 전기에 일어나는 전쟁과 질병, 기이한 운명, 변덕스럽거나 잔혹하거나 혹은 카리스마적인 지도자가 어우러져 촉발하는 제도 개혁은 세계 각국의 발전 궤도를 가르는 직접적 원인이 됐다.[29] 만약 중세 유럽이 흑사병을 피할 수 있었다면, 혹은 영국 제임스 2세가 오렌지공 윌리엄을 격퇴했다면 어떻게 됐을까? 영국의 봉건제와 절대왕정은 더 오래 이어졌을 수 있고, 산업혁명은 다른 곳이나 다른 시기에 일어났을지도 모른다.

어떤 경우에는 한반도에서 38도선을 따라 국가를 분단한 것처럼 상당히 자의적인 정치적 결정이 지리적·문화적 환경이 같은 민족의 두 집단을 완전히 다른 경제적 운명으로 내몰기도 한다. 즉, 어떤 제도적 변화는 결정적 전기에 이뤄질 경우 성장 경로를 가르고 국가 간 격차를 만드는 갈림길이 된다. 지리적·문화적 요인은 본질적으로 오랜 시간에 걸쳐 지속되지만, 제도는 대단히 빠르게 바뀔 수 있으므로 특히 극적 효과를 낼 수 있다.

그러나 제도의 '무작위적' 변화는 상당히 이례적이다. 제도는 보통 몇 세기 동안 존속하며 기술적·상업적 발전에 따라 긴급한 개혁이 필요할 때도 제도는 매우 느리게 적응한다. 라틴아메리카의 착취적 제도와 북아메리카의 포용적 제도의 비교에서 보았듯이, 제도의 주된 영향은 그 연속성과 경제 발전에 미치는 지속적 효과에서 찾을 수 있다.

제도의 변화는 대부분 장기적 압력과 추세에 대응해 점진적으로 진행된다. 제도는 사회가 훨씬 더 복잡해지고, 환경 변화로 새롭게 무역의 기회가 열리고, 공공 기반 시설에 대한 수요가 늘어날 때 변화한다. 또 기후 조건에 따라 관개시설을 구축하는 데 협력이 필요해지고, 인구 규모와 다양성이 확대됨에 따라 사회 통합의 중요성이 높아지면서 제도의 진화가 이뤄진다.[30] 식민지가 아닌 지역에서 널

2부 부와 불평등의 기원

리 행해진 제도의 기원을 밝힐 때 추가적으로 검토할 필요가 있는 요인이 바로 이러한 문화적·지리적·사회적 요인이다.

더욱이 2020년 1인당 소득이 1만 7,676달러인 그리스부터 5만 1,126달러인 스웨덴, 8만 6,602달러인 스위스, 11만 5,874달러인 룩셈부르크까지 서유럽 민주주의국가 간의 커다란 격차를 검토하기 시작하면, 경제적 번영의 차이에 대한 정치제도의 설명력은 한계에 이를 수 있다.[31] 또한 이탈리아의 남부와 북부의 격차와 같이 국가 내의 뚜렷한 불균형이 몇 세기간 지속된 것을 설명하려면 반드시 추가적인 요인을 검토해야 한다. 이탈리아 남북은 19세기 후반에 정치적으로 통일돼 원칙적으로 같은 중앙 통치기구를 공유하기 때문이다.

그동안 우리는 성장 활력을 높이는 정치·경제제도가 어떻게 기술 진보와 인구 규모 및 구성 간 선순환을 강화해 현대의 성장 시대로 이행하는 과정을 촉진했는지 살펴봤다. 또한 이와 대조적으로 성장을 지체시키는 제도가 어떻게 선순환을 방해하고 발전을 가로막아 경제의 장기적 정체를 초래했는지도 봤다.

앞으로 명백히 밝히겠지만, 광범위한 문화적·지리적·사회적 요인은 제도에 영향을 미치면서 상호작용한다. 그 요인은 어떤 곳에서는 혁신과 인적자본 형성을 제약했고, 다른 곳에서는 기술 진보와 교육투자, 그리고 인구변천을 촉진했다. 이러한 요인의 역할을 제대로 이해하려면 시간을 더 거슬러 올라가야 한다. 그리고 인류 성장 과정에 영향을 미친 문화적 특성이 어디서 비롯됐는지부터 탐구해야 한다.

9 ───── 문화적 요인

예수는 "부자가 천당에 들어가는 것보다 낙타가 바늘귀로 빠져 나가기가 더 쉽다"고 주장했다. 부의 문제는 가장 먼저 교회를 세운 이들의 공통 주제였다. 기독교 신학자들은 여러 세기 동안 개인적으로 부를 추구하는 것에 반대했다. 영성 계발과 구원의 걸림돌로 여겼기 때문이다. 심지어 사도 바울 Paul the Apostle 은 "돈을 사랑하는 것은 모든 악의 근원"이라고까지 주장했던 것 같다. 후대 신학자들도 비슷한 정서를 공유했다. 13세기에 토마스 아퀴나스 Thomas Aquinas 는 '탐욕'은 죄라고 선언했다. 더욱이 기독교는 '심판의 날'에 사회질서가 뒤집히고 온유한 자들이 '땅을 물려받으리라'고 주장했다.[1]

루터가 가톨릭교회의 면죄부 판매를 비난하며 '95개조 논제'를 내걸었을 때 기독교계는 그 핵심까지 흔들렸다. 다만 루터의 의도는 내부의 개혁이었지 교회를 박차고 나가려던 것은 아니었다. 하지만 루터와 교황 지지자 간에 벌어진 격렬한 논쟁으로 돌이킬 수 없는 균열이 생겼다. 1520년 교황 레오 10세는 루터를 파문하겠다고 위협했다. 루터는 그에 대응해 여러 권의 교회법전과 함께 교황의 파문 칙서 "엑수르제 도미네Exsurge Domine"("주여, 일어나소서"라는 뜻이다 — 옮긴이)를 공개적으로 불태웠다. 그 화톳불은 루터와 가톨릭교회의 마지막 다리마저 불태워 버렸다. 그렇게 루터는 기독교 세계에서 뚜렷이 구별되는 하나의 운동으로서 루터주의Lutheranism를 형성하고 서유럽 종교개혁의 불꽃을 일으켰다.

루터와 칼뱅으로부터 시작된 프로테스탄티즘은 검약과 기업가 정신 그리고 부를 포함한 다양한 문제와 관련해 새로운 종교적 규범과 신념의 물결을 일으켰다. 5장에서 언급한 것처럼 루터는 인간과 하느님 사이에서 교회가 하려는 중재 역할을 부정하고 독자적인 성경 읽기를 장려했다. 성경 읽기란 그를 따르는 이들에게 문해력을 갖추도록 장려하는 급진적 관행이었다. 칼뱅은 모든 충실한 기독교인은 부지런히 일하고 검약하는 생활을 해야 하며, 낭비와 방종을 삼감으로써 하느님을 섬길 의무가 있다고 역설했다. 그가 보기에 경제적 성공은 은총의 증거일 수 있었고, 어쩌면 그것조차도 구원을 위해 예정된 것이었다.

기독교의 다른 교파도 부의 축적을 호의적으로 보았다. 18세기 영국의 성직자이자 감리교Methodism 창시자인 존 웨슬리John Wesley는 부를 모으고 자선 활동에 후하게 기부할 것을 권했다.[2] 심지어 시토 수도회Cistercian(가톨릭 베네딕토회 수도원 원장이던 로베르투스Robertus가 1098년 회칙 엄수에 뜻을 같이하는 수도사들과 함께 프랑스 디종 근처 시토에서 창설한 수도회 — 옮긴이) 같은 종교개혁 이전의 교파뿐만 아니라 독일과 스위스, 프랑스, 잉글랜드, 스코틀랜드, 네덜란드에서 호응을 얻은 후에 북아메리카로 전파된 새로운 교파도 경제 성장과 관련이

있는 검약과 근면 같은 문화적 특성이 나타나도록 장려했다.[3]

문화적 특성과 경제 성장 간의 관계에 대한 현대적 사상은 프로테스탄티즘이 처음 뿌린 씨앗에서 싹텄다. 가장 유명한 사례는 1905년 독일의 사회학자 막스 베버Max Weber가 쓴 《프로테스탄트 윤리와 자본주의 정신The Protestant Ethic and the Spirit of Capitalism》이다. 베버는 현세에서 부를 쌓는 능력은 천국에 이를 가능성을 보여 주는 강력한 표시라는 신념을 굳혀 부 자체를 목적으로 정당화하며, 게으름을 부끄러운 것으로 재인식시키는 데 프로테스탄티즘이 기여했다고 주장했다. 서유럽에선 프로테스탄트 윤리가 '자본주의 정신'의 원천이었다는 것이다. 다만, 베버의 주장은 자본주의의 부상에 대해 마르크스가 강조한 물질적 힘보다 관념의 힘을 우선시했다는 비판을 받았다. 하지만 경제 성장에 도움을 주는 문화적 특성이 출현하는 데 프로테스탄트 윤리가 역할을 했다는 주장을 뒷받침하는 증거가 있다.

19세기 프로이센을 보자. 프로테스탄트 비중이 높은 지역은 실제로 타 지역보다 높은 문해율과 경제적 번영을 누렸다. 교육에 더 투자하려는 프로테스탄트의 성향은 장기적으로 프로테스탄티즘이 경제적 번영에 영향을 미치는 데 일조했다.[4] 더욱이 과거에 신성로마제국Holy Roman Empire(962년 오토 1세 즉위 때부터 1806년 프란츠 2세가 물러날 때까지의 독일 제국. 로마제국의 부활과 연장, 기독교와의 일체를 강조하기 위한 국명이다— 옮긴이)이었던 지역에서의 증거 역시 프로테스탄티즘이 오늘날의 기업가를 키울 가능성을 훨씬 높였음을 시사한다.[5] [Nunziata and Rocco(2016, 2018) 논문은 이 지역의 종교적 소수 집단을 분석해 프로테스탄트 윤리를 따르는 이들이 기업가가 될 확률은 가톨릭교 교도 대비 약 5퍼센트포인트 높다고 밝혔다 — 옮긴이]

프로테스탄트 윤리가 성장 과정에서 갖는 중요성과는 별개로, 경제 발전 과정에서 문화가 핵심적 역할을 하며 때로는 결정적 영향을 미칠 수도 있다는 점은 아주 명백하다.

문화엔 힘이 있다

공유하는 가치와 규범, 신념, 선호처럼 한 사회에 널리 퍼져 세대 간에 전달되는 문화적 특성은 사회의 발전 과정에 큰 영향을 미친다. 특히 그러한 특성이 가족 간의 강한 유대와 인간관계상의 신뢰, 개성, 미래 지향적 사고, 인적자본 투자를 강화시키거나 약화시키는 문화적 측면은 장기적으로 상당한 경제적 의미를 지닌다.[6]

언뜻 문화적 특성과 개인적 특성 사이의 경계가 희미해 보일 수도 있다. 똑같이 자녀를 교육시켜도 어떤 이는 사회와 종족, 종교 집단의 가치를 따를 수 있고, 다른 이는 인생 경험과 양육 과정, 가족의 배경을 반영하는 개인적 특성에 이끌릴 수도 있다.

하지만 개인의 가치와 신념, 선호가 사회적·문화적 맥락과 무관한 경우는 드물다. 그리고 이런 규범의 차이가 종족이나 종교 혹은 사회집단과 뚜렷한 상관관계를 가질 때, 이는 개인적 차이라기보다는 문화적 차이라고 봐야 한다. 다시 말해 집단 간의 불평등을 이해하는 데 적절한 변수가 바로 문화적 요소다. 그렇다면 인류의 문화적 특성은 어떻게 나타나고 지속되며, 어떻게 사회 진화에 영향을 미쳤을까?

유대교의 사례를 보자. 어느 정도 자발적으로 출현한 문화적 특성이 뒤늦게 장점을 보이면서 지속적 영향을 미친 전형적 사례이기 때문이다. 약 2,000년 전 유대교 내부에서 권력 다툼이 벌어지는 가운데, 그중 몇몇 현인은 보편적인 문해력 교육을 장려했다. 그 대표적 인물이 기원전 1세기의 랍비 시몬 벤 셰타흐Shimon ben Shetach와 약 1세기 후의 고위 사제 여호수아 벤 감라Joshua ben Gamla다. 이들은 유대인 부모에겐 아들을 교육할 의무가 있다고 주장했다. 5장에서 언급한 것처럼, 문해율이 극히 낮고 그런 능력이 필요한 직업이 거의 없던 시대에 그들의 교의는 엄청난 문제를 던져 줬다. 실제로 당시 대부분의 유대인 가구는 아들의 노동 없이 살림을 꾸릴 수도 없었으며 교육비 자체를 댈 형편도 안 됐다.[7]

　이런 종류의 문화적 기획은 인류사에서 공통적으로 나타나지만 장기적으로 문화적 변화에 기여할 만큼 오래 살아남는 경우는 드물다.[8] 그러나 유대교의 사례에서는 일련의 사건이 어우러져 문해력 교육이라는 문화적 변화가 매우 활기차게 유지됐다. 기원후 66년 고대 유데아Judaea(팔레스타인 남부에 있던 고대 로마령 — 옮긴이) 지방에서 로마제국에 항거하는 대반란Great Revolt이 일어난 직후 로마인은 예루살렘과 유대교 성전을 파괴했다. 그 과정에서 유대교의 주요 교파 가운데 성직자 엘리트인 사두개파Sadducees와 유대인 독립을 위해 싸운 열심당Zealots을 포함해 몇몇 교파가 소멸했다. 그러나 성향이 온건하고 예배 의식보다 경전 공부를 강조하는 바리새파Pharisees가 유대 세계의 지배적 집단이 됐다. 학자적 성향의 바리새파는 대중 교육을 장려했고 나중에는 아들을 학교에 보내지 못한 가구에 문화적 제재를 가하기까지 했다. 이로 인해 빈곤한 가구가 유대교를 포기하도록 하는 결과를 불렀다. 기원후 3세기로 접어들 무렵, 로마제국 치하 유데아 지방에서 랍비 유다 하-나시Judah ha-Nasi는 유대인 공동체 지도자로서, 자신의 패배한 민족 중 살아남은 이들의 힘을 북돋울 수 있기를 바라며 성서 읽기와 계명 실천을 강조했다.

그 후 여러 세기에 걸쳐 유대인이 고향에서 쫓겨나고, 디아스포라 diaspora(타국으로 흩어진 유대인을 이르던 말 — 옮긴이) 사회에 대해 토지 소유를 금지하는 법이 출현하면서 본래 이동성이 높은 자산인 인적 자본은 유대인에게 더욱 매력적이고 가치 있는 투자로 여겨졌다. 마침 이슬람 세계와 중세 유럽의 도시화가 진행되면서 교육받은 인력에 대한 수요가 늘어났다. 그에 따라 이러한 문화적 규범에서 얻는 이득이 커졌으며, 유대인들이 농업에서 벗어나 도시의 상업적이고 교육 강도가 높은 직업으로 옮겨 가는 장기 추세가 더욱 가속화됐다.

생물학적 변이와 마찬가지로, 문화적 변화도 처음엔 '무작위적'인 것처럼 보일 수 있지만 그 생존과 소멸은 우발적인 것이 아니다.[9] 유대인 현인의 교령敎令이나 루터의 설교가 없었다면, 문해력과 학문을 장려하는 규범은 유대인이나 프로테스탄트 공동체에 생겨나지 않았을지도 모른다. 물론 그 변화를 받아들인 사람만이 얻을 이점이 없었다면 변화는 실제로 일어나고 뿌리내리지 않았으리라는 것도 확실하다. 루터와 유대인 현인의 주장에는 상업적·경제적으로 유리한 점이 있었다. 바리새파의 경우 그런 이점을 마음속에 애당초 그리지도 않았고 들먹이지도 않았다.

사회는 시간과 장소에 따라 달리 주어진 특별한 생태 환경에 적응하기 위해 저마다 다른 규범을 계발할 수밖에 없다. 오랜 시간과 여러 문명에 걸쳐 인류의 사상가와 지도자는 규범과 가치, 신념을 혁신적으로 바꿀 무수한 기획을 제안했다. 하지만 그 기획이 지속성을 갖고 뚜렷한 변화를 불러일으키려면 전제 조건이 필요하다. 지리적·기후적 특성이나 질병 환경 혹은 기술적·상업적·사회적 조건이 새로운 문화적 특성의 장점을 강화할 경우다.

인류는 식생활과 재산권, 사회의 결속, 가족 구조, 성별 역할을 규율하는 전통과 규범을 계발했다. 개인은 자신이 속한 사회의 전통이 영원하고 본질적인 진리에 바탕을 둔다고 여긴다. 그리고 그 전통이 애초에 어떤 목적으로 생겼는지, 혹은 환경에 적응하는 데 도움이 되는지 딱히 고민하지 않고 있는 그대로 고수하고 영속화한다.[10]

기존 문화 규범의 근거를 따르지 않고 고수하는 인류의 심리적 경향은 생존에 유리하게 작용했다. 인류사를 돌아보더라도 인간의 생리나 집단의식, 주거에 영향을 미치는 생태적 요인에 관한 과학적 지식이 거의 없는 사회일지라도 복잡하고 변덕스러운 환경 속에서 번창했다. 여러 세대에 시행착오를 거쳐 축적된 지혜가 전통과 시간을 뛰어넘은 신념과 보편적 법칙의 형태로 전해졌기 때문이다. 독초와 영양가 있는 식물을 구별하는 것이 그 좋은 예다. 과거의 사회는 위생 상태가 어설프거나 야생식물 가운데 독이 있는 것을 골라내는 능력이 부족한 상황에 대응해 음식에 관한 금기를 발전시켜 전수함으로써, 스스로 환경에 적응하면서 겪을 치명적 위험을 피할 수 있었다.

세계의 문화가 아주 다양한 이유는 간단하다. 각 사회가 저마다의 생태적 지위와 역사적 환경에 적응한 결과다.[11] 그러므로 규범의 위계가 생긴 것은 아니다. 하지만 미국의 문화인류학자이자 현대 인류학의 창시자인 프란츠 보아스Franz Boas가 주장했듯이, 대부분의 문화에서 공통점 중 하나는, 저마다 자신들의 규범이 보편타당하다고 확신한다는 것이다. 이 오도된 확신은 때로는 파괴적이었다. 일종의 문화적 특성으로서 인종주의가 출현하는 데 일조했기 때문이다. 다른 민족과 문화를 열등하게 여기거나, 심지어 인간 이하라고 묘사하는 것은 흔히 정복자나 식민 지배국이 착취와 노예제, 다른 종족에 대한 대량 학살을 정당화하기 위해 들먹이는 것으로, 식민 지배국과 식민지 사이의 엄청난 불평등을 조장했다.[12]

오랫동안 살아남은 규범이라면 이를 고수한 이들에게 장기적 번영에 도움을 줬기 때문이라는 사실은 놀랍지 않다. 계단식 농지나 관개시설처럼 공동의 시설을 개발할 필요가 있는 지역의 경우 협력 성향이 더 강하게 나타나고, 하나의 투자로서 씨를 뿌린 후 수확의 혜택을 상당 기간 누릴 수 있는 농업공동체의 경우 더욱 미래 지향적 행동이 채택되며, 기후변동 때문에 위험을 감수해야 하는 지역의 경우 타인에 대한 신뢰도가 높게 나타난다는 점이 좋은 예다. 이러한 특성은 지역과 시기별로 달리 나타났지만, 모두 사회 전체에 이득이 됐기 때문에 지속되고 확산됐다. 또한 성장을 촉진하는 특성에 활기를 불어넣은 한 지역에서 극적인 전환이 이뤄지며 '성장의 문화'가 자리 잡았다.

성장의 문화

이러한 흐름에서 선조에게 물려받은 규범과 가치, 선호에 의문을 품은 이라면 더욱 효과적 대안을 위해 힘겹게 싸워야 했을 것이다. 실제로 문화적 지혜와 전통은 생존에 도움이 됐으니 존중의 대상이었으며, 지혜와 전통이 어떻게 복리에 이바지하는지 깊이 파고드는 이들은 거의 없었으므로 그 타당성에 의문을 제기하는 행동은 진화론적으로도 위험한 일이었을 것이다. 인류사에서 문화가 중대한 기술적·철학적·과학적 발전을 수반하며 급속히 변화할 때마다 저항에 부딪힌 이유다.

오히려 문화는 선조의 신중함을 강조하며, 먼 과거에 대한 향수와 이상주의가 섞인 경의를 품는 경향을 보인다. 예컨대 정통파 유대교의 가르침에는 '세대의 쇠퇴decline of generations'라는 개념이 있다. 과거 세대는 현명하고 신에게 더 가까웠으며, 수천 년 전 유대교 현자들이 심오하고 훌륭하게 논한 성서 해석을 후세가 따라가기 힘들다는 믿음이다.

그러나 기술 변화가 너무나 빠르다 보니 보수주의의 장점이 퇴색되는 시점이 찾아왔다. 과거의 지혜에 대한 존경이 줄어들기 시작했다. 영국계 아일랜드인 작가 조너선 스위프트Jonathan Swift가 1704년에 낸 풍자소설 《책들의 전쟁The Battle of the Books》을 보자. 한 도서관에서 새로운 책과 오래된 책이 살아 나와 서로 싸우는 이야기다. 이소설을 통해 스위프트는 당시 시대정신을 매우 다채롭게 묘사한다.

또한 《책들의 전쟁》은 르네상스 시대에 인본주의로 시작되어, 17세기 중 더욱 거세지면서 유럽 대륙을 흔들던 논쟁에 대한 은유이기도 했다. 그 논쟁의 한편에는 시대와 가치가 달라졌으니 그리스·로마 시대의 고전적 사고를 넘어야 한다고 주장하는 '현대파'가 있었다. 맞은편에는 고전 사상가의 지혜는 영원하고 보편적이니 현대의 철학자와 작가들은 그 지혜를 복원하며 모방하는 데서 벗어나지 말아야 함을 주장하는 '고대파'가 있었다. 이 논쟁은 역사에서 독특한 순간을 나타낸다. 인류사 처음으로 미래 지향적 철학자들이 우위를 차지했기 때문이다. 독일 철학자 임마누엘 칸트Immanuel Kant는 1784년 〈계몽이란 무엇인가?What is Enlightenment〉라는 에세이에서 이렇게 썼다.

계몽은 자초自招한 미성숙 상태에서 벗어나는 것이다. 미성숙은
다른 사람의 지도 없이는 자신의 지성을 사용할 수 없는
상태다. 그 원인이 지성 부족이 아니라, 다른 사람의 지도 없이
지성을 사용할 수 있는 결단력과 용기의 부족이라면 미성숙
상태는 자초한 것이다. 감히 알려 하라Sapere aude! 그러므로 '너
자신의 지성을 사용할 용기를 가지라'는 것이 계몽주의의
표어가 돼야 한다.[13]

계몽주의는 인류에게 자신을 신뢰하고 낡은 문화적 전통을 거부
할 결의를 가지라고 촉구했다. 또한 과거의 전통에 대한 신념이 아
니라 과학과 기술 그리고 제도의 진보를 통해 더 나은 세계를 건설
할 수 있다는 믿음을 바탕으로 인류가 새로운 문화를 창조하길 바
랐다. 그래서 더 회의적이고 경험적인 시각과, 유연한 접근을 장려했
다. 이러한 사고방식은 변화하는 환경에 빨리 적응하는 데 매우 적
합한데, 경제사학자 조얼 모키르Joel Mokyr는 이를 '성장의 문화culture
of growth'라고 묘사했다.[14]
　기술과 사회의 변화 속도가 부쩍 높아지면서 계몽주의적 기풍을
받아들일 수 있는 개인과 사회는 번창했다. 이러한 변화는 패러다임
의 근본적 전환을 뜻했다. 진보의 속도가 더 느렸던 이전 시대에는
계몽주의적 기풍보다 오래된 지혜에 경외심을 가지고 전통을 고수
하는 것이 생존에 더 유리했다.
　하지만, 문화의 본질과 목적은 과거를 보전하고 존속시키는 것이
다. 과거를 거부하고 변화를 찬양하는 것이 아니다. 문화에 내재하
는 이러한 긴장은 대부분의 사회에서 급속한 변화는 실행하기 힘들

거나 불가능하다는 뜻이기도 하다.

문화의 관성

절약유전자 가설thrifty gene hypothesis에 따르면 진화적인 적응을 한 인류의 선조는 체내에 지방을 비축함으로써 식량이 부족한 시기에 살아남을 수 있었다. 하지만 그러한 적응이 식량이 풍부해진 현대사회에서는 비만의 핵심적 유인誘因이자 발병과 사망의 주된 원인이 됐다.[15] 이런 특성이 현대사회에선 불리한데도 여전히 지속되는 것은 인류의 생물학적 특성이 거주환경보다 느리게 진화하는 경향이 있다는 사실을 보여 준다.

물론 문화적 특성은 생물학적 특성과 구별된다. 문화적 특성은 유전자와 달리 세대 간에 수직적으로 전달될 뿐 아니라 수평적으로도 전파된다. 사회적 전파는 학습과 모방, 교육, 금기를 통해 이뤄진다. 문화적 특성은 우리의 게놈보다 훨씬 빠르게 진화할 수 있다는 뜻이다. 하지만 문화적 특성 역시 생활 조건의 변화 속도를 따라가지 못한다. 제도적 변화와 달리 문화적 특성은 주변 환경의 중대한 변동이 닥쳐도 급속한 변화를 거치는 경우가 드물다.

문화적 관성이 경제 발전에 미치는 영향은 이탈리아 북부와 남부의 상이한 발전 궤도에서 볼 수 있다. 1871년부터 이탈리아는 하나의 법률과 정치·경제제도로 통치되는 단일 공화국이었다. 지금의 한반도와 달리 이탈리아의 남북을 가르는 국경은 없다. 하지만 이탈리아의 남북 역시 상당히 상황이 다르다. 이탈리아 남부의 1인당 평균소득은 북부와 비교하면 3분의 2에 불과하다.

미국의 정치학자 에드워드 밴필드Edward Banfield는 1958년 이탈리아 남부의 번영 수준이 낮은 이유가 강력한 가족적 유대에 있다는 논문을 내놓았다.[16] 그 주장을 보면 가족적 유대가 강할수록 외부에 대한 신뢰는 감소하므로, 이러한 경향이 공적 목표를 추구하기 위한 협력을 약화시킨다는 것이다. 최근의 증거 역시 이 주장과 일치하는데, 친족의 유대가 국가별로 차이나는 것처럼 이탈리아 지역 간에도 뚜렷한 차이가 있음을 시사한다.

또한 핵가족의 강한 결속이 사회적 신뢰와 정치 참여, 여성 노동자의 지위, 지리적 이동성에 부정적 영향을 미치는 경향도 있다.[17] 미국의 경제학자이자 노벨 경제학상 수상자인 케네스 애로Kenneth Arrow 가 지적했듯이, 사업상 거래는 흔히 신뢰에 의존하는데, 가족 외부에 대한 신뢰 수준이 낮은 이탈리아 남부의 경우 경제 발전 수준이 북부보다 떨어졌을 것이다.[18] 그렇다면 신뢰 수준과 가족적 유대 측면에서 보이는 이런 차이는 애초에 어떻게 나타났을까?

밴필드의 연구 이후 거의 30년이 지나, 미국의 공공정책 연구자인 로버트 퍼트넘Robert Putnam은 밴필드가 연구했던 그 곤혹스러운 차이를 설명한, 똑같이 영향력 있는 책 《사회적 자본과 민주주의 Making Democracy Work》를 냈다. 1,000년 전에 남부 이탈리아는 봉건적 경제 질서를 강제한 노르만족 왕의 지배를 받았으나, 북부 이탈리아는 신성로마제국의 멍에를 벗고 상대적으로 자유를 누렸다. 이로 인해 북부에는 더 민주적인 제도가 발전했다.[19]

역사적으로 이탈리아 북부 시민은 정치 현안에 대해 적극적으로 참여하고, 지역사회 활동에 기여하며, 동료에 대해 더 높은 신뢰를 보였다. 반대로 남부 시민은 위계적 정치체제 안에서 제한적 목소리를 내는 데 익숙했다. 이런 까닭에 북부는 민주주의에 도움을 주는 문화를 길렀고, 남부는 봉건 질서를 상기시키는 제도를 유지했으며 마피아의 지배까지 받았다는 게 퍼트넘의 주장이다.

퍼트넘은 신뢰를 높이고 시민의 정치 참여를 촉진하는 문화적 특성인 사회적 자본social capital이 민주주의를 키우는 결정적 자양분이라고 주장했다. 실제로 중세 유럽에서 상대적으로 일찍 독자적으로 행동할 수 있었던 이탈리아 도시의 주민은 지금도 더 높은 수준의 민주적·시민적 의무감과 신뢰, 경제적 번영을 보여 준다.[20]

또한 사회적 자본은 현대적 금융 수단의 문호를 넓혀 경제적 번영의 길을 확장하는 데도 이바지했다. 높은 투표율과 헌혈 비율에서 보듯이 높은 수준의 사회적 자본이 특징인 이탈리아 북부 시민은 재산을 흔쾌히 은행에 맡기고, 외상을 주며, 주식에 투자하고, 대출을 받는 경향이 더 강했다. 흥미롭게도 국내의 다른 지역으로 이주한 이탈리아인의 경우 이전에 살던 지역의 문화적 유산에 영향을 강하게 받는 경향이 있다. 사회적 자본은 이처럼 장기적이고 지속적 영향을 미친다.

이렇듯 이탈리아의 남북 간 격차는 사회적 자본과 관련된 문화적 속성이 얼마나 강력한 영향을 미치는지 잘 보여 준다. 문화적 속성이 여러 세기에 걸쳐 지속되며, 먼 과거에서 시작된 제도적 변화가 지금의 사회적·정치적 발전에 여전히 영향을 미친다는 것을 보여 준다.

문화의 장기적 영향이 역사에 남긴 지문은 다른 지역에서도 발견된다. 15세기 중반부터 20세기 초까지 유럽 중동부를 다스린 합스부르크제국을 보자. 이 제국은 그 제도의 효율성으로도 유명하다. 합스부르크제국의 지배를 받았던 동유럽 지역은 과거 오스만제국이나 신성로마제국의 지배를 받았던 이웃 국가나 지방과 비교하면 여

2부 부와 불평등의 기원

전히 통치기관에 대한 더 높은 신뢰와 더 낮은 부패 수준을 보여 준 이런 지역적 차이는 같은 국가 안에서도 나타난다.[21]

사회적 자본의 지속성이나 결핍을 보여 주는 사례는 아프리카 노예무역의 질긴 유산이다. 그야말로 정신이 번쩍 들게 하는 사례다. 노예제는 15세기 전에도 아프리카 여러 지역에 존재했다. 하지만 아프리카 노예를 거래하는 대서양 무역 시대가 오고, 노예무역에 나선 유럽의 엄청나게 늘어난 수요에 서아프리카의 지배자가 대응하면서 납치와 종족 간 분쟁이 큰 폭으로 늘어났다.

해당 지역에 엄청난 트라우마를 입힌 노예무역은 위험을 예방하는 차원의 불신 풍조를 부추겼다. 유럽인을 비롯한 외지인뿐 아니라 심지어 이웃과 친척까지 믿지 못하는 풍조가 강해졌다. 아프로바로미터Afrobarometer(아프리카 지역 대중의 태도를 조사하는 독립적 연구 네트워크─옮긴이)의 조사를 보면, 노예무역의 영향을 받은 지역과 그렇지 않은 지역 사이에는 개인 간 신뢰 수준에 뚜렷한 격차가 있는 것으로 나타났다. 노예무역이 끝나고 1세기가 지난 후에도 말이다.[22]

이러한 문화적 특성의 지속성은 이민자와 그 후손 사이에서 가장 명백히 나타난다. 누구나 예상하듯이 환경조건과 통치 제도의 갑작스러운 변화에 적응하는 데는 시간이 오래 걸린다. 유럽과 북아메리카로 건너간 이민자의 경우, 여성 노동자의 역할과 자녀의 독립성에 대한 태도는 정착한 지역에서 우세한 태도에 매우 빠르게 수렴하는 경향을 보인다. 하지만 종교적 신념이나 도덕적 가치의 경우 심지어 이민자의 4세대도 출신지의 일부 전통문화를 유지하려는 경향을 보인다.[23] 이러한 적응 과정상 차이는 특정 문화적 가치의 경우 경제적 번영에 큰 영향을 미치지 않으며, 즉 문화적으로 빠른 적응을 이끄는 유인이 제한적이라는 사실을 나타낸다. 상황이 이렇다면 선조의 가치와 전통을 보존할 가능성이 더 높아진다.

문화적 특성은 인류의 환경 적응 과정에서 나타나는 무수한 요인에서 비롯된다. 새로운 제도와 기술, 바다를 건너온 곡물, 무역, 이민 등 어떤 형태로 나타나든, 주어진 환경에 적응하는 과정은 새로운 문화적 특성의 출현과 존속에 중대한 영향을 끼쳤다. 그 특성이 경제적 성공을 불러올 경우 변화는 더 빠르게 일어났을 것이다. 하지만 대부분의 문화는 기술보다 진화가 느리므로 어떤 사회에서는 오히려 문화적 특성이 발전에 걸림돌이 됐을 가능성도 있다.

번영을 부르는 문화

인류의 문화는 다양한 방식으로 성장 과정과 경제적 번영에 공헌한다. 자녀를 어떻게 키울지 결정하는 데 중요한 역할을 함으로써 인적자본 형성에 영향을 줬고, 궁극적으로 인구변천의 변화를 끌어냈다. 또한 금융과 정치제도뿐 아니라 개인 간의 신뢰 수준을 좌우하면서 사회적 자본과 협력을 촉진했다. 여기에 인류에게 미래 지향적 성향을 가지도록 해 저축과 신기술 채택에 영향을 줬고, 혁신적인 아이디어와 패러다임 전환을 인식하는 방식에까지 큰 영향을 미쳤다.

정치와 경제제도가 낯선 이들을 신뢰하도록 하거나, 교육에 투자하고 상호 협력하는 성향을 강화 혹은 약화시키며 문화적 가치에 영향을 준 것처럼 문화 자체도 제도에 영향력을 미쳤다.[24] 북아메리카의 경우 유럽의 다양한 이민자 집단은 고국에서 소중히 여겼던 문화적 가치에 부합하는 여러 제도를 수립했다.[25] 개인과 종교의 자유를 중시하는 문화를 가진 퀘이커 교도의 경우 정부의 역할 제한, 개인의

2부 부와 불평등의 기원

자유, 정교분리, 비교적 낮은 세율을 지지했다. 청교도의 경우 사회적 결속을 중시하고 정신적 독립을 위한 문해력을 강조하면서 공공교육과 지역사회 참여, 엄정한 법과 질서를 장려하는 제도를 수립했다. 스코틀랜드와 아일랜드에서 온 이민자는 개인적 자유를 지키는 제도를 확립했으며 분쟁 해결을 위해 임시적인 '변경 재판frontier justice'(개척지 변경에서 행해지던 비공식 재판 — 옮긴이)를 활용하고 무장할 권리와 낮은 세율을 주장했다. 이렇게 각기 다른 집단의 문화적 가치와 그들이 선호하는 제도의 유형은 지금의 미국에서도 그 차이가 명백하다.

인류사에서 대부분의 개인은 기술적·과학적·철학적 변화를 의심의 눈으로 대하면서 기존 통치 제도와 권력 구조를 지켰다. 이것은 우연이 아니었다. 이러한 성향은 세대가 바뀌어도 안정적인 가치와 신념, 그리고 선호가 불확실한 환경에서 인류가 생존하고 번창하는 데 결정적 역할을 했기 때문이다.

하지만 몇 세기 전 유럽 사회는 거대한 변화의 톱니바퀴를 가속화하고 현대의 지속적 경제 성장을 이루는 데 도움을 준 문화적 변화를 겪은 것은 확실하다. 그렇게 과학과 기술, 제도의 발전이 더 나은 세상을 여는 열쇠라는 확신에 이르렀다. 이런 유형의 발전이 진보임을 믿은 것이다. 결정적으로 인적자본 투자와 성 평등을 추구하는 성향이 더 강한 문화적 특성이 수용되기 시작했다. 그 특성은 인구변천이 진행되고 지속적 성장 체제가 시작될 때 그 핵심적 동력이 될 터였다. 더욱이 성장 활력을 높이는 개인주의individualism와 세속주의secularism의 가치도 끌어안았다. 그것은 바로 개인이 사회적·종교적 제약을 벗어 버리고 자신들의 운명을 만들어 갈 권리를 가져야 한다

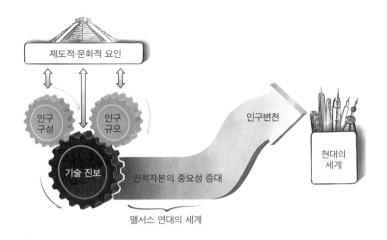

그림 7. 제도와 문화 그리고 변화의 톱니바퀴

는 믿음이었다.

유럽 사회의 문화적 변혁은 더 큰 기술 진보에 공헌하는 정치와 경제제도를 확립하는 데도 유용하게 작용했다. 기술과 사회의 변화가 빨라지자 새로운 문화적 규범과 제도의 체계가 성장에 더욱 유리해졌다. 그렇게 하나의 선순환이 이뤄졌다. 성장 활력을 높이는 문화적 규범은 기술이 진보하면서 정체에서 성장으로 전환되는 속도를 높였고, 거대한 변화의 톱니바퀴는 강화되는 성장 과정에 적응한 문화적 특성의 진화를 촉진했다.

하지만 중요한 수수께끼가 남았다. 기술 발전에 도움이 되는 문화와 제도는 왜 어떤 사회에서는 나타나고 다른 사회에서는 나타나지 않았을까? 중국 송宋 왕조와 압바시야 왕조Abbasid Caliphate(이슬람 세계에서 우마이야 왕조의 뒤를 이은 칼리프조로 750년부터 1258년까지 존속했다―옮긴이)의 기술 발전은 눈부신 수준이었지만, 결국 발전 속도가 떨어졌다. 그러나 유럽에서는 성장 활력을 높이는 제도와 문화적 특성 덕분에 기술 발전이 지금까지 지속됐다.

인류사 전환기에 문화와 제도의 변혁이 일어나는 장소는 뭔가 제멋대로인 듯이 보일지도 모른다. 북한이 자본주의 강국이 되는 동안 한국이 공산주의의 빈곤에 빠져드는 반사실적 역사를 상상해 볼 수도 있다. 하지만 거의 모든 상황에서 문화적 규범과 제도의 틀이 나타나도록 뒷받침하는 뿌리 깊은 요인이 있다. 바로 지리적 조건과 인적다양성이다.

10 _____ 지리의 그늘

　산업혁명 이전 세계에서 가축은 생활의 기초였다. 가축은 식량의 필수 공급원일 뿐만 아니라 옷감을 짤 섬유와 운송 수단 역할도 했다. 유라시아 지역에서는 소가 농업 혁명에 필수적이었다. 남아메리카 안데스산맥에서는 라마와 알파카가 털실과 고기의 공급원일 뿐만 아니라 짐을 실어 날랐다. 아라비아와 사하라, 고비사막에서는 낙타가 황야를 가로질러 유목민을 실어 나른 것은 물론 여행 도중 가죽과 젖을 제공하기도 했고, 티베트산맥에서는 야크가 털과 가죽, 젖을 제공했으며 땅을 갈고 짐을 실어 나르는 데까지 이용됐다. 가축 덕분에 인류는 농업 생산과 인구를 늘려 기술 진보를 촉진할 수 있었다.

　그러나 지구상의 한 지역만은 가축이 전혀 없다. 아프리카 동쪽 해안에서 서쪽으로 넓은 띠 모양으로 뻗친 땅인데 사하라사막과 칼라하리사막 사이에 위치한다. 가축이 없다는 사실만으로 이곳은 인구가 대대로 적었고, 다른 지역과 달리 기술 발전과 정치제도의 편익을 누리지 못했는지 설명된다. 그렇다면 이곳에 가축이 없는 원인은 무엇일까? 그 답은 한낱 곤충인 파리에서 찾을 수 있다.[1]

체체파리는 중앙아프리카의 습하고 더운 지방에서 특히 잘 자라며, 인류와 동물의 피를 빨아 먹고 산다. 이 파리는 염소와 양, 돼지, 말 같은 가축에겐 나가나병, 인류에겐 수면병을 일으키는 치명적인 기생충(트리파노소마브루세이. 편모충의 일종으로 혈액에 기생한다 — 옮긴이)의 매개체다. 가축이 이 기생충에 감염되면 죽거나, 살아남아도 젖 생산이 줄어들고 활기가 떨어져 활용도가 낮아진다. 이와 관련된 최근 연구는 1967년 이 지역에서 식민 지배 이전의 400개 가까운 종족으로부터 수집한 인류학적 자료를 바탕으로 한 것인데, 축산이나 쟁기질처럼 가축을 기반으로 한 농업기술을 채택하는 데 체체파리가 극히 부정적 효과를 낸다는 것을 시사한다.[2]

실제로 체체파리는 가축에 너무나 큰 피해를 입혀서 그에 따른 역병이 도는 지역은 농업으로 전환이 이뤄진 시기에도 인접 지역보다 발전이 뒤진 상태로 남았다.[3] 게다가 체체파리는 일정한 조건에서만 서식하기 때문에, 중앙아프리카 지역에 가축이 없는 이유와 더불어 해당 지역의 경제 발전의 부재를 결정하는 지리적 특성으로 작용한다.

물론 아프리카 경제 발전에 지장을 준 곤충은 체체파리만이 아니다. 한정된 기후 조건에서 잘 자라며 인류에게 말라리아를 옮기는 모기인 아노펠레스Anopheles도 아프리카 인류에게 큰 희생을 치르게 했다. 말라리아가 많이 발생하는 사하라 남쪽 아프리카와 동아시아, 남아메리카의 경우 높은 유아사망률에 시달리며, 이 병에서 살아남은 아동의 경우 오랫동안 인지결함cognitive deficit(세계를 이해하고 행동하

는 데 필요한 정보와 지식, 의욕을 얻는 과정에 손상이 생기는 증상—옮긴이)

을 겪기도 한다.[4] 자녀를 잃을 가능성이 높으니 부모는 자녀 수를

더욱 늘릴 수밖에 없었다. 자녀의 인적자본에 투자할 여력이 줄고 여

성의 교육과 노동 참여까지 방해받았다.[5] 의학 기술이 약진하면서

전염병이 경제 성장에 끼치는 부정적 효과는 크게 감소했지만, 말라

리아는 치료제가 있을 뿐 효과적인 백신은 아직 없다. 이러한 상황

은 말라리아가 널리 퍼진 지역의 인적자본 축적과 성장 과정에 걸림

돌이 된다.

곤충 이외에도 지리의 다른 측면이 경제 발전에 영향을 미치기도

한다. 철도와 항공기 발명 이전에는 바다와 강에 가까울수록 국가

형성과 발전에 유리했다. 교역과 기술을 전파하고 바다가 주는 것을

누리는 데 결정적으로 유리했기 때문이다.[6] 세계 내륙국 가운데 오

스트리아와 스위스 같은 몇몇 국가가 번영했지만, 절대 다수는 빈곤

을 벗어나지 못한다. 또한 바위로 뒤덮인 지대나 변덕스러운 기후는

발전에 직접적으로 해로운 영향을 끼친다.

지리는 화석연료와 광물 같은 자연 자원의 이용 여부를 결정한다.

풍부한 자연 자원은 단기적으로는 상당한 횡재지만, 장기적으로는 인

적자본이 집약되는 부문의 자원이 비생산적인 지대 추구rent-seeking를

촉진하는 데 쓰이게 하므로 이른바 '자원의 저주resource curse'의 원인

으로 여겨진다. 어떤 이는 영국이 풍부한 석탄 광산 덕분에 증기기관

기술 개발에서 앞서 나갈 수 있었고, 따라서 산업혁명을 일찍 시작하

는 데 도움을 받았다고 주장한다. 앞에서 봤듯이 실제로 영국엔 석

탄이 풍부했고 그 석탄이 산업혁명 초기에 유익했음은 사실이다. 하

지만 중국처럼 대량의 석탄이 묻힌 다른 국가가 훨씬 늦게까지 산업

화를 이루지 못했다는 것 역시 엄연한 사실이다.

맬서스 연대에서는 농업에 적합한 토지가 인구밀도를 높이고 기술 발전을 이루는 데 요긴했지만, 현대사회에서는 오히려 농업의 비교우위가 수익성이 더 높은 다른 부문의 발전을 저해하는 경향을 보인다.[7]

이렇듯 지리는 농업과 노동의 생산성, 기술 채택, 무역, 자연 자원의 이용 가능성에 직접적 영향을 미친다. 그러나 지리의 결정적 영향 가운데 많은 부분이 간접적인 것이다. 직접적 영향과 더불어 경쟁을 촉진하고 제도를 형성하며 몇 가지 핵심적인 문화적 특성을 낳는 방식으로 영향을 미친 것이다.

조각난 영토와 유럽의 부상

이렇게 부상한 유럽은 중국을 비롯한 다른 문명을 뛰어넘기 시작했다. 이른바 유럽의 기적European Miracle은 지리가 경쟁을 촉진한다는 사실로 설명할 수 있다.

유럽의 반대편 중국의 경우를 보자. 중국에서 가장 비옥한 지역이 통일된 시기는 기원전 221년까지 거슬러 올라간다. 지난 2,000년 간 중국인은 단일 문자 체계를 바탕으로 하나의 지배적 언어를 쓰면서 중앙정부의 통제 아래서 살아갔다. 하지만 유럽은 오랜 시간 수많은 국가로 쪼개져 국가와 언어의 모자이크를 이뤘다.[8] 유럽의 이런 정치적 분열은 국가 간 치열한 경쟁을 부추겨 제도와 기술, 과학의 발전을 자극했던 것으로 보인다. 계몽주의 시대 영국의 철학자 데이비드 흄David Hume은 다음과 같은 말을 남기기도 했다.

정중함과 배움을 고양하는 데 상업과 정책으로 가깝게 연결된 다수의 독립국가보다 더 유리한 환경은 없다. 인접국 간 자연히 벌어지는 경쟁이 향상의 원천이라는 점은 명백하다. 그러나 내가 주장하려는 바는 제한적 영토로 인해 권력과 권한엔 모두 제동이 걸린다는 점이다.[10)]

중국과 오스만제국처럼 권력이 집중된 문명에서는 정부가 지배층의 이익을 위협하는 기술이나 문화의 발전을 효과적으로 막을 수 있었다. 하지만 유럽에서는 발명가나 기업가가 저항에 부딪힐 때면 이웃 국가로 건너갈 수 있었다. 이웃 국가 군주가 새로운 기술이나 상업 혹은 조직 측면의 혁명을 거부하지 않을 수도 있기 때문이다. 콜럼버스가 신대륙 항해를 위한 자금을 조달했던 사례가 이런 경쟁의 속성을 잘 보여 준다.

콜럼버스는 처음엔 포르투갈 왕 주앙 2세João II에게 신대륙 항해 자금을 요청했으나 거절당했다. 왕은 더 신중한 태도로 남쪽으로 내려간 다음 아프리카를 돌아 동쪽으로 가는 기존 항로를 강화하기를 원했기 때문이다. 콜럼버스는 그다음에 제노바와 베네치아에서 자금을 요청하며 운을 시험해 봤지만 역시 소용없었다.

그러자 콜럼버스는 동생 바르톨로메오를 영국으로 보내 헨리 7세 Henry Ⅶ가 자금을 댈 가능성이 있는지 알아보도록 하고, 자신은 카스티야왕국의 이사벨라 1세Isabella I와 그의 남편인 아라곤왕국의 페르디난도 2세Ferdinand II를 찾아갔다. 당시 스페인(카스티야왕국·아라곤왕국의 연합)은 동쪽으로 가는 항로를 확보하는 경쟁에서 뒤진 상황이었으므로, 콜럼버스는 인도로 향하는 우회로를 찾아 서쪽으로 가는 항해에 자금을 지원하도록 왕 부부를 설득했다. 왕 부부는 자금을 댔을 뿐 아니라 장래의 이익 중 일부를 콜럼버스의 몫으로 허락함으로써 항해의 상업적 성공을 위한 유인까지 제공했다.

탐험과 약탈의 경쟁이 부추긴 유럽인의 항해와, 더 신중했던 중국의 해양 모험을 비교해 보면 정치적 경쟁의 효과가 잘 드러난다. 15세기 초 명明의 황제가 보낸 함대는 콜럼버스가 탈 그 어떤 선박보다 훨씬 큰 배로 구성돼 남아시아와 아프리카를 항해했다. 그러나 15세기 중반, 황궁을 집어삼킨 내분에서 해군 지지파가 패배한 후 명은 조선소와 선박을 부숴 버리고 대양을 가로지르는 항해를 금지했다. 잠재적으로 수익성이 높은 장거리 항해가 막히는 순간이었다.

오스만제국의 인쇄기 도입 역시 경쟁의 부재가 기술 변화에 미치는 파괴적 영향을 보여 주는 사례 중 하나다. 1485년 오스만제국의 술탄은 아랍어 문자의 활판인쇄기를 금지했다. 종교적 지혜를 전파하는 독점적 지위와 영향력을 잃을지 모른다는 교계 기득권층의 두려움을 잠재우고, 경쟁으로 힘들어질 필경사의 우려를 누그러뜨리려는 시도였다.[11] 오스만제국은 기존 인쇄술을 몇 세기 동안 활용한 후 1727년이 돼서야 아랍어 문자 인쇄소를 허용했다. 하지만 엄격한 감독을 받게 했다. 그다음 세기 인쇄소들은 제한적으로 기계를 돌려 단 몇백 종의 책만 찍어 냈을 뿐이다.[12] 이런 장벽은 18세기가 시작될 당시 오스만제국의 문해율이 2~3퍼센트에 그친 이유 가운데 하나일 것이다.[13]

유럽에서의 경쟁은 혁신의 문화와 제도의 적응을 촉진했다. 대표적 예가 종교개혁이다. 유럽의 기업가는 국경을 넘나들며 자신들의 계획을 펼쳤고, 공학자와 물리학자, 건축가 그리고 숙련된 장인들은 새로운 경제적 기회를 찾아 유럽 대륙을 가로질러 이주했다.[14] 압바시야 왕조 통치하의 이슬람제국과 송 왕조 통치하의 중국 역시 몇 차례 혁신의 시기와 수학, 천문학, 공학 분야의 지적 발전을 경험했지만 그 추세가 이어지진 못했다. 유럽의 경우 르네상스 이후 지금까지 문화적 변화가 지속됐으며, 유럽 대륙 그리고 유럽의 문화적 사촌인 북아메리카는 아주 최근까지 경쟁자 없이 500년간 기술 진보의 최전선에 섰다. 물론 지금처럼 세계화된 시대엔 혁신에 기름을 붓는 경쟁은 더 이상 유럽 내부가 아니라 유럽과 북아메리카, 남동아시아 대륙 사이에서 벌어진다.

그렇다면 정치적 분열은 어떻게 온 것일까? 유럽에서는 왜 권력이 분산되면서 비교적 작은 국가 사이에 경쟁이 벌어졌고, 아시아에서는 왜 거대 제국이 통치했을까? 독일계 미국인 역사가인 카를 비트포겔Karl Wittfogel이 그 차이를 설명하는 하나의 이론을 내놓았다. 그가 내놓은 이른바 **수력 가설**hydraulic hypothesis에 의하면, 유럽의 농업은 대부분 강우에 의존하지만, 중국은 댐과 운하의 복잡한 연결망을 개발해 강우에 대한 의존도를 낮췄다. 그 연결망을 운영하는 데 정치권력의 상당한 집중화가 필요했기 때문에 중국의 경우 결과적으로 권력이 집중됐다는 것이다.[15] (비트포겔은 나치 정권을 피해 미국에 정착했으며 《동양적 전제주의Oriental Despotism》를 통해 고대 이집트와 메소포타미아, 중국, 몽골을 비롯한 동양 사회에서 나타난 전제정치의 기원을 중앙집권적 치수治水 사업에서 찾았다 — 옮긴이)

다른 이론도 있다. 지역의 직접적 형태에 주목하는 이론들이다. 과거 율리우스 카이사르Julius Casar와 샤를마뉴Charlemagne(768년부터 카롤링거 왕조의 프랑크왕국을 다스렸고 기원후 800년 로마 황제의 제관을 받았다. 유럽 중부에 광대한 제국을 건설해 814년까지 재위했다 — 옮긴이), 나폴레옹처럼 큰 영토를 장악한 무시무시한 지도자는 유럽에서도 분명 존재했다. 하지만 유럽 대륙을 통제한 그들의 성취는 동시대의 중국과 비교하면 빛이 바랜다. 이런 차이는 유럽과 중국의 지리적 조건에서 기인한다. 양쯔강과 황허 덕분에 중국의 황제는 비옥한 중원을 연결하는 운송 수단을 가질 수 있었다. 하지만 유럽의 패권을 열망하는 이들이 라인강과 다뉴브강처럼 작은 강을 통해 대륙을 빠르게 오가는 데는 제약이 많았다. 더욱이 피레네와 알프스 그리고 카르파티아 산맥은 유럽의 야심 찬 정복자에게는 발트해와 영국해협처럼 거대한 장애물이었다. 유럽 특유의 지형은 영국과 프랑스, 스페인, 스위스, 이탈리아 그리고 스칸디나비아반도 국가엔 외침을 막는 완충 장치가 됐다. 이와 대조적으로 중국의 산악 지대는 중앙집권적 황제의 지배를 막는 역할을 하지 못했다.[16]

또한 프랙털fractal(전체와 부분의 모양은 같지만 크기는 다른 형태가 반복되는 패턴. 복잡계 과학에서 쓰는 용어로 여기서는 복잡하고 불규칙한 해안선을 뜻한다 — 옮긴이) 형태의 유럽 해안선은 권력의 분산을 설명해 주는 또 하나의 지리적 특성이다. 그리스와 이탈리아, 스페인, 스칸디나비아반도의 해안처럼 유럽의 해안은 무수한 만灣과 반도로 이뤄진다. 이러한 특성은 침략자로부터 영토를 효과적으로 지키고, 전쟁 기간에도 상업적 해상운송 항로를 유지할 수 있도록 했다.[17] 자연스럽게 해상무역을 위한 선진 기술 개발을 촉진한 셈이다. 이를 바탕으로 미래에 상업과 부가 폭발적으로 늘어날 수 있는 토대가 유럽에 마련됐다.[18] 동아시아의 해안선에는 한반도를 제외하면 독자적 문화를 발전시킨 반도가 없다.

중국의 사례에서 보듯이 중앙집권화로 이어진 지리적 연결성 geographical connectivity은 중세 시대에는 분명 경제와 기술 측면에서 유익했다. 하지만 산업혁명 전야에는 결국 부정적 효과를 냈다. 기술적 패러다임 전환을 촉진하고 이용하기 위해서는 경쟁과 문화적 유동성이 더욱 유용했기 때문이다.[19]

지리적 연결성이 상충되는 효과를 낸다는 사실은 경제 발전의 다양한 단계에 있는 사회가 각기 다른 정도의 연결성에서 그 혜택을 볼 수 있다는 점을 시사한다. 예를 들어 기술 진보의 잠재적 속도가 비교적 느린 단계라면 중국처럼 높은 지리적 통일성이 경제 성장을 촉진시킨다. 통일성이 경쟁과 혁신에 부정적 효과를 끼침에도 불구하고, 거대한 제국을 효율적으로 지배하면서 법의 지배를 확립하고 공공재에 투자할 수 있기 때문이다. 하지만 기술 진보가 가속화될 단계에서는 더 낮은 수준의 연결성이 번영을 촉진한다. 사회적 결속엔 부정적 영향을 미치지만 경쟁과 혁신을 원활히 하기 때문이다. 달리 말하면 변화의 톱니바퀴가 빠르게 움직이고 기술 진보가 속도를 높이면 성장을 위한 지리적 연결성의 최적 수준이 낮아진다는 뜻이다. 이러한 변화가 두 지역 문명의 운명을 뒤바꿨다.

다만 지금의 중국은 새로운 기술적 패러다임의 대전환을 거치지 않고도 현대적 성장 체제로 이행한 상태다. 그러므로 중국의 경제 규모를 고려할 때 지리적 연결성과 정치의 중앙집권화 그리고 사회적 결속이 중국을 세계적 번영의 최전선으로 돌려놓을 수 있다.

착취적 제도의 기원

8장에서 본 것처럼, 지리적 조건은 식민지마다 달리 형성돼 오늘날까지 이어지는 제도의 특성에도 결정적 영향을 미쳤다.

라틴아메리카, 미국 남부와 마찬가지로 중앙아메리카와 카리브해 연안의 열대기후와 화산 지대 토양은 드넓은 플랜테이션에 대규모 노동력을 투입하는 방식으로 작물을 재배하기에 이상적인 조건이었다. 이런 방식은 가장 효율적이기도 했다.[20] 이러한 지리적 특성은 식민지 시대에는 고도로 집중된 토지 소유 구조로 이어졌고, 노예제와 강제 노동을 통한 극렬한 수탈과 착취의 제도를 낳았다. 이효과는 단기에 그치지 않았다. 식민지는 독립을 이뤘지만 국내 지배계급은 경제적·정치적 격차가 지속돼야만 이득을 볼 수 있었으므로 착취적 제도를 유지하는 경향을 보였다.[21] 콜럼버스가 오기 전, 기술적으로 가장 앞선 문명이 건설됐던 중·남아메리카의 비옥한 지역의 경우 식민지 지배자가 거대한 토착 인구를 쥐어짜기 위해 착취적제도를 만들고 관리했던 바로 그곳이다.[22]

토양과 기후 조건상 영양이 풍부하고 안정적인 농업이 가능한 지역은 인구밀도도 높다. 그러므로 착취적 제도가 나타나고 탈식민지 시대에도 지속되는 상황 역시 지리적 조건의 간접적 영향 탓이라 할 수 있다. 그 영향 탓에 발전은 더 느려지고, 과거에 번영했던 지역 일부는 아메리카에서 가장 빈곤한 곳으로 전락했다.

지리적 조건은 식민지 시대의 불균형 무역에도 영향을 미쳐서, 그러한 무역을 낳고 부추긴 착취적 제도가 더욱 굳어졌다. 풍부한 원자재와 기름진 토양을 갖고도 발전에서 뒤진 아프리카와 아메리카지역이 수탈의 목표물이었으며, 모든 제도 중에서도 가장 착취적인노예무역을 부추겼다.

7장에서 논의한 것처럼, 이 불균형 무역에서 얻는 이득을 통해 식민 지배국은 현대의 지속적 성장 체제로 더 빠르게 전환할 수 있었고, 개발도상국의 성장 체제 전환은 그만큼 느려졌다.[23] 특히 노예제가 아프리카 경제에 끼친 영향은 식민지 시대가 지나고 한참 후까지 지속됐다.[24] 아프리카에서 노예화와 강제 이주의 영향을 가장 많이 받은 국가나 지역은 지금까지도 경제 발전 수준이 낮다.[25] 반대로 무역과 경제적 번영을 가로막는 바위 투성이의 지역은 오히려 노예 사냥꾼을 피하기 용이해 경제 발전이 지속되는 유익한 효과를 냈다.[26]

하지만 지리적 조건이 경쟁과 제도에 미치는 간접적 효과보다 더 심층적인 것은 바로 그것이 문화적 특성에 끼친 영향이다.

지리에 뿌리를 둔 문화적 특성

미래 지향적 사고

미래 지향적 사고 혹은 장기지향성long-term orientation은 경제적 번영을 위해 가장 중요한 문화적 특성 중 하나다. 이는 저축, 교육, 신기술 개발과 채택에 영향을 끼친다. 네덜란드 사회심리학자 헤이르트 호프스테더Geert Hofstede에 따르면 미래 지향적 사고는 국가별로 큰 차이를 보인다.[27] 또한 학자들은 미래 지향적 사고가 인적·물적 자본 형성과 기술 발전 그리고 경제 성장에 기여한다는 점에 주목하며, 국가의 부를 결정하는 근본적 요인으로 지목한다.

미래 지향적 사고의 기원을 추적하면 이것이 진화한 지리적 환경에까지 이른다. 맬서스 연대의 어떤 사회를 예로 들어 보자. 그 사회의 구성원은 두 가지의 토지 활용 전략을 생각한다. 먼저, 소비 전략consumption strategy은 토지 전부를 채집과 어로, 사냥에 이용해 일상적 소비 욕구를 충족시키자는 것이다. 이 전략의 장점은 대단치는 않아도 비교적 안정적인 식량 공급이 보장된다는 것이다. 반대로 투자 전략investment strategy은 토지 일부를 농사에 써서 현재 소비 중 일부를 유보시키는 것이다. 미래의 소비를 위해 현재의 소비를 희생하는 셈이니 어느 정도 미래 지향적 사고가 필요하다.

역사적으로 농사가 잘되는 지역은 투자 전략의 수익성이 높을 테니 이런 지역에서는 더 많은 토지가 경작에 쓰일 것이다. 이처럼 비옥한 지역에 자리 잡은 사회는 실제로 더 높은 소득을 누리고, 맬서스 연대에는 다산의 성공 확률도 비교적 높았을 것이다. 그렇게 투자 전략이 옳았음이 입증돼 미래 지향적 사고에 대한 호의적 태도가 강화됐을 테고, 그 태도는 다음 세대에 전달돼 사회에 더욱 널리 확

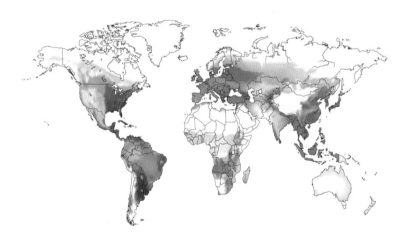

도표 17. 1500년 이전 토종 작물의 잠재적 일일 열량 산출률

이 도표는 기원후 1500년 이전 지역별 토종 작물에 대해 파종부터 수확에 이르는 경작 기간 중 잠재적 일일 열량 산출률의 세계적인 분포를 나타낸다. 색이 짙을수록 산출률이 높은 곳이다.[28]

산댔을 것이다. 즉, 농작물 산출률 차이가 지역별로 미래 지향적 행동의 수준에서 나타나는 차이의 기원일 수 있다.

대륙 간 혹은 대륙 내에서 농작물 산출률이 불균등하게 분포하는 것은 엄연한 사실이다(도표 17). 실제로 기원후 1500년 이전 유럽(보리)과 아시아(벼)의 지배적인 작물은 아프리카의 작물(콩류)과 비교해 에이커당 잠재적 산출 열량이 거의 2배였으나 파종부터 수확까지의 경작 기간은 3분의 2에 불과했다.

농작물 재배의 잠재적 수익률이 높은 지역 출신자들이 많은 국가는 실제로 더 장기 지향적 경향이 있음을 실증 자료로도 알 수 있다. 다른 지리석·문화적·역사적 요인을 고려하더라도 그렇다.[29] 더욱이 유럽사회조사European Social Survey(2002~2014)와 세계가치조사World Values Survey(1981~2014)가 수행한 여론조사를 바탕으로 한 분석 역시 농작물 재배의 잠재적 수익률이 높은 지역 출신자들은 미래 지향적 성향이 높음을 시사한다.[30]

늘 그렇듯이, 앞의 연구 결과는 거꾸로 된 인과관계에 따른 것일 수도 있다. 미래 지향적 사고가 강한 사회는 곧 장기적 투자가 필요한 농사를 선택하는 사회일 수도 있다는 말이다. 하지만 농업의 수익성과 미래지향성의 상관관계는 잠재적 일일 열량 산출률에 관한 것인데, 이는 특정 지역에서 실제 기른 작물의 산출률이 아니라, 순전히 농업 기후적 특성으로 추정하는 산출률이다. 농업 기후적 특성이 (대체로) 인류의 선택에 영향을 받지 않는다는 사실은 역逆의 인과성이 작용하지 않는다는 뜻이다. 그와 동시에 잠재적 일일 열량 산출률이 (아니나 다를까) 실제 산출률과 높은 상관관계를 가진다는 사실은 산출률이 정말로 미래 지향적 사고의 강화를 촉발하는 기제라는 것을 시사한다.

미래 지향적 사고가 강한 사회가 장기적 산출률이 높은 작물에 적합한 지역으로 이주했을 수도 있다. 그러나 콜럼버스의 교류 이후 아메리카에서 온 옥수수와 감자처럼 산출률이 높은 작물의 도입은 이미 정착한 구세계 주민에게 중대한 영향을 미쳤다.[31] 이는 적어도 부분적으로는 선택적 이주가 아니라 문화적 적응 과정을 통해 미래 지향적 사고가 생겼음을 가리킨다.

여기서 중요한 점은, 현재 유럽과 미국에 거주하는 이민자 2세대에 관한 연구에서 발견된다. 이민자 2세대가 얼마나 미래 지향적 사고를 갖는지는 그 세대가 태어나서 자란 국가보다 그들 부모의 고국에서 자라는 농작물의 잠재적 산출률과 상관관계가 있다는 것이다. 이런 경우 농작물 산출률(혹은 그 바탕에 있는 농업 기후적 특성)이 미래 지향적 사고에 주는 영향은 지리적 조건의 직접적 효과가 아니라, 문화적으로 체화해 세대 간에 전해지는 것이다.[32]

지리적 조건을 문화적 특성으로 바꾸는 것은 농작물 산출률뿐만이 아니다. 농작물에 적합한 경작 유형 또한 그 역할을 한다. 중국의 경우 벼농사에 맞는 토양의 적합성이 집산주의적이고 상호 의존적인 문화를 형성하는 데 기여했음을 시사하는 증거가 있다. 실제로 벼농사를 지으려면 공용의 대규모 관개시설이 필요하다. 반면 비교적 낮은 수준의 협력이 필요한 밀 재배의 경우 개인주의적 문화 출현에 이바지했다.[33] 마찬가지로 국가 간 비교를 통해 더 노동집약적인 농작물에 적합한 토지가 집산주의적 문화 출현과 관련이 있음도 알 수 있다.[34]

성별 역할

인류가 정체기에서 성장의 시대로 이행하는 데 중요한 동력 중 하나는 여성의 임금노동 참가다. 이는 주로 산업화에 따른 것이었다. 산업화에 따라 성별 임금격차가 줄어들면서 소가족에 대한 유인이 커지고 인구변천이 촉진됐다. 하지만 성별 역할에 대한 각 사회의 지배적 태도 역시 중요한 요인이었으며 지금도 그렇다. 이 요인은 어떤 지역에서는 여성의 노동시장 진입과 발전 과정을 촉진했지만 다른 곳에서는 방해했다. 여기서도 그러한 문화적 특성이 어디서 비롯됐는지 추적하면 결국 지리적 조건에 이른다.

1970년 덴마크 경제학자 에스테르 보세루프Esther·Boserup는 오늘날 노동시장에서 여성 역할에 대한 태도 차이는 산업화 이전 경작 방식의 산물이라는 가설을 세웠다. 이 가설에 따르면, 지역별로 토양의 특성과 우세한 작물은 다르기 마련인데 어떤 지역에선 농부가 직접 괭이와 갈퀴로 땅을 갈았지만, 다른 지역에선 말이나 소가 끄는 쟁기를 이용했다. 동물을 다루며 쟁기를 쓰려면 상체의 강한 힘이 필요하므로 남성이 훨씬 유리했다. 쟁기를 많이 쓰는 지역 여성의 일은 인류사 내내 집안일에 한정됐다. 한마디로 쟁기에 적합한 토양의 특성이 노동의 성별 분화를 초래했다는 주장이다.

실제로 전 세계의 농업사회에서 나온 증거가 보세루프의 가설을 뒷받침한다. 쟁기를 쓰는 지역은 가계 내의 노동 분화가 뚜렷했다. 남성은 주로 농사를, 여성은 가사를 맡았다. 그렇다면 괭이와 갈퀴를 쓰는 지역은 어땠을까? 물론 가사가 주로 여성의 영역이긴 했지만, 물을 긷고, 소젖을 짜고, 땔감을 모으는 여타 노동뿐 아니라 농사도 땅을 가는 일부터 씨를 뿌리고 거두는 일까지 나눠 일하는 경향을 보였다.

하지만 쟁기는 농사뿐 아니라 모든 활동에서 노동 분화를 초래했다. 세계가치조사가 수행한 여론조사(2004~2011)를 기초로 한 분석을 보면, 지금의 다양한 성별 편향성이 쟁기 채택과 관련이 있음을 시사한다. 이는 왜 쟁기를 더 일찍 쓴 지역일수록 노동시장과 기업 이사회, 정치계에 여성이 더 적은지를 부분적으로 설명해 줄 수 있다.[35]

여성에 대한 태도에 쟁기가 미친 영향은 현재 유럽과 미국에서도 분명히 나타난다. 쟁기를 쓰는 국가에서 온 이민자 2세대는 그렇지 않은 이들보다 여성에 대한 평등주의적 견해가 희박했고, 여성의 경우 같은 경제적 유인과 기회가 있더라도 노동시장 참여율이 더 낮은 경향을 보였다. 이들이 선조의 지리적 환경에 영향을 받았다는 사실은 성별 역할에 대한 태도가 세대를 걸쳐 전달됐음을 시사한다. (앞서 말한 것처럼, 여성의 노동시장 참여에 대한 견해는 다른 문화적 특성보다 더 빠르게 지배적 문화에 수렴하는 경향이 있긴 하지만) 이러한 역사적 유산은 다른 제도와 교육체계를 형성한 지역으로 이주하더라도 지속된다는 것을 보여 준다.[36]

손실 회피

노벨 경제학상 수상자인 대니얼 카너먼Daniel Kahneman과 인지심리학자 아모스 트버스키Amos Tversky는 같거나 비슷한 규모의 이득보다 손실에 더 큰 비중을 두는 인류의 공통적 성향을 밝혀냈다.[37] 그들이 밝혀낸 '손실 회피loss aversion'는 어떤 집단의 기업가 활동 수준을 결정하는 중요한 요인이며, 현대사회에서 경제 성장을 추동하는 데 중대한 요소로도 작용한다.

손실 회피 역시 그 기원을 추적해 가면 지리적 환경까지 닿는다. 그중에서도 특히 기후 환경의 영향이 중요하게 작용한다. 인류사 대부분에 걸쳐 생산성 혹은 '소득'은 겨우 생존 유지 수준에 그쳤다. 맬서스 연대를 살아가는 농민과 사냥꾼, 목축인에게 가뭄 같은 부정적 기후 조건은 흔히 기근을 초래했다. 가뭄이 절멸로 이어지기도 했다. 반대로 풍부한 농산물을 얻을 수 있는 우호적 기후 조건은 생활수준과 성공적 출산을 일시적으로만 끌어올려 줬다. 진화의 관점에서 보면 잠재적 이득을 희생하더라도 불리한 기후변동에 따른 재앙적 손실에 대비하는 것이 신중한 행동이다.

그렇다면 인류의 손실 회피는 멸종의 위협을 느낀 고대 환경에 적응하며 생긴 문화적 특성일까? 기후 조건이 다른 지역에서 온 집단의 손실 회피 성향이 뚜렷한 차이를 보인다는 사실은 실제로 그럴 수 있다는 것을 시사한다.

가상의 두 대륙을 예로 들어 보자. 날씨가 변덕스러운 '볼러틸리아Volatilia'와 한결같은 날씨의 '유니포미아Uniformia'다. 두 대륙 모두 농작물 생산에 해로운 기후변동이 있지만, 볼러틸리아는 날씨의 변동이 훨씬 더 극단적이다. 두 대륙은 날씨의 지역적 차이에서도 다른 패턴을 보인다. 유니포미아에 강추위가 올 경우 모든 지역이 똑같이 얼어붙는다. 하지만 볼러틸리아에서는 혹독한 날씨가 닥치면 대부분 지역이 극단적 기온에 노출되지만 일부 지역에서는 여전히 우호적인 기후 조건이 유지된다. 따라서 볼러틸리아에서는 혹독한 날씨를 견디기 유난히 힘든 해에도 어떤 지역의 거주자들은 피해를 모면할 수 있다. 하지만 유니포미아에서는 혹독한 기후변동이 인구 전체에 영향을 끼치며 대량 멸종의 위험이 높다.

이 두 대륙에 다양한 사회가 터전을 잡고 있다. 어떤 곳에서는 손실 회피 성향이 강하게 나타나지만 상대적으로 중립적인 성향을 지닌 곳도 있다. 아마도 손실 회피 성향이 강한 곳이라면, 평균 산출률은 낮더라도 기후변동에 덜 취약한 농작물을 많이 재배할 것이다. 이 전략은 기후변동이 있어도 생활수준을 어느 선에서 보장할 수 있다. 따라서 그 지역의 인구 규모는 안정된 상태를 유지한다. 이와 대조적으로 손실에 중립적인 곳은 어떨까? 산출률이 더 높을 것으로 기대되지만 기후변동에 취약한 농작물을 선택할 것이다. 우호적인 기후라면 수확물이 남아돌아 가족을 늘릴 수 있겠지만, 기후가 나쁠 때는 생존에 필요한 것보다 적은 수확물을 거둘 테니 가족이 전멸할 위험에 내몰린다.

물론 두 대륙은 언젠가 유난히 가혹한 기후를 경험할 것이다. 유니포미아에서는 필연적으로 인구 전체가 그 영향을 받을 테고, 자신들의 성향대로 결정한 손실 중립적 사회는 완전히 끝장이 날 수 있다. 대륙 전체가 가혹한 기후를 경험할 테니 손실 중립적 사회에서는 모두가 같은 고통을 겪고 아무도 살아남지 못할 것이다. 반면, 대륙 내 지역 간 기후 패턴이 다른 볼러틸리아에서는 일부 손실 중립적 사회가 그 위기를 모면할 테고, 그중에서 또 일부는 풍부하고 충분한 농작물 수확과 인구 증가를 경험할 것이다. 그 소수의 운 좋은 손실 중립적 사회는 이웃의 손실 회피적 사회보다 더 빠르게 확장될 것이고, 볼러틸리아 전체 인구 중 손실 중립적 특성이 우세해지면서 인구 구성까지 달라질 것이다. 지구상에서 볼러틸리아와 비슷한 지역이라면 손실 회피형 인구 비중이 낮을 것이고, 유니포미아와 비슷한 지역이라면 손실 회피형 인구 비중이 더 높으리라 추정할 수 있다.[38] 유럽사회조사(2002~2014)와 세계가치조사(1981~2014), 종합사회조사General Social Survey(1972~2018)가 수행한 여론조사뿐 아니라 실험에서 나온 증거 역시 국가 내, 그리고 국가 간 손실 회피 정도 차이에 대한 추정치를 보여 준다.

지난 1,500년간의 기후 데이터와 결합하고, 지리적·문화적·역사적으로 교란 요인이 될 수 있는 것을 고려한 실증 자료를 보면, 실제로 변동성이 높은 기후 조건이 손실 회피 수준이 낮은 문화를 출현시키는 데 기여했음이 드러난다. 반면 기후변동이 비교적 일정한 지역일수록 더욱 손실 회피적 문화에 이바지했다.[39]

물론 기후변동과 손실 회피 사이의 연관성은, 손실 회피적인 개인과 사회가 변동성이 덜한 환경에 정착했을 가능성이 더 높다는 사실을 반영하는 것일 수도 있다. 그러나 앞서 본 것처럼 콜럼버스 시대의 교류 과정에서, 자라는 계절이 다른(기후 변동성에 취약한 정도가 다른) 새로운 농작물을 채택한 사례는 우리가 그러한 가능성(손실 회피와 기후 변동성 간 역의 인과 효과 가능성 — 옮긴이)을 시험할 수 있게 한다. 증거 자료는 새로운 작물과 연관된 기후 변동성이 이미 구세계에 정착한 인구의 손실 중립성 정도에 상당한 영향을 미쳤음을 시사한다. 즉, 기후의 영향력이 실제로 작용한다는 뜻이다.

또한 이번에도 유럽과 아메리카에서 태어난 이민자 2세대를 상대로 한 조사를 바탕으로 실증 분석한 결과, 그들의 손실 회피 정도는 그들 부모가 태어난 국가의 기후 조건과 상관관계가 있는 것으로 밝혀졌다. 이는 기후 변동성이 손실 회피에 미치는 영향은 직접적이지 않다는 증거다. 그 영향은 문화적으로 구체화하고 다음 세대에 전달되면서 몇 세기 동안 적응 과정에서 형성된 특성을 통해 미친 것

이다.[40)]

문화와 언어적 특성의 공진화

북극 가까이에 사는 이누이트족과 노르웨이와 스웨덴, 핀란드 북부의 사미족 Sámi 은 눈의 다양한 유형을 묘사하는 수많은 방법을 알고 있다고 한다. 당연히 눈이 희귀한 남쪽 종족은 눈을 묘사하는 낱말을 그토록 풍부하게 개발하지 않는다.[41)] 이와 비슷하게 햇빛에 더 많이 노출되는 지역에선 경우 초록색과 파란색을 구분하는 능력이 떨어지는 탓에 그 두 색상을 뭉뚱그린 낱말이 쓰일 가능성이 높다. 반면 호수에 가까운 지역이라면 파란색을 구별하는 낱말이 쓰일 가능성이 높다.[42)]

언어는 무수한 요인이 어우러져 형성된다. 그 영향 중에 언어가 진화한 지역의 환경과 지리, 문화, 제도의 특성이 포함되는 것은 전적으로 가능한 일이다. 문화와 제도처럼 언어의 특성 역시 세대를 걸쳐 전해진다. 또한 항상 변화하는 속성을 지닌 인류의 경험에 관한 의사소통을 하도록 언어는 끊임없이 변경되고 수정된다. 필연적으로 각 언어 집단의 역사 흐름에서 가장 효율적이고 유용한 언어적 특성은 널리 전파되고 우세해졌다.[43)]

이른바 언어지위 가설 linguistic niche hypothesis 에 따르면, 언어는 사회와 환경의 압력에 대응해 진화한다.[44)] 즉, 이누이트족과 사미족은 다양한 형태의 눈을 묘사하는 낱말을 추가함으로써 틀림없이 소통에 도움을 받았을 테고, 바로 그 때문에 그 말이 생겨나고 진화하며 살아남았을 것이다[저자는 Lupyan and Dale(2010)을 인용한다. 논문은 생물 종이 특수한 생태적 지위 niche 에 적응하듯 언어 구조도 서로 다른 사회적 환경의 진화적 압력에 따라 달라진다는 가설을 세운다. 이들의 또 다른 논문 〈Understanding The Origins Of Morphological Diversity: The Linguistic Niche Hypothesis〉(2011)에서는 언어가 학습되고 쓰이는 사회적 환경에 따라 변화하며, 말을 배우는 이들의 언어가 학습에 따르는 제약과 편향에 적응한다고 주장한다 — 옮긴이].

언어는 복잡해지는 세계에서 의사소통을 원활히 도울 뿐 아니라 말하는 이의 마음가짐에도 영향을 준다. 생각하고 인식하고 서로 관련짓는 방식과 세계 전체에도 영향을 끼친다. 그렇게 언어는 기존의 문화적 태도를 강화하는 잠재력을 지닌다.[45] 문화와 언어의 특성이 세 가지 핵심적인 쌍을 이뤄 공진화한 것이 이 패턴을 잘 보여 준다.[46] 그 세 쌍의 특성은 각기 그 언어가 생겨난 지역의 지리적 환경에 뿌리를 두고 발전 과정에 상당한 영향을 미친다.

첫 번째 쌍은 성별 역할에 대한 태도와 관련된다. 토양이 쟁기 사용에 적합해 성별로 뚜렷한 노동 분화가 이뤄진 남유럽 같은 지역은 로망스어Romance languages(라틴어에서 갈라진 프랑스어, 이탈리아어, 스페인어 따위 — 옮긴이)처럼 문법상 성을 구분하는 언어가 나타나는 경향을 보였다. 반대로 쟁기 사용이 어려운 지역에선 성별에 중립적인 언어가 생겨나는 경향이 나타났다. 문법상의 성 구분은 성에 대한 편견과 노동의 성별 분화를 더욱 굳히고 지속시켰으며 여성의 인적자본 형성과 노동시장 참여, 전반적인 경제 발전에도 부정적 영향을 미쳤다.[47]

두 번째 쌍은 사회적 위계질서에 대한 태도와 관련된다. 한쪽은 사막과, 다른 쪽은 바다와 마주한 산악 지대를 생각해 보자. 이렇게 생태적 다양성이 높은 지역에서는 다양한 생태 환경에 사는 이들이 각자 전문화된 기술과 상품을 개발하고, 이에 따라 공동체 사이의 교역이 촉진된다. 이러한 환경은 교역을 더 원활히 하기 위한 기반 시설을 제공하고 재산권을 보호하는 제도를 출현시킨다.[48] 이러한 제도와 통치 권력은 위계적 사회 발전에 기여하며, 사회적 위계를 분명히 하는 공손성 구분politeness distinction의 언어 체계가 나타나는 데 일조한다.

예를 들어 독일에서는 전통적으로 손윗사람이나 낯선 이를 호칭할 때는 '지Sie'(당신―옮긴이)를 쓰고, 자녀나 친구, 친척과 대화할 때 '두du'(너, 자네―옮긴이)를 쓴다. 스페인어의 '뚜tú'(너, 자네―옮긴이)와 '우스뗀usted'(당신, 귀하―옮긴이)처럼 다른 언어에도 비슷한 구분이 있다. 이러한 언어 체계는 사회적 지위가 다른 이들 사이의 상호작용을 더 원활하게 했을 것이다. 또한 그 자체로 강력한 힘으로서, 사회적 위계질서를 공고히 하면서 사회적 결속력을 높이지만, 개인주의나 기업가정신엔 부정적 영향을 미쳤을 가능성이 높다.[49]

세 번째 쌍은 미래에 대한 태도와 관련된다. 우리가 보았듯이 열량이 풍부한 농작물을 키우는 데 유리한 기후와 지리 조건은 미래 지향적 사고를 강화시키는 경향이 있다. 이런 지역에서는 우회적인 미래 시제가 출현하는 경향을 보인다. 예를 들어 영어에서 의지와 소망, 미래 계획을 나타내기 위해 '셸shall'이나 '윌will', '고잉 투going to' 같은 조동사를 쓰는 식이다. 어떤 언어학자들은 (조동사를 사용하는―옮긴이) 우회적인 미래 시제가 장기적으로 사고하며 미래의 행동을 결의하는 성향을 반영한다고 주장한다.[50] 실제로 이런 구문을 쓰는 사회일수록 미래 지향적 사고가 강한 특징을 보인다. 이런 사회는 저축을 더 많이 하고, 더 높은 수준의 교육을 받으며, 흡연율과

비만율이 낮고 더 높은 1인당 소득을 누린다.[51]

비교발전의 뿌리

지금까지 우리는 지리적 조건이 어떻게 발전에 다양한 방식으로 영향을 미쳤는지를 살펴봤다. 지리적 조건은 지역별로 우세하게 발생하는 질병과 풍부한 자연 자원을 통해, 그리고 경쟁과 기술혁신을 확대함으로써 발전에 영향을 미쳤다. 그뿐 아니라 서로를 강화하는 제도적·문화적 특성뿐만 아니라 언어적 특성까지 촉진함으로써 발전에 영향을 줬다.

대규모 플랜테이션에 유리한 토양의 특성은 착취적 제도를 출현시켰을 뿐만 아니라 착취와 노예제에 대한 뒤틀린 도덕적 정당화를 제공하는 인종주의의 문화적 특성을 더욱 강화했다. 농업의 수익률을 높이는 데 도움이 되는 지리적 특성은 미래 지향적 사고를 강화하고 확산시키는 문화적 특성의 출현으로 이어졌다. 이와 더불어 재산권을 보호하고 계약을 집행함으로써 그런 특성을 강화하는 제도도 출현시켰다. 쟁기 사용에 적합한 토양은 성별 역할에 대한 문화적 태도에 지속적이고 상당한 영향을 미쳤으며, 제도적 성차별에도 일조했을 것이다.

다시 말해 지리적 특성은 문화와 제도 그리고 생산성의 진화를 작동시키는 **궁극적 힘** 가운데 일부다. 인류의 여정을 추동하는 변화의 톱니바퀴에도 영향을 준 이 뿌리 깊은 요인은 어떤 지역에서는 성장 체제의 출현을 촉진하고 다른 곳에서는 오히려 지연시켰다. 또한 문화적·제도적 특성과 함께 산업혁명의 폭발적 기술 발전이 일어나는 시기와 장소에 영향을 주고 궁극적으로는 인구변천이 시작되도록 했다. 그렇게 오늘날 국가 간 부의 격차로 이어진 뿌리 가운데 일부를 드러내며, 우리의 불평등 문제를 해결할 수 있는 실마리를 제공한다.

그러나 지리적 특성이 남긴 수수께끼도 있다. 지리의 영향이 그토록 뿌리 깊은 것이라면, 어쩌면 유럽이 산업혁명의 주역이 될 것으로 예정돼 있었다면, 왜 유럽은, 특히 북부와 서부 유럽이 인류사에서 그토록 오랜 기간 경제 면에서 상대적으로 낙후돼 있었을까? 달리 말하면, 왜 인류 최초의 문명은 유럽이 아니라 메소포타미아에서 나타났을까? 이 결정적 의문을 풀려면 인류의 여정에서 또 한 걸음 더 거슬러 올라가야 한다. 산업혁명보다 훨씬 일찍 일어난 신석기혁명으로 거슬러 올라가 지리적 조건이 어떤 영향을 주었는지를 탐구해야 한다.

11 ───── 농업 혁명의 유산

1989년, 몇 해 동안 계속된 가뭄으로 이스라엘 북부 갈릴리호 수위가 급격히 떨어졌다. 그러자 2만 3,000년 전에 있었던 작은 마을의 유적이 드러났다. 고고학자들은 인류의 유해뿐만 아니라 비교적 잘 보존된 나뭇가지 오두막 여섯 곳의 자취와 부싯돌, 동물 뼈와 나무로 만든 도구, 구슬을 찾아냈다. 얼핏 보면 그곳은 전 세계에서 발견된 다른 유적과 비슷한, 전형적인 수렵·채집인의 주거지 모습이었다. 그런데 고고학자들이 더 깊이 파 들어가자 농작물을 추수할 때 쓴 낫과 곡물을 빻았던 맷돌처럼 놀라울 만큼 발전한 기술의 증거가 발견됐다. 훨씬 나중 시기의 유적에서만 출토됐던 도구였다. 무엇보다 놀라운 발견은 가장 이른 시기에 이뤄진 소규모 식물 재배의 흔적이었다.

이른바 '오할로 IIOhalo II' 유적에서 나온 이 증거는 오랜 기간 인류가 밀과 보리의 씨를 뿌리고 수확한 증거를 보여 줬다. 신석기혁명의 동이 트면서 농업으로 전환이 이뤄지기 시작한 시기로 받아들

여겼던 것보다 약 1만 1,000년 이른 시기에 일어난 일이었다.[1] 이 마을은 몇 세대가 살고 난 후 화재로 버려진 것으로 보이지만, 지역 전체는 몇천 년간 기술 진보의 최전선에 있었다. 실제로 광범위한 농업이 이뤄졌다는 최초의 증거는 요르단강 유역의 텔 예리코Tel Jericho와 다마스쿠스 근처의 텔 아스와드Tel Aswad처럼 그곳에서 가까운 유적지에서 나왔다.

산업혁명 후 영국이 기술적으로 앞선 데 따른 혜택을 누린 것과 똑같이, 농업을 먼저 발전시킨 문명은 신석기혁명 후 앞서 출발한 데 따른 혜택을 몇천 년간 경험했다. 그들은 상대적으로 높은 수준의 농업기술 덕분에 더 많고 조밀해진 인구를 부양할 수 있었고, 그렇게 늘어난 인구는 더 많은 기술 발전과 가장 이른 인류 문명의 출현을 촉진했다. 그렇다면 신석기혁명은 왜 다른 곳이 아니라 이 지역에서 일어났을까? 그리고 그 효과가 왜 그토록 오래 이어졌을까?

신석기혁명의 근원과 영향

다이아몬드는 전 세계적으로 불균등한 발전을 농업 혁명이 시작된 시기와 연결 짓는 설득력 있는 논문을 발표했다. 특히 그는 지구상 가장 강력한 문명이 왜 사하라 남쪽 아프리카나 아메리카 혹은 오세아니아가 아닌 유라시아 대륙에서 일어났는지에 대한 흥미로운 답을 내놓았다.[2] 다이아몬드에 따르면 유라시아에서 신석기혁명이 더 일찍 일어난 까닭은 이 대륙의 방향뿐만 아니라 생물다양성에 있다. 그는 거의 1만 2,000년 전 비옥한 초승달 지대에서 농업 혁명이 가장 먼저 시작된 것은 인류가 기를 수 있는 동식물이 풍부한 곳이었기 때문이라고 주장했다.

실제로 지구상에서 낟알이 굵은 야생 곡물 중 상당수가 비옥한 초승달 지대에서 처음으로 재배됐다. 과일나무나 양과 염소, 돼지 같은 다양한 동물뿐 아니라 밀과 보리, 아마, 병아리콩, 렌틸콩, 완두콩을 포함해 인류의 농업이 시작되는 시기의 작물은 이 지역에서 처음으로 사육되고 재배됐다. 유라시아 대륙 중 다른 곳에서도 생물다양성이 농업에 도움을 줘서 약 1만 년 전에는 남동아시아에서 독자적인 농업이 시작됐다. 다른 지역에서도 야생 동식물을 기르려는 숱한 시도가 있었지만, 그 과정은 적응에 대한 생물학적 저항 탓에 가로막히거나 늦어졌다.

비옥한 초승달 지대의 야생 곡물은 자화수정(한 꽃에서 이뤄지는 가루받이 — 옮긴이)으로 번식하고, 단백질이 풍부하며 장기간 보관이 가능해 매력적이었으며 재배도 간단했다. 이와 대조적으로 중앙아메리카에서 자라던 옥수수의 먼 조상인 테오신트teosinte(멕시코와 중앙아메리카에 서식하는 옥수수속의 야생종을 이르며 '신의 곡물'이라는 뜻이다 — 옮긴이)는 재배에 필요한 근본적으로 물리적인 변화가 나타나도록 오랜 기간 선택적인 품종개량 과정을 거쳐야 했다. 이로 인해 중앙아메리카에서는 비옥한 초승달 지대에서 밀과 보리를 재배했던 것보다 몇 천 년 후에 옥수수를 재배할 수 있었다.

다른 곡물과 나무를 재배하는 것도 비슷한 문제로 어려움을 겪었다. 참나무의 경우 여전히 문제가 있다. 참나무의 열매인 도토리는 아메리카 원주민에게 중요한 식량 공급원이었는데, 그들은 참나무의 품종개량 대신 도토리의 쓴맛을 내는 타닌을 없애는 법을 개발했다.

가축을 구할 수 있는 지역은 더 제한적인 데다 대륙별 차이가 컸다. 농업 혁명이 일어날 때까지 아프리카와 유라시아의 동물은 수백만 년간 원시 인류의 서로 다른 종과 함께 살면서 인류의 더욱 정교해지는 사냥 전략에 끊임없이 적응했다. 하지만 오세아니아와 아메리카에서는 그런 적응과 진화의 훨씬 나중 단계에 인류가 찾아왔고, 더욱 발전한 인류의 사냥 기술에 큰 사냥감은 적응할 시간이 충분하지 않았다. 이 지역에서 몸집이 큰 포유류 대부분은 수렵·채집인이 처음으로 도착하고 얼마 안 지나 멸종으로 내몰렸고, 인류가 야생동물 사육을 시작한 시대까지 살아남지 못했다.

다이아몬드는 유라시아가 상대적으로 일찍 농업시대로 이행한 까닭을 이 책 1장에서 잠시 언급한 것과 같이 지리적 요인에서 찾는다. 바로 유라시아의 땅덩어리가 동서 방향으로 펼쳐졌다는 사실이다. 유라시아는 주로 이 수평축을 따라 뻗어 나가므로 대부분의 지역이 비슷한 위도를 따라 자리 잡는다. 대부분이 유사한 기후 조건 아래 있으며, 그 덕분에 농업 혁명 기간엔 광대한 지역에 걸쳐 동식물과 더불어 농사 관행까지 퍼질 수 있었다. 새로운 농업기술과 재배하기 시작한 지 얼마 안 된 곡물은 지리적 장애물에 부딪히지 않고 광범위하고 급속하게 퍼질 수 있었다.

그와 대조적으로 아프리카와 아메리카의 땅덩어리는 주로 남북의 축을 따라 뻗어 나간다. 중앙아메리카와 아프리카 일부 지역은 상대적으로 일찍 농업으로 전환하는 경험을 했다. 하지만 사하라사막과 아메리카 중부 열대우림 같은 곳은 지리적 장애물뿐만 아니라 기후와 토양의 커다란 차이에 맞닥뜨렸으므로 재배할 수 있는 농작물과 농사 관행이 이 대륙 내에서 각 지역으로 전파되는 속도는 더 느렸다.

유라시아의 문명은 기를 수 있는 동식물뿐만 아니라 농업기술이 더 빠르게 전파된 덕분에 기술 측면에서 실질적으로 앞설 수 있었다. 그리고 일단 그 기술을 얻고 나자 장점은 배가됐다. 관개와 경작 방식의 형태로 나타난 기술혁신은 농업에서 더 많은 수확물을 창출했고, 그에 따라 인구밀도는 더 높아졌다. 인구밀도가 증가하면서 전문화가 가능해졌다. 예를 들어 한 가족이나 지역공동체는 다른 작물을 기르는 이웃과 생산물을 교환할 수 있으므로 특정 작물을 기르는 데 온 힘을 쏟을 수 있었다. 노동 분화로 더 효율적인 생산방식의 개발과 식량을 생산하지 않는 계급의 출현이 원활해졌으며, 이런 계급은 지식 창출과 더 많은 기술 진보에 박차를 가했다.

각각의 진보가 또 다른 진보로 이어지면서 비옥한 초승달 지대의 문명은 더 나아가 세계 최초의 도시와 경이로운 건축물을 세우고 청동에 이어 철을 가공하며 문자 체계를 개발했다. 그들은 또한 재산권과 법의 지배라는 개념을 발전시켜 성장 활력을 높이는 제도를 고안함으로써 다시금 자원의 효과적인 사용과 더 많은 기술 진보를 뒷받침했다.[3]

인류가 앞으로 나아갈 때는 흔히 거센 역풍을 맞았다. 인구밀도가 높아지고 동물 사육이 늘어남에 따라 인류는 바이러스와 박테리아에 더 많이 노출됐다. 천연두와 말라리아, 홍역, 콜레라, 폐렴, 독감처럼 역사상 가장 재앙적인 질병 중 일부는 주로 동물에서 생겨나서 농업과 목축으로 살아가는 인류에게 퍼진 질병의 변종이다.

단기적으로는 이 질병이 촉발한 감염병이 유행해 인류 사망률이 높아졌다. 그러나 장기적으로는 신석기혁명을 더 일찍 경험한 인구가 이들 감염병에 더 강한 면역력을 갖도록 진화했다.[4] 이러한 적응 덕분에 궁극적으로 크고 작은 도시의 가혹한 환경으로 이행하기가

　　　　　　　2부　부와 불평등의 기원

수월해졌다. 그렇게 그들은 훨씬 늦게 농업사회로 전환한 인구와 접촉하거나 충돌했을 때 상대를 파멸시키는 경쟁에서 우위를 가질 수 있었다.

인류가 벌인 전쟁의 역사에서 승자는 흔히 가장 치명적인 병원균을 지닌 이들이었다. 16세기에 스페인은 아메리카의 가장 강력한 두 제국을 공격했다. 오늘날 멕시코에 있는 아스테카제국과 페루 주변의 잉카제국이다. 스페인인은 그 전에는 아메리카에 이르지 않았던 천연두와 독감, 티푸스, 홍역 균을 지닌 채 상륙해 수많은 아스테카인을 죽음으로 내몰았다. 이 제국의 끝에서 두 번째 황제인 쿠이틀라우악Cuitláhuac도 아마 그중 한 명이었을 것이다. 에르난 코르테스Hernán Cortés가 이끄는 정복자는 그들의 방패가 된 면역 체계를 갖추고 우월한 기술로 무장해 중앙아메리카의 가장 강력한 제국을 굴복시킬 수 있었다.

그들이 수입한 병원균은 흔히 침략자 자신보다 더 빠르게 퍼졌다. 병원균은 스페인인이 안데스산맥에 발을 들여놓기도 전에 잉카제국의 인구를 완전히 무너뜨렸다. 다수의 설명에 따르면 잉카의 황제 우아이나 카팍Huayna Capac은 1524년 그의 제국을 덮친 천연두 아니면 홍역으로 쓰러졌다. 그 결과로 아들들 사이에 벌어진 승계 전쟁 때문에 프란시스코 피사로Francisco Pizarro가 이끌고 온 스페인의 소규모 부대는 우월한 무기로 잉카제국을 정복할 수 있었다.

북아메리카와 태평양의 섬, 남아프리카, 그리고 호주에서도 유럽인이 처음으로 닻을 내리고 재채기를 한 직후에 수많은 원주민 인구가 절멸했다. 유럽인이 배를 타고 올 때 지니고 온 병원균이 퍼졌기 때문이다.

모든 대륙에서 초기의 농업 문명은 일반적으로 더 많은 인구와 더 강한 기술력을 앞세워 수렵·채집인을 몰아냈다. 일부는 먼 곳으로 쫓아 버리고 다른 이들은 파멸시키거나 통합했다.[5]

어떤 조우에서는 수렵·채집인이 농업을 채택하며 더 자발적으로 생존 전략을 바꾸었다.[6] 사실 중·남아메리카의 원주민 중 일부는 유럽인이 그들의 해안에 도착하기 수천 년 전에 이미 농업으로 전환한 터였다. 그렇다 해도 그 전환은 너무 늦었다. 유럽인이 앞서 나가면서 극적인 기술 격차가 생겼기 때문이다. 원주민은 유럽인의 무기에 상대가 되지 않았고 자신들의 문명이 파괴되는 것을 막을 수단도 갖지 못했다.

유럽인의 아메리카 정복은 아마 상대적으로 일찍 농업을 받아들였던 문명이 퍼져 나간 사례로 가장 두드러진 경우일 것이다. 물론 신석기의 농민이 약 8,000~9,000년 전 유럽 대륙으로 퍼져 나간 것을 포함해 훨씬 이른 시기에 나타난 확산 과정도 있었다. 비옥한 초승달 지대에서 신석기혁명이 시작된 후 선사시대 농민은 나일강과 유프라테스강 그리고 티그리스강 주변에 강력한 공동체를 건설하며 유목 생활을 하던 기존 부족을 밀어냈다. 그들의 우위가 더 확실해지면서 농민은 튀르키예의 아나톨리아에서 유럽으로 이주하기 시작해 일부 수렵·채집인을 쫓아내고 다른 이들은 농업사회로 전환했다. 흥미롭게도 그때부터 이주자가 유럽을 줄곧 들락날락했지만, 오늘날 유럽인의 선조 중 상당수는 그 시조가 이 아나톨리아 농민이다.[7]

동아시아에서는 1만 년 전 중국 북부에서 신석기혁명이 시작됐다. 이때도 역시 농민이 남쪽으로 몰려올 때 자신들의 경로에 있던 수렵·채집인 대다수를 쫓아냈을 뿐만 아니라 신석기혁명에 늦어서

2부 부와 불평등의 기원

발전에 뒤진 다른 농업사회까지 몰아냈음을 언어학적 증거가 시사한다. 그 농민은 거의 6,000년 전에 중국 남동부에서 대만섬으로 이주해 정착했다. 대다수의 설명에 따르면, 이 이주자의 후손인 오스트로네시아인Austronesian은 자신들의 항해술을 이용해 섬 사이를 오가다가 필리핀과 인도네시아까지 갔다. 그다음에는 훨씬 넓은 바다와 대양을 건너 동쪽으로는 하와이와 이스터섬, 남쪽으로는 뉴질랜드, 그리고 서쪽으로는 마다가스카르까지 닿았다.

오스트로네시아인의 맹렬한 공격에서 살아남은 원주민의 경우 대개 이미 광범위하게 농업을 채택했거나, 토양의 특성 탓에 경작이 어려운 지역으로 옮겨 자리 잡았다. 몇몇 섬에서는 오스트로네시아인이 그 지역의 생태계에 너무나 심한 손상을 입혀 더는 농사를 지을 수 없었다. 해당 지역 원주민은 고기잡이와 사냥, 그리고 채집 생활로 돌아갈 수밖에 없었다.[8]

사하라 남쪽 아프리카에서는 벌써 5,000년 전에 반투족Bantu의 농민이 현재의 나이지리아와 카메룬 사이 국경 지역에 있던 선조의 고향에서 퍼져 나왔다. 수적 우위와 철기를 이용해 반투족의 팽창Bantu Expansion에 나선 이들은 피그미족Pygmiy과 코이산족Khoisan 같은 그 지역 수렵·채집인을 내쫓고 통합했다. 그들은 주로 반투족이 의존하는 유형의 농작물에 적합하지 않은 지역에서 간신히 살아남았다.[9]

이와 같은 패턴은 1만 년 가까이 거의 모든 지역에서 모든 시기에 되풀이됐다. 더 일찍 신석기혁명을 거친 농민과 목축인의 사회는 다른 지역으로 퍼져 나가 그곳에 확고히 자리 잡은 수렵·채집인과 더 늦게 농업을 받아들인 다른 문화를 밀어냈다. 그러나 역사는 정착 농업으로의 이행이 기술적으로 정교한 문명이 부상하는 데 필요한 조건이었으나 그 자체로 충분한 조건은 아니었음을 시사한다. 예를 들면 뉴기니의 섬사람은 나일강 삼각주의 이집트인과 대략 같은 시기에 농업을 개발했는데, 고대 이집트는 틀을 갖춘 정치적 위계질서가 지배하는 세계 최초의 제국 가운데 하나가 됐지만, 뉴기니는 농업 생산성이 높아진 후 고지대 인구가 분열되면서 고질적인 부족 간 전쟁에 시달렸고 부족 단위를 넘는 권력의 통합이 이뤄지지 않은 상태로 남았다.[10]

이 당혹스러운 패턴은 무엇으로 설명할 수 있을까? 여기서 다시 한 번 지리적 조건, 특히 지역마다 다른 토종 작물의 유형이 그것을 설명해 줄 수 있다.

문명의 씨앗

농업으로 전환한 직후에 대부분 사회는 그 전에 우세했던 기본적인 부족 체제를 유지했다. 구성원이 몇백 명을 넘지 않는 사회에서는 거의 모든 개인이 부족 내 다른 구성원 대부분과 친숙하고 흔히 혈연관계였을 것이다. 이런 사회는 규모가 작고 결속력이 있어서 협력이 원활하고 분쟁의 중재가 가능했다. 보통 각 공동체는 영향력 있는 지도자 한 명이 이끌었는데, 그는 일단의 기본적 규칙을 집행하고 단결이 필요한 공적 활동을 관리했다. 지도력은 일반적으로 상속되기보다는 능력 바탕이었으므로 부족 내 귀족 계층이 출현하는 예는 드물었다. 부족은 이렇다 할 규모의 세금을 걷지 않았으므로 일반적으로 관개를 위한 운하나 요새 혹은 사원 같은 중요한 공공 기반 시설 건설에 나서지 않았고, 농사를 짓거나 가축을 키우는 데 어떤 식으로든 기여하지 않는 부족 구성원을 돌보지도 않았다.

2부 부와 불평등의 기원

그러나 인구밀도가 높아지면서 새로운 체제가 나타나는 경향이
생겼다. 농업사회 다음 단계의 정치적 발전은 족장사회chiefdom(경우에
따라 수장首長사회 혹은 군장君長사회로도 불린다 ─ 옮긴이)였다. 이는 여러
마을이나 공동체로 구성되고 대족장이 다스리는 위계적 사회였다.[11]
족장사회는 비옥한 초승달 지대에서 처음 나타났다. 이 지역의 사회
가 커지면서 개인은 친족 집단을 넘어 정기적으로 협력하는 것이 긴
요해졌다. 이처럼 더 복잡해진 사회는 광범위한 협력이 원활히 이뤄
져야 했으며, 그에 따라 흔히 세습되는 지속적인 정치적 지도력과 사
회계층 그리고 중앙집권적 의사 결정의 특징을 지녔다. 부와 권위 그
리고 지위의 격차가 커지면서 계층 분화가 이뤄지고 세습 귀족으로
구성된 지배계급이 생겨났는데, 이들의 관심은 사회적 위계질서와
불평등한 부의 분배를 유지하는 데 있었다. 이와 같은 지위의 구분
은 흔히 종교적 속성을 지닌 문화적 규범과 신념, 관행에 따라 강화
되고 유지됐다. 결정적으로 이와 같은 위계적 사회는 지배층을 부양
하고 공적 기반 시설을 건설할 재원을 마련하려 세금이나 헌금을 걷
는 경향을 보였다.

족장사회가 나타난 이래로 폭압적인 정권과 자애로운 정권의 차
이는 대체로 세수稅收를 어떻게 쓰느냐에 달렸다. 폭군은 일반적으
로 개인적 이득을 위해 공중의 지갑을 터는데, 그렇게 함으로써 자신
의 지위를 보호하고 불평등을 영속화하며 소수 지배층의 부를 더 늘
려 줬다. 더 자애로운 통치자는 관개와 기반 시설, 요새, 도적과 침략
자를 막을 방어 체계 같은 공공재를 공급하는 데 세수를 쓴다. 그러
나 자애롭든 아니면 폭압적이든 간에 정권이 존재하는 데 피할 수
없는 조건은 세금을 걷을 수 있는 역량이었다. 그런 역량 없이는 몇

천 명 이상을 거느린 사회를 세우기가 힘겨웠을 것이다.

농업이 주가 되는 발전 단계에서는 세금을 대개 곡물로 냈다. 그러므로 세금을 걷는 것이 가능한지, 그리고 효율적으로 걷을 수 있는지는 그 지역에 널리 보급된 작물에 달렸다. 작물을 얼마나 쉽게 운반하고 저장할 수 있는지,[12] 그리고 그 수확량을 평가할 수 있는지가 중요했다.[13] 더 발전된 고대 문명의 농업은 카사바cassava(열대지방의 낙엽관목으로 덩이뿌리에 탄수화물이 풍부해 주요 식량원으로 재배된다—옮긴이)와 고구마, 얌 등의 덩이줄기나 뿌리보다는 주로 곡물을 기반으로 했다. 그것은 우연이 아니었다. 곡물은 측정과 운반, 저장이 쉬워 과세가 편리했다.[14] 그리고 실제로 역사적 증거 또한 곡물을 수확하는 데 적합한 토양을 가진 지역이 복잡한 위계질서를 갖춘 사회를 형성할 가능성이 더 높았음을 시사한다. 그와 대조적으로 덩이줄기와 뿌리를 주로 이용하는 지역은 목축인과 유목민의 사회와 비슷하게 더 단순한 사회를 형성하는 특징이 있었다.[14] 이런 지역의 통치자는 세금을 걷는 데 애를 먹었고, 심지어 신석기혁명을 비교적 일찍 경험한 지역조차 더 위계적 사회인 도시국가와 민족국가 그리고 제국으로 발전하지 못했다.

통치의 틀을 갖춘 정체는 군비를 대고 공공서비스를 제공할 수 있었다. 또 법과 질서를 세우며 인적자본에 투자하고 상업적 계약을 집행할 수 있었다. 이 모든 것이 기술 진보와 경제 성장을 촉진했다. 따라서 토양이 곡물에 적합한지, 아니면 덩이줄기나 뿌리에 적합한지에 따라 국가의 형성과 지식 창출, 그리고 기술 진보에 중요한 차이가 나타났고, 이는 다시 인류사의 거대한 변화의 톱니바퀴가 돌아가는 속도에 영향을 미쳤다.

| ░ 0~2,000년 | ▓ 2,000~4,000년 | ▓ 4,000~6,000년 |
| ▓ 6,000~8,000년 | ▓ 8,000~1만 년 | ■ 1만 년 이상 |

도표 18. 세계 각 지역에서 신석기혁명이 시작된 이후의 햇수 [15]

하지만 어떤 지역의 생물다양성과 작물 유형이 농업으로 전환하고 기술적으로 앞서는 데 유리했고, 그것이 실제로 오늘날 글로벌 불평등의 궁극적인 원인이었다면, 그런 지리적 조건 덕분에 더 일찍 신석기혁명과 국가 형성이 이뤄진 많은 지역이 왜 현대에는 상대적으로 빈곤할까?(도표 18을 보라)

신석기혁명과 초기 인류 문명의 요람인 비옥한 초승달 지대는 오늘날 경제적 번영의 첨단을 달리지 않는다. 중국과 인도의 1인당 소득은 몇천 년이나 늦게 신석기혁명을 거친 한국과 일본보다 낮다. 튀르키예와 남동유럽은 영국과 노르딕 국가(덴마크, 핀란드, 아이슬란드, 노르웨이, 스웨덴ー옮긴이)보다 몇천 년 일찍 신석기혁명을 경험했는데도 더 빈곤하다.

그들은 어떻게 해서 앞서 나가고도 그 이점을 잃어버렸을까?

선두를 넘겨주다

세계에서 신석기혁명을 더 일찍 경험하고 과세할 수 있는 곡물의 이점을 누린 지역은 실제로 인구밀도가 더 높고 더 앞선 기술을 개발한 곳이었다. 수천 년간 그랬다.[17] 그러나 실증 자료는 언제 신석기혁명을 경험했는지가 산업화 이전 시대의 생산성에 큰 영향을 미쳤지만, 1500년 이후에는 그 영향이 사라져 버렸고 현대의 1인당 소득에는 제한적 영향만 줬음을 보여 준다.[18] 달리 말하면 농업을 일찍 시작한 데 따른 이점은 해가 갈수록 희미해져서 그것 자체로는 오늘날 국가 간 부의 불평등을 설명할 수 없을 정도가 됐다. 그 유리한 효과는 왜 지난 500년간 퇴색해 버렸을까? 이 시기엔 무엇이 달라졌을까?

맨 먼저 신석기혁명을 경험한 지역은 높은 농업 생산성과 선진 기술이라는 두 가지 중요한 이점을 누렸다. 이 선두 주자는 그 덕분에 세계 경제 발전의 최전선에 설 수 있었다. 그러나 16세기 초부터 혁신적인 활동의 무대가 시골에서 도시로 옮겨 감에 따라 농업 부문과 농사의 경제적 중요성은 점차 떨어지기 시작했으며, 그동안 인적자본이 집약되고 기술을 기반으로 한 도시 부문이 번창하기 시작했다. 그러므로 신석기혁명이 더 일찍 시작된 것은 상충 효과를 내기 시작했다. 한편으로 앞서 나간 기술이 계속해서 시골과 도시 부문모두의 발전을 자극했다. 그러나 다른 한편으로 농업의 비교우위는 사회가 특히 이 부문에 전문화하도록 유도했고, 이에 따라 도시화와 그에 보조를 맞추던 급속한 기술 진보가 다시 느려졌다. 인적자본 형성과 인구변천이 시작되는 시기도 늦춰졌다.

새로운 기술 개발에서 도시 부문의 중요성이 커짐에 따라 농산물 생산의 비교우위가 내는 부정적 효과는 심화되고, 신석기혁명이 일찍 시작된 데 따른 기술적 우위는 점차 사라졌다. 게다가 도시국가와 해양에 인접한 국가가 글로벌 교역과 식민지 시대 진입을 위한 역량을 키워 주는 기술과 금융 수단을 개발하면서, 농업 부문에 특화한 데 따른 불리한 효과가 더 커졌다. 이는 앞선 출발의 이점을 한층 더 퇴색시켰다.[19]

그래서 결국 기술적으로 앞선 출발은 농업에 특화된 데 따른 상대적인 불리함으로 상쇄됐다. 따라서 언제 신석기혁명을 거쳤는지는 현대의 경제 발전에 제한적 영향을 미쳤다. 이처럼 전 세계 발전 과정의 역사적 차이를 이해하는 데는 변화가 일어난 시기를 알아보는 것이 대단히 중요하지만, 오늘날 불평등의 수수께끼를 이해하는 데는 다른 요인이 결정적으로 중요하다.

지리의 선고

어떤 학자들은 유럽의 기술적 부상을 인류사의 흐름에서 결정적 전기에 이뤄진 제도와 문화의 변화 덕분으로 봤다. 그것은 흑사병이나 로마제국 붕괴 직후, 혹은 계몽의 시대에 일어난 것과 같은 변화를 말한다.[20] 그들은 이러한 변화가 오늘날 부의 불평등을 키운 뿌리이며, 더 심층적인 지리적 요인을 찾아내려는 시도는 사후적 지혜에 이끌린 것이라고 주장했다.

최근 몇십 년간 격차가 벌어진 한국과 북한의 사례가 보여 주듯이, 더 심층적 기원을 추적할 수 없는 갑작스러운 제도적·문화적 변화가 사회 발전에 역할을 한 것은 틀림없다. 실제로 무작위적이거나 우연히 전개된 사건이 인쇄기의 발명을 몇 세기 늦추거나, 중국 황제의 해군이 아메리카를 탐험하도록 부추겼을 수도 있다. 또 영국이 아니라 네덜란드에서 산업혁명에 불을 붙이거나, 혹은 19세기 일본에서 메이지유신을 좌절시켰을지도 모른다.

그러나 제도와 문화의 갑작스러운 변화는 수십 년 혹은 수 세기에 걸쳐 성장 과정에 영향을 미쳤을지라도 그런 것이 인류의 여정 전체의 진행 과정에서 핵심을 차지하거나 국가 간 부의 격차를 결정하는 궁극적인 요인이었을 가능성은 매우 낮다. 그런 변화는 우리의 상상 속에서는 극적이거나 중대한 것으로 보일지 몰라도 수천 년이나 수만 년, 혹은 수십만 년으로 시야를 넓혀 보면 대부분 그다지 대단치도 않고, 대개 일시적이고 지역적인 요인이다.

사실 문화나 제도의 갑작스러운 변화가 발전에 도움을 준다 하더라도 그런 변화가 나타난 사실 자체보다 그 변화가 얼마나 확산될 수 있는지, 그리고 시간의 시험을 얼마나 견딜 수 있는지가 더 중요하다. 이런 맥락에서 보면 그런 변화와 지리적 요인의 상호작용이 결정적 요인이었다. '유럽의 부상'을 앞당긴 문화적·제도적 요인이 나타나고 지속된 것이 정치적 경쟁과 문화적 유동성을 촉진한 지리상의 분절 때문이든, 산출률이 높아 미래 지향적 사고와 장기 투자를 장려한 곡물이나 다른 어떤 요인 때문이든 오늘날 불평등의 주된 원천은 역사적 우연과는 거리가 멀다. 그러나 신석기혁명뿐만 아니라 제도와 문화의 진화도 여전히 이런 과정 전체의 속도와 국가와 지역에 따라 다르게 나타나는 패턴을 결정하는 핵심 요인이었다.

신석기혁명의 여명기에는 누구든 그리스-페르시아전쟁Graeco-Persian wars(기원전 499~449년 아테네를 비롯한 그리스의 도시국가와 페르시아 제국 사이에 벌어진 일련의 전쟁으로 지중해 동쪽의 판도 변화를 불러왔다 — 옮긴이)이 벌어질 것까지 예상하지는 못했을 것이다. 그 점은 명백하다. 하지만 이 지역에서 기를 수 있는 다양한 동식물을 고려할 때 지중해 동쪽이 인구밀도를 높이는 데 유리하고, 이 지역에 결국 발전한 문명이 나타나며, 이 사회 간 분쟁이 벌어질 가능성이 높다는 것을 어느 정도 예견할 수는 있었을 것이다. 비옥한 초승달 지대에서 초기 문명이 나타난 것은 확실히 우연이 아니었다. 무작위적인 사건 때문에 사하라사막 한복판에서 중요한 고대 문명이 생겨나고 유지될 수는 없었을 것이다.

그렇다고 해서 인류의 여정이 지역에 따라 서로 다른 양상을 보이는 것이 전적으로 지리적 요인 때문이라 말하는 것은 아니다. 지리와 제도적·문화적 특성의 상호작용 때문만도 아니다. 경제 발전에 영향을 주는 또 하나의 근본적 요인이 있다. 바로 인적다양성이다. 우리는 비교발전comparative development에서 지리의 역할을 알아보기 위해 신석기혁명의 여명기로 1만 2,000년을 거슬러 올라갔지만, 인구의 다양성이 한 역할을 탐구하려면 이 모든 것이 시작된 때로 몇천 년 더 가야 한다. 바로 인류가 아프리카에서 대탈출을 감행한 때다.

12 _____ 아웃 오브 아프리카

20세기 전반 포성이 유럽을 흔들 때 미국은 역사상 가장 큰 이주의 물결 중 하나를 맞았다. 이 대이주Great Migration 기간에 600만 명의 아프리카계 미국인이 미국 남부의 빈곤한 시골 마을과 작별하고 일부는 남부에, 대부분은 북부와 중부 그리고 서부에서 빠르게 팽창하는 도시에 다시 자리 잡았다. 그들은 억압적인 남부에서 도망쳐 산업 부문에서 확대되는 일자리 기회를 좇았다. 특히 세계대전 기간에 미국의 전쟁 수행 능력을 채울 무기 공장으로 몰렸다. 이와 같은 이주의 물결로 300년 넘게 예속과 차별의 공포와 수모를 견딘 아프리카계 미국인이 유럽인의 후손인 미국인과 같은 도시의 이웃으로서 상호작용을 하는 사례가 극적으로 늘어났다.

이 두 집단은 대부분 오늘날까지 지속되는 편견과 인종주의, 그리고 불평등으로 통합에 어려움을 겪었다. 어떤 이들은 이런 문제 때문에 통합이 좌절됐다고 할 것이다. 그렇지만 이처럼 사람들이 서로에게 녹아든 덕분에 20세기에 발전한 가장 절충적 문화 중 하나가 태어났다. 로큰롤rock and roll(흔히 rock 'n' roll로 쓴다 ― 옮긴이)이다. 미국의 작가이자 음악평론가인 로버트 팔머Robert Palmer는 "로큰롤은 남부와 남서부의 인종 구분을 넘는 사회적·음악적 상호작용의 필연적 산물이었다"고 주장했다.[1] 로큰롤의 정확한 유래는 논란거리로 남았다. 다른 대중음악 스타일과 구별되는 구체적 특징 역시 논란거리다. 하지만 서로 다른 문화의 조우가 로큰롤을 낳은 유일한 힘은 아니더라도, 결정적 추진력이었음에는 논란의 여지가 없다.

아프리카와 유럽의 선조를 둔 미국인은 온갖 악기와 다양한 전통의 리듬, 음계, 앙상블을 조합해 세계적으로 그 전에는 거의 경험하지 못했던 종류의 문화적 폭발을 불러일으켰다. 당시의 고질적 인종주의에도 불구하고 미국의 젊은 백인 층은 엘비스 프레슬리Elvis Presley 같은 백인 가수뿐만 아니라 패츠 도미노Fats Domino와 척 베리Chuck Berry 같은 아프리카계 미국인 음악가의 사운드에 끌렸다.

브라질의 삼바samba나 쿠바의 손 쿠바노son cubano(19세기 후반 쿠바 동부 고지대에서 시작된 음악과 춤의 한 장르로 스페인과 아프리카 음악의 요소를 혼합했다 ― 옮긴이)가 그랬던 것처럼 로큰롤의 출현은 다양성이 궁극적으로 문화와 기술, 그리고 경제의 진보를 어떻게 자극하는지 보여 주는 생생한 사례다. 과학 작가 매트 리들리Matt Ridley가 《이성적 낙관주의자The Rational Optimist》에서 밝혔듯이, 기술 진보는 '아이디어가 섹스를 할 때' 이뤄진다.[2]

생물학적 번식과 마찬가지로 아이디어의 짝짓기 역시 개인이 더 폭넓게 모여든 곳에서 더 잘 이뤄진다. 인적다양성이 아이디어의 효과적인 이화수정 가능성을 높였기 때문이다. 미국 내 유럽계와 아프리카계 음악가가 유사한 악기를 비슷한 리듬으로 연주하는 이들에

252

게만 둘러싸였다면 틀림없이 양쪽 다 자신들의 음악 전통을 발전시켰겠지만, 완전히 새로운 장르를 창조할 가능성은 확실히 더 낮았을 것이다. 그러나 이들 두 음악 전통의 밀접한 상호작용은 완전히 새로운 것을 촉발했다.

로큰롤은 사회의 다양성이 낳는 창조의 효과를 보여 주는 가장 떠들썩하고 신나는 사례 중 하나로, 이러한 예는 다 헤아릴 수 없다. 다양성을 지닌 사회에서 연령집단과 교육 분야, 개인의 성격유형은 말할 것도 없고 인종과 문화, 민족 그리고 지리적 배경이 다른 개인 간에 이뤄지는 협력과 교류는 새로운 유형의 요리와 패션, 문학, 예술, 철학부터 과학과 의약, 기술의 돌파구에 이르기까지 다양한 열매로 나타난다.

그러나 다양성은 너무나 엄청난 불화의 원인이 돼 폭력적 분쟁을 자주 부추기기도 한다. 아프리카계와 유럽계의 후손이 서로 협력하며 새로운 음악적 융합을 창조하기도 했지만, 1943년 6월 디트로이트의 한 공원에서 벌어진 백인과 아프리카계 미국인 젊은이 간 실랑이는 도시 전역의 폭동으로 비화했다. 한 달간 수천 명의 미국 젊은이가 바리케이드를 넘어 충돌했고, 급기야 프랭클린 루스벨트 대통령이 디트로이트에 통행금지를 시행하기 위해 6,000명의 연방군을 파견했다. 이 사회적 소요로 흑인 25명을 포함해 34명이 죽고 400명 넘게 다쳤다. 같은 해 뉴욕은 한 경찰관이 아프리카계 미군 로버트 밴디 Robert Bandy를 쏜 후 혼란에 휩싸였고, 로스앤젤레스는 유럽계 미국인이 멕시코 이민자를 인종적 동기로 공격한 뒤 시가지 폭동을 겪었다.

종족과 인종 간 갈등은 미국 역사가 시작된 이래로 되풀이해 일어나는 문제였다. 애초에 서로 다른 국가에서 온 이민자 사이에, 새로운 이민자와 이미 정착한 정착민 사이에, 그리고 프로테스탄트와 가톨릭교 교도처럼 서로 다른 종교 집단 사이에 벌어지는 폭력적 충돌은 미국의 실험을 끊임없이 망쳐 놓는 특성이었다. 세계의 다른 사회에서도 마찬가지였다.

미국의 경험이 보여 주듯이 사회의 다양성은 발전에 대해 서로 충돌하는 함의를 가지며 상반되는 힘을 만들어 낼 수 있다. 한편으로는 다양성이 문화적 이화수정을 촉발하고 창의성을 높이며 새로운 아이디어에 대한 개방성을 고취할 수 있는데, 이는 모두 기술 진보를 촉진하는 특성이다. 다른 한편으로는 다양성이 신뢰 수준을 떨어뜨리고 갈등을 일으키며 교육과 보건 같은 공공재에 적절히 투자하는 데 필요한 사회적 응집력을 훼손하거나 사라지게 할 가능성이 있다. 그러므로 사회적 다양성이 높아지면 창의성이 높아지는 동시에 응집력이 떨어지며 경제적 번영에 상반되는 효과를 미칠 수 있다.

실제로 다양성이 이처럼 상충하는 경제적 효과를 낸다는 증거는 많다.

예를 들어, 이민은 일반적으로 생산성과 임금에 긍정적 영향을 주는 요소로 인정되며,[3] 경영진의 종족 다양성이 높은 기업은 더 혁신적이고 수익성이 높은 경향을 보인다.[4] [저자가 인용한 Delis 등(2017) 논문에 따르면 이사회 구성원의 출신국에 따른 유전적 다양성이 증가할수록, 상장사의 수익성과 가치가 높아진다 — 옮긴이] 또한 학교 내의 종족 다양성이 높을수록 학생의 사회·경제적 성과도 높아진다.[5] 다만, 종족의 파편화는 정치 불안과 사회 갈등, 지하경제 규모, 교육과 기반 시설에 대한 투자 부족, 환경 파괴를 피하는 데 필요한 협력의 부재와 상관관계가 있는 것으로 밝혀졌다. 이런 결과를 누그러뜨리거나 피하는 데 성공한 다문화 사회는 관용과 공존을 장려하는 데 커다란 노력과 자원을 쏟은 사회다.[6] 특히 지구상에서 종족이 가장 다양하게 분할된 사하라 남쪽 아프리카가 직면했던 성장의 장애물은 부분적으로 종족적 다양성이 사회적 응집력에 미치는 부정적 효과에 기인했다. 해당 지역의 종족 간 분쟁이 격렬하고 교육과 보건 서비스, 기반 시설 제공이 불충분하다는 점에서 상관관계는 명백히 드러난다.[7]

높은 사회적 다양성이 그 사회의 응집력에 미치는 부정적 효과를 누그러뜨릴 수단이 없을 때, 다양성은 생산성을 북돋울 수도 있고 방해할 수도 있다(뒷부분에 설명하는 것처럼 낮은 다양성이 혁신 역량에 미칠 부정적 영향을 완화할 수 없을 때도 그렇다 — 옮긴이). 그러므로 상대적으로 낮거나 높은 수준의 다양성이 경제적 번영을 감소시킬 수 있는 데 비해 중간 수준의 다양성은 번영을 촉진할 수 있다. 특히 (사회가 다양해지면서) 다양성 증가가 혁신 역량에 미치는 유익한 영향이 줄어드는 한, 그리고 (사회가 동질적으로 바뀌면서) 동질성 증가가 사회적 응집력에 미치는 유익한 영향이 감소하는 한, 중간 수준의 다양성은 경제 발전에 도움이 될 것이다.

이처럼 상충하는 힘이 인류의 여정에 미친 영향을 탐구하려면 먼저 전 세계적으로 인적다양성에 차이가 생긴 원인을 밝혀내야 하며, 그러자면 그 다양성의 기원을 찾아 가장 이른 시기로 되돌아가야 한다. 바로 호모사피엔스가 대거 아프리카를 탈출한 수만 년 전이다.

인적다양성은 어디서 비롯됐나

30만 년 전 아프리카에서 호모사피엔스가 나타난 이래로 다양성은 인류를 아프리카 대륙 전역에서 서로 다른 환경에 원활하게 적응할 수 있도록 했다. 이 기간의 대부분에 걸쳐 인류가 환경에 성공적으로 적응하면서 더 나은 수렵·채집인이 나타났고, 그에 따라 식량 공급이 늘고 인구 규모도 큰 폭으로 증가할 수 있었다. 하지만 결국에는 한 사람이 쓸 수 있는 생활공간과 자연 자원이 줄어들었고, 호모사피엔스는 일찍이 6~9만 년 전에 추가로 비옥한 생활 기반을 찾아 아프리카 대륙을 탈출하는 대규모 이동을 시작했다. 이러한 이주 과정은 그 속성상 연속적으로 이뤄지기 때문에 아프리카에서 더 먼 곳에 정착한 인구는 본질적으로 다양성이 떨어졌다. 인류가 아프리카에서 더 멀리 이동할수록 문화와 언어, 행태, 형질 측면에서 사회의 다양성이 낮아졌다. 이 현상은 연속 창시자 효과serial founder effect를 반영한다.[8](생물 개체군이 먼 거리를 연속적으로 이주할 때마다 그 전의 유전자 다양성의 일부만 전해지는 효과를 말한다 — 옮긴이)

파란색과 노란색, 검은색, 초록색, 빨간색의 앵무새 다섯 종이 사는 섬을 상상해 보자. 이 주요 종은 이 섬에서 똑같이 잘 적응해 살아남았다. 하지만 태풍이 이 섬을 덮칠 때 몇몇 앵무새는 멀리 황폐한 섬으로 휩쓸려 간다. 이 작은 하위 집단은 본래부터 있었던 앵무새 다섯 종을 모두 포함할 가능성이 낮다. 그 집단의 색상은 예컨대 대부분 빨간색과 노란색, 파란색이고, 곧 새 섬을 채울 새끼는 어미의 색상을 물려받을 것이다. 그러므로 새 섬에서 발전할 거주지는 애초의 개체군보다 다양성이 떨어질 것이다. 만약 그다음에 규모가 아주 작은 앵무새 무리가 세 번째 섬으로 이주한다면 그 집단은 그 전에 생긴 각각의 거주지보다 다양성이 더 떨어질 가능성이 높다. 따라서 앵무새가 원래의 섬에서 거칠 수 있는 잠재적 변이의 속도보다 더 빠르게 다른 섬으로 이주하는 한, 맨 처음의 섬에서 (잇달아) 더 멀리 이주할수록 그 개체군의 다양성은 떨어진다.

아프리카를 벗어나는 인류의 이주도 비슷한 패턴을 따랐다. 초기에 아프리카를 떠난 집단은 원래의 다양한 아프리카 인구 중 부분집합에 해당하는 이들만 이끌고 가까이 있는 비옥한 지역에 정착했다. 그 최초의 이주 집단이 불어나서 새로운 환경이 어떤 추가적인 인구 증가도 뒷받침할 수 없을 정도가 되면, 다양성이 더 낮은 하위 집단이 이제껏 발길이 닿지 않았던 다른 땅을 찾아 더 먼 거주지에 정착했다. 이처럼 인류가 아프리카를 벗어나 흩어지고 다른 대륙에서 사는 동안 이런 과정이 되풀이됐다. 인구가 불어나자 원래의 식민지가 지녔던 다양성 중 일부만 포함하는 새로운 하위 집단은 다시 더 푸른 목초지를 찾아 떠났다. 앞으로 명백히 밝히겠지만 일부 집단이

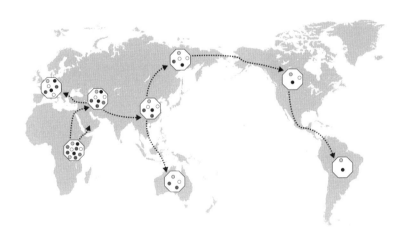

도표 19. 아프리카 밖으로 나가는 이주가 인적다양성에 미친 영향

점선으로 된 화살표는 대략적인 이주 경로를 나타내며 팔각형 속 작은 원은
사회의 가상적 특성에서 나타나는 변이를 뜻한다. 즉, 이주가 진행될 때마다
떠나는 인구는 원래의 식민지에서 지녔던 다양성 중 일부만 지니고 나간다.

2부 부와 불평등의 기원

경로를 바꿨더라도 이러한 이주 패턴은 너무나 뚜렷했다. 아프리카를 떠나 서아시아에 이른 집단은 애초에 아프리카에 있었던 인류보다는 다양성이 낮았고, 그들의 후손 중 계속 동쪽으로 이주해 중앙아시아에 이르고, 마침내 오세아니아와 아메리카, 혹은 북서부 유럽에 이른 이들은 뒤에 남은 이들보다 다양성이 떨어졌다.

해부학상 현생인류가 인류의 요람 아프리카를 떠나 다른 지역으로 퍼져 나가면서 전 세계 모든 인구의 문화와 언어, 행태, 그리고 형질 측면에서 다양성 수준의 차이가 나타났다. 이는 깊게 새겨져서 지울 수 없는 흔적이었다(도표 19).[9]

아프리카로부터의 이주 거리에 따라 인구의 전반적인 다양성 수준이 떨어지는 이 패턴은 부분적으로 아프리카에서 더 먼 곳에 사는 토착 종족의 유전적 다양성이 감소하는 현상으로 나타난다. 서로 다른 267개의 인구 집단을 대상으로 이런 유형의 다양성을 측정해 비교한 연구를 보자. 이 집단은 대부분 특정 토착 종족과 관련되고 그들의 지리적 고향과도 연관성을 찾을 수 있다.[10] 그중 다양성이 가장 높은 토착 종족은 동아프리카에 가장 가까운 집단이다. 반면 다양성이 가장 낮은 집단은 아프리카에서 육상으로 이주한 거리가 가장 긴 중·남아메리카의 토착 공동체다(도표 20).

이처럼 동아프리카에서 이주한 거리와 다양성 사이의 부정적 상관관계는 대륙 간에만 나타나는 패턴이 아니다. 각 대륙 내에서도 나타난다. 아프리카에서 이주한 거리가 더 먼 곳에 사는 토착 인구 집단의 다양성 수준이 떨어지는 것은 형질인류학physical anthropology과 인지인류학cognitive anthropology 분야에서 더 폭넓은 증거를 찾을 수 있다. 서로 다른 언어에서 나타나는 말의 기본 단위(음소 音素)의 차이 같은

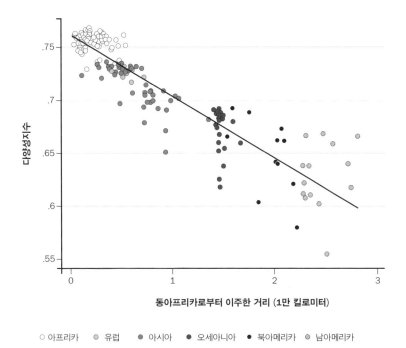

○ 아프리카　● 유럽　● 아시아　● 오세아니아　● 북아메리카　◎ 남아메리카

도표 20.　동아프리카에서 이주한 거리와 지역별 토착 종족의 다양성[11]

문화적 특성뿐만 아니라, 예를 들어 치아와 골반의 특성 그리고 산
도의 모양과 관련된 뼈의 구조처럼 인체의 생김새에 나타나는 특징
에 관한 연구 역시 동아프리카에서 시작된 연속 창시자 효과의 존재
를 확인시킨다. 여기서도 동아프리카에서 이주한 거리가 멀수록 신
체적·문화적 특성의 다양성이 떨어지는 것으로 나타난다.[12]

　물론 여러 형태로 나타나는 인구 다양성의 전반적 수준이 각국의
경제적 번영에 미치는 영향을 모두 탐구하려면 유전학자와 인류학
자들이 제공하는 것보다 훨씬 포괄적인 측정치가 필요하다. 게다가
인구 다양성이 국가의 부에 미치는 효과의 인과관계를 평가하려면,

다양성 측정치는 그 인구 집단의 경제 발전 수준에 대해 독립적이어야 한다(인구 다양성이 경제 발전에 미치는 영향을 가늠하려 하는데 거꾸로 경제 발전이 다양성에 영향을 미치는 역의 인과관계가 존재한다면 제대로 된 분석이 이뤄질 수 없다. 인과 효과를 알아보는 모형에서 경계해야 하는 이른바 내생성의 문제다 — 옮긴이). 그 측정치는 어떤 것일까?

다양성 가늠하기

인구의 다양성을 가늠하는 전통적 측정치는 하나의 인구 집단 내 종족 혹은 언어 집단의 비례적인 대표성만을 파악하는 경향을 보인다.[13] 그러므로 이런 측정치는 두 가지 측면에서 중대한 결함이 있다. 하나는 어떤 종족과 언어 집단이 다른 집단보다 더 밀접한 관계를 맺는다는 것이다. 같은 비율의 덴마크인과 스웨덴인으로 이뤄진 사회는 덴마크인과 일본인이 같은 비율로 구성된 사회만큼 다양하지 않을 수 있다. 다른 하나는 종족과 언어 집단이 내부적으로 동질적이지 않다는 사실이다. 순전히 일본인으로만 구성된 국가가 꼭 전적으로 덴마크인으로 이뤄진 국가만큼 다양하진 않을 것이다. 사실 종족 내의 다양성은 일반적으로 집단 간 다양성보다 훨씬 높다.[14] [저자가 인용한 Desmet 등(2017) 논문에 따르면 문화 규범의 차이 가운데 종족 집단 간의 차이는 약 1~2퍼센트에 불과하고 대부분은 집단 내 차이였다 — 옮긴이]

그러므로 한 국가 인구의 전반적인 다양성을 포괄적으로 측정하려면 적어도 다양성의 두 가지 측면을 더 포착해야 한다. 첫째, 미국 내의 아일랜드인이나 스코틀랜드인 집단 내부처럼, 각 종족 혹은 국가의 하위 집단 내의 다양성을 파악해야 한다. 둘째, 예를 들어 미국

내 아일랜드인과 스코틀랜드인 집단의 문화적 근접성을 아일랜드인과 멕시코인 집단의 근접성과 상대적으로 비교하도록 종족 혹은 국가 하위 집단의 짝 사이에 나타나는 다양성을 파악해야 한다.

동아프리카에서 이주한 거리와 관찰 가능한 특성의 다양성 사이에서 뚜렷이 나타나는 부정적인 상관관계를 고려하면, 이러한 이주 거리는 지구상의 각 지리적 위치별로 다양성의 역사적 수준을 보여주는 대리지표로 활용할 수 있다. 그러므로 우리는 오늘날 각국 인구의 전반적인 다양성을 추정하는 지수를 만들 수 있다. 이 지수는 그들의 선조가 아프리카에서 이주한 거리를 바탕으로 하되 ① 국가 내에서 선조가 다른 각 하위 집단의 상대적 규모와 ② 각 하위 집단에 대해 그들의 선조가 동아프리카에서 이주하는 과정에서 이동한 거리로 추정한 다양성 ③ 쌍을 이룬 각 하위 집단 사이의 다양성, 즉 각 쌍의 선조인 인구 집단에 대해 그들의 지리적 고향 사이의 이주 거리로 추정한 다양성 수준을 고려한다.

이처럼 통계적으로 추정한 다양성 측정치에는 두 가지 중요한 장점이 있다. 첫째, 선사시대에 동아프리카에서 이주한 거리는 지금의 경제적 번영 수준과는 명백히 독립적이므로 이 측정치는 다양성이 생활수준에 미치는 인과관계의 효과를 추산할 수 있게 한다. 둘째, 앞에서 강조했듯이 형질인류학과 인지인류학 분야에서 쌓이는 증거는 아프리카에서 나오는 이주 거리가 형질, 행태로 표현되는 속성의 다양성에 중대한 영향을 미쳤음을 시사한다.

그러므로 확실히 우리의 측정치가 추정하는 것과 같은 다양성은 사회적 성과에 영향을 줄 수 있다. 더욱이 만약 이 지수가 예컨대 각 대륙 안에서 이뤄지는 내부적 이주를 적절히 고려하지 못해 다양성

2부 부와 불평등의 기원

을 (무작위적으로) 부정확하게 측정한다면, 통계 이론은 다양성이 경제적 번영에 미치는 영향에 관한 우리의 가설을 채택하기보다는 기각하게끔 하는 경향이 있음을 시사한다. 즉, 만약 오류를 범한다면 지나치게 신중한 쪽으로 오류를 저지른다는 뜻이다.

마지막으로, 다양성을 가늠하는 우리의 측정치는 사회 자체의 특성(구성원의 사회적social 관계에 주목하기보다는 사회 자체의societal 특성을 파악한다는 뜻이다 — 옮긴이)을 나타내는 것임을 분명히 하는 것이 중요하다. 그 특성이 무엇인지, 혹은 그것이 여러 사회 간에 어떤 차이를 나타내는지와는 무관하게 한 사회 내 인적 특성의 변동 폭이 얼마나 큰 것인지를 측정한다. 그러므로 그 측정치는 어떤 특성이 다른 특성보다 경제적 성공에 더 도움이 된다는 뜻으로 이용되지 않으며, 그럴 수도 없다. 그보다는 한 사회 내에서 인적 특성의 다양성이 경제적 번영에 미치는 잠재적 영향을 파악한다.

사실 지리적·역사적 교란 요인을 고려하면 아프리카에서 나오는 이주 거리 그 자체는 세계 각 지역의 키와 몸무게 같은 특성의 평균 수준에는 아무런 영향을 미치지 않는다. 그것은 주로 인구 집단 내 개인이 이 평균 수준에서 얼마나 크게 벗어나느냐에 영향을 준다.

이제 각 인구 집단의 전반적인 다양성을 가늠하는 강력한 측정치를 확보했으니, 우리는 마침내 수만 년 전에 이뤄진 아프리카 대탈출이 인적다양성에 미친 영향이 과연 전 세계적으로 지금의 생활수준에도 깜짝 놀랄 만큼 지속적 효과를 냈는지 탐구할 수 있다.

다양성과 번영

역사의 흐름에서 생활 조건은 실제로 다양성 수준에 상당한 영향을 받았다. 그러므로 호모사피엔스가 아프리카에서 나오는 이주에 영향을 받은 것이다.[15] 각국 혹은 각 종족의 선조인 인구 집단이 동아프리카에 있었던 인류의 요람에서 나와 이주한 거리가 발전 성과에 미친 지속적 영향은 '혹 모양' 궤적을 그린다. 이는 사회 전체적으로 다양성이 생산성에 미친 유익한 효과와 해로운 효과 사이의 기본적인 상충 관계를 반영하는 것이다.

다양성이 경제의 생산성에 미치는 이 '혹 모양'의 효과는, 그것을 과거의 인구밀도나 도시화율로 파악했든, 현재의 1인당 소득수준이나 (위성사진을 통해) 밤에 밝힌 불빛의 강도로 포착했든 모든 국가와 (도표 21) 종족에 걸쳐(도표 22) 뚜렷하고 일관되게 나타난다. 더욱이 이 혹 모양 패턴은 신석기혁명 이후 1만 2,000년간 질적으로 변치 않은 채로 남았다. 따라서 인구가 이질적인 국가에서 다양성에 따르는 비용 부담을 완화하는 정책, 그리고 인구가 동질적인 국가에서 다양성 수준을 높이는 정책이 없는 상황에서는 중간 수준의 다양성이 경제적 번영에 가장 도움이 됐다. 실제로 이 혹 모양의 효과는 아프리카에서 나오는 선조의 이주 거리가 미친 영향을 표시할 때 독특하게 나타난다.

호모사피엔스의 아프리카 대탈출과 무관하고 인적다양성과 관계가 없는 다른 거리의 경우 혹 모양 패턴을 보이지 않는다. 특히 선사시대 인류는 아프리카에서 비행기를 타고 나온 것이 아니라 걸어 나왔으므로 동아프리카에서 시작되는 항공 거리는 경제적 번영과 상관관계를 보이지 않는다. 이는 다양성의 효과를 재확인해 주는 것이다.

더욱이 '플라세보 기원placebo origin'(플라세보는 본래 어떤 약물의 효과를 시험하기 위해 투여하는 위약을 뜻한다 — 옮긴이)으로부터의 이주 거리

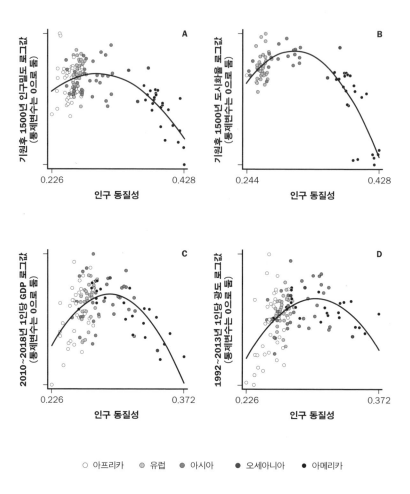

○ 아프리카   ◔ 유럽   ◉ 아시아   ● 오세아니아   ● 아메리카

도표 21.   **인적다양성이 각국의 경제 발전에 미친 영향: 과거와 현재**[16]

위의 두 그래프는 기원후 1500년 인구의 추정된 동질성이 경제 발전에 미친
영향을 나타낸다. 그 영향은 인구밀도(그래프 A)나 도시화율(그래프 B)에 반영됐다.
아래의 두 그래프는 선조가 이주한 거리를 고려해서 추정한 동질성이
2010~2018년 기간의 1인당 소득(그래프 C)이나 1992~2013년 기간의 1인당
광도光度(그래프 D)에 반영된 현대의 경제 발전에 미친 영향을 표시한다.

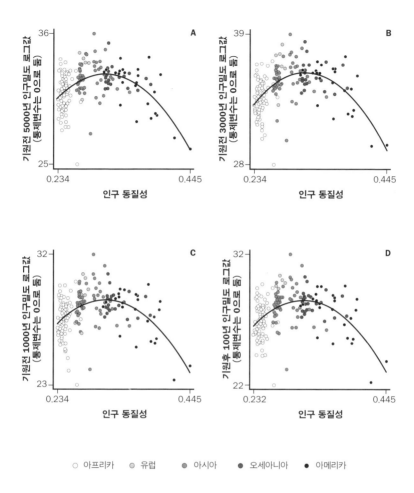

○ 아프리카   ◎ 유럽   ● 아시아   ● 오세아니아   • 아메리카

도표 22. 인적다양성이 각 종족 집단의 경제 발전에 미친 영향[17]

네 그래프는 인구의 관찰된 동질성이 역사상 장기적 경제 발전에 미친 영향을
나타낸다. 인구의 동질성은 아프리카에서 이주한 거리를 고려해 지리적으로
구분한 토착 종족 집단을 대상으로 관찰했으며, 경제 발전은 역사적으로 기원전
5000년(그래프 A)과 기원전 3000년(그래프 B), 기원전 1000년(그래프 C), 그리고
기원후 100년(그래프 D)의 인구밀도에 반영됐다.

2부 부와 불평등의 기원

는 경제적 번영에 아무런 효과도 내지 않는다. 플라세보 기원이란 런던이나 도쿄 혹은 멕시코시티처럼 인류가 확실히 맨 처음 출현한 곳이 아닌 지구상의 어떤 중심점을 뜻한다. 이 혹 모양의 상관관계는 비옥한 초승달 지대와 같이 먼 과거에 기술 발전의 최전선에 있었던 지역에 대한 지리적 근접성에 따른 것도 아니다.

별도의 증거가 이 흥미로운 결과의 배후에서 작동함으로써 제시된 기제를 확증한다. 사회의 다양성은 실제로 경제적 복리에 상충하는 영향을 미친 것이다. 연구 결과는 한편으로는 다양성이 경제적 성과에 부정적 영향을 미쳤음을 시사한다. 다양성으로 인해 개인의 가치와 신념, 그리고 사회적 상호작용에서 나타나는 선호 범위가 넓어지면서 개인 간 신뢰가 떨어지고 사회적 결속이 침식되며 시민적 갈등의 빈도가 높아지고 공공재를 공급하는 데 비효율이 초래됐기 때문이다.[18] 다른 한편으로는 다양성 덕분에 경제 발전이 촉진됐다. 사회의 다양성이 커지면서 문제를 해결하는 기술과 접근 방식 같은 개인적 특성의 범위가 넓어졌고, 그에 따라 전문화가 장려되고 혁신적인 활동에서 아이디어의 교류가 활성화됐으며, 변화하는 기술적 환경에 더 빠르게 적응하는 과정이 원활해졌기 때문이다.[19]

더욱이 지난 몇 세기간 경제적 번영에 다양성이 가장 큰 도움이 되는 '최적점sweet spot'의 수준이 높아졌다. 이 패턴은 앞선 발전 단계의 특징인 급속히 변화하는 기술적 환경에서 다양성이 점점 더 유익해질 것이라는 가설과 일치한다.[20] 발전 과정에서 다양성의 중요함이 커진 사실은 중국과 유럽의 운명이 뒤바뀐 원인을 새롭게 밝혀 준다.

기원후 1500년에는 일본과 한국, 중국 같은 국가가 발전에 가장 도움이 되는 수준의 다양성을 지녔다. 이 국가의 상대적 동질성은 분명히 혁신을 방해하는 것 이상으로 사회적 결속을 촉진했고, 이는 기술 진보가 더 느리고 다양성의 이점이 제한적이었던 1500년 이전에는 이상적 특성이었다. 실제로 중국은 산업화 이전 시대에 대단히 번영했다. 하지만 그 후 5세기 동안 기술 진보가 가속화되자 중국의 상대적 동질성은 현대의 경제 성장 체제로 가는 전환을 지연시켜 더 다양한 사회를 품은 유럽에, 그다음에는 북아메리카에 경제적 지배력을 넘겨준 것으로 보인다.

이제 현대의 경제 발전에 가장 유리한 다양성 수준은 현재 미국 수준에 더 가까워졌다.[21] 물론 인적다양성은 경제적 운명에 영향을 미치는 요인 중 하나일 뿐이며, 인구 다양성의 '최적점'에 가깝다고 해서 번영이 보장되는 것은 아니다. 그렇지만 지리와 제도 그리고 문화의 특성을 고려할 때 다양성은 과거와 똑같이 현재에도 각 국가와 지역, 종족 집단의 경제 발전에 상당한 영향력을 유지한다.[22] 이러한 효과의 유의성은 호모사피엔스가 아프리카 밖으로 첫걸음을 뗀 이후 참으로 긴 시간이 지났다는 점을 고려하면 특히 놀라운 것이다. 이는 또한 계량화할 수 있다. 2010~2018년 중 1인당 평균소득에 반영된 국가 간 번영의 차이 중 설명되지 않은 약 4분의 1은 사회의 다양성에 기인하는 것으로 볼 수 있다. 그에 비해 같은 방법을 썼을 때 지리와 기후의 특성은 그 차이의 약 5분의 2, 질병 관련 환경은 약 7분의 1, 종족과 문화적 요인은 약 5분의 1, 그리고 정치제도는 약 10분의 1만을 설명한다.[23]

다만, 인적다양성이 번영을 결정하는 데 매우 강력한 요인이긴 해도 국가의 운명은 돌에 새긴 것이 아니다. 오히려 그와 반대다. 다양성이 지닌 힘의 특성을 이해함으로써 우리는 그 부정적 효과를 완화하면서 장점을 키우는 적절한 정책을 설계할 수 있다. 인적다양성이 가장 낮은 국가로 꼽히는 볼리비아가 문화적 다양성을 촉진한다면 1인당 소득은 5배까지 늘어날 수 있다. 그와 대조적으로 세계에서 다양성이 가장 높은 국가 중 하나인 에티오피아가 사회적 결속력을 강화하고 차이에 대한 관용의 정신을 고취하는 정책을 채택한다면 지금의 1인당 소득을 2배로 높일 수 있을 것이다.[24]

더 일반적으로, 이미 존재하는 다양성을 그 수준에서 가장 잘 활용하는 데 목표를 둔 교육정책은 많은 것을 이루도록 한다. 매우 다양한 사회는 차이에 대한 관용과 존중하는 태도를 장려하려 노력하며, 대단히 동질적 사회는 새로운 아이디어와 회의주의에 개방적인 자세와 현 상태에 도전하려는 의지를 장려하는 식이다.

실제로 다원주의와 관용 그리고 차이를 존중하는 자세를 성공적으로 기를 수 있는 조치라면, 어떤 것이 됐든 국가 생산성에 도움을 주는 다양성 수준을 더욱 높일 것이다. 또한 다가올 몇십 년간 기술진보가 가속화될 가능성을 고려할 때, 사회적 결속력을 키우면서 다양성의 비용을 줄일 수 있는 사회에서는 그 조치의 장점이 커질 수밖에 없다.

과거의 지배

인적다양성이 경제 발전에 미치는 영향은 현대의 국가 간 부의 차이가 먼 과거에서 비롯된 복잡한 요인에 뿌리를 둔다는 것을 보여주는 가장 놀라운 예일 것이다. 사실 이주자가 많은 선진국의 도시에 사는 독자라면 지구의 대부분에 걸쳐 인구 다양성의 분포가 그토록 변함없이 지속됐다는 사실에 놀랄 것이다.

현대에는 개발도상국이 선진국의 유리한 정치·경제제도를 채택하는 경향을 보이고 개인은 유익한 문화 규범을 모방하려 애쓰면서 국가 간 제도와 문화의 차이는 줄어들었다. 마찬가지로 어떤 질병이 널리 퍼졌거나 바다에 대한 접근성이 없을 때와 같은 지리적 조건의 일부 부정적 효과는 기술 진보로 완화됐다. 그러나 오늘날 어떤 지역에서는 주로 국제적 이주에 대한 법적 장벽이 존재할 뿐만 아니라 개인이 고향 땅과 자신들의 고유한 문화에 생래적 애착을 느끼기 때문에 인적다양성이 훨씬 느린 속도로 변화했다.

따라서 교육과 제도 그리고 문화 측면에서 적절한 유인이 없으면 다양성이 높은 사회는 경제적 번영에 필요한 수준의 신뢰와 사회적 결속력을 확보하는 데 어려움을 겪을 가능성이 높으며, 반면 동질적 사회는 기술과 상업의 발전을 좌우하는 지적 교류에서 충분한 혜택을 누리지 못할 것이다. 그러므로 각국의 제도와 문화적 특성이 수렴하는데도 국가 간 소득 격차가 유지될 수 있다. 이것이 바로 과거의 지배다.

수천 년 전 일단의 호모사피엔스가 아프리카에서 걸어 나온 이후 그들의 사회적 특성과 그들이 정착한 자연환경은 서로 달랐고, 이런 이질성이 낳은 효과는 시간이 흘러도 지속됐다. 어떤 사회는 처음부터 경제 발전에 도움이 되는 인적다양성 수준과 지리적 특성으로 축복을 받았지만, 다른 사회는 그 후 줄곧 성장 과정에 해를 끼친 비우호적인 초기 조건에 맞닥뜨렸다. 우호적인 초기 조건은 기술 진보에 기여했고, 포용적 제도와 사회적 자본 그리고 미래 지향적 사고방식을 비롯해 성장 활력을 높이는 제도와 문화의 특성을 채택하도록 했다. 이는 다시 기술 진보를 더욱 자극하고 정체기에서 성장기로 옮

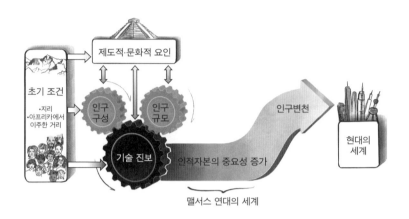

그림 8. 비교발전의 궁극적 뿌리

겨 가는 속도를 높였다. 이와 대조적으로 비우호적인 기본 조건은 더 느린 성장 궤도로 사회를 이끌었으며, 그런 효과는 성장을 가로막는 제도와 문화적 특성을 채택하면서 다시 강화됐다.

인류사 내내 제도와 문화는 지리적 특성과 인적다양성에 큰 영향을 받았다. 하지만 제도와 문화는 때때로 국가의 운명을 뒤바꾸는, 갑작스러운 역사적 변동성에 휩쓸릴 수도 있었다. 북한과 한국의 경우처럼 지리적 조건과 인구의 다양성을 모두 공유하는 국가 사이에서도 생활수준에서 현격한 차이를 보일 수 있다. 드물지만 이런 사례에서는 문화와 제도가 일부 국가 간에 나타나는 격차의 밑바탕에 있는 주된 요인일 수 있다.

그러나 인류사의 큰 흐름은 지리적 특성과 인구 다양성이 글로벌 불평등의 밑바탕에 있는 가장 심층적이고 주된 요인이라는 것을 보여 줬다. 그 다양성은 부분적으로 수만 년 전 아프리카에서 나온 호모사피엔스의 이주 기간에 형성됐다. 그와 달리 문화적·제도적 적응

270

은 흔히 전 세계의 사회에서 발전이 이뤄지는 속도를 결정하는 요인이었다.

어떤 지역에서는 성장 활력을 높이는 지리적 조건과 다양성 덕분에 문화와 제도의 특성이 환경에 빠르게 적응할 수 있었고 기술 진보가 가속화됐다. 몇 세기가 지나자 이러한 과정에서 촉발된 변화로 인적자본에 대한 수요가 폭발하고 출산율이 갑자기 낮아졌으며, 그에 따라 더 일찍 현대의 성장 체제로 전환이 이뤄졌다. 다른 곳에서는 이런 상호작용이 사회를 더 느리게 움직였고, 맬서스가 묘사한 야수의 아가리를 벗어나는 시기가 늦어졌다. 현대사회의 극단적인 글로벌 불평등은 이렇게 생겨난 것이다.

간추리기 불평등의 수수께끼를 풀다

2차 세계대전이 끝나고 몇 년간 태평양의 작은 섬 탄나Tanna에 공군기지를 닮은 몇몇 시설이 세워졌다. 그곳에는 본부와 구내식당 뿐만 아니라 비행기와 활주로, 감시탑도 있었다. 하지만 그중 어느 것도 진짜는 아니었다. 비행기는 속이 빈 나무 몸통으로 만들었고 활주로는 이착륙을 원활히 하기엔 불충분했다. 갈대로 만든 감시탑 에는 나무를 깎아 만든 감시 도구를 들여놓았다. 단지 타오르는 횃 불만 빛을 냈다. 이처럼 꾸며 낸 비행장에는 어떤 비행기도 착륙한 적이 없었지만, 어떤 섬사람은 항공 교통관제사 흉내를 냈고, 다른 이들은 소총 대신 막대기를 들고 군인처럼 행진했다.

2차 세계대전은 탄나섬을 포함해 태평양에 흩어진 멜라네시아 원주민에게 깊은 인상을 남겼다. 전쟁 중 그들은 산업 강국인 일본 과 미국의 힘을 목격했다. 자신들의 집 위에서 일본과 미국 비행기가 하늘을 가로지르며 날아다니고, 주변 바다에서 양국 함정이 서로를 포격하며, 자신들의 섬에 일본군과 미군이 기지를 세우는 것을 지켜

272

봤다. 섬사람에게 특히 오랫동안 인상을 남긴 현상은 이 낯선 이들이 가지고 온 풍성한 화물이었다. 통조림 식품 상자와 의약품, 의류, 예전에 거의 본 적이 없는 온갖 장비가 실려 온 것이다. 전쟁이 끝나고 군대가 자국으로 돌아가자 이 풍성함의 원천은 말라 버렸다. 그러자 현대의 상품 제조 과정에 익숙하지 않았던 섬사람은 그와 같은 부의 기원을 알아내려 했고, 화물을 따라왔던 몇 가지 특징과 관행을 재현하려 했다. 그들이 물질적·정신적 부와 평등 그리고 정치적 자율성이라 여겼던 그 화물이 마침내 돌아와 다시 그 섬을 축복해 주기를 바랐던 것이다.[1] (탄나섬 사람의 화물 숭배cargo cult를 말한다. 유용한 물건을 백인이 직접 만드는 것을 보지 못한 섬사람은 화물의 기원을 초자연적인 것으로 믿었다고 한다 ― 옮긴이)

빈곤국의 발전을 위한 서방의 정책 권고가 탄나섬 사람의 '재현再現 의식'과 그다지 다르지 않은 경우가 너무나 많다. 서방의 정책 권고란 빈곤국이 부를 창출하도록 하는 밑바탕의 조건을 적절히 고려하지 않은 채 선진국의 경제적 번영과 상관관계가 있는 제도를 피상적으로 모방토록 하는 것인데, 그런 환경은 빈곤국엔 존재하지 않을 수 있다.

특히 개발도상국의 빈곤은 주로 경제와 정부 부문의 부적절한 정책이 낳은 결과이므로 일단의 보편적인 구조 개혁 정책을 적용함으로써 뿌리 뽑을 수 있다는 것이 지금까지의 통념이었다. 이런 추정은 근본적 오해에 바탕을 뒀다. 그 정책의 유효성에 결정적 영향을 미칠 뿌리 깊은 요인을 무시했기 때문에 그렇게 넘겨짚은 것이다. 그 요인은 국가마다 전혀 다른 것으로서 지금까지 한결같이 성장 과정에 걸림돌이 됐으므로 이런 문제를 해결하려 애쓰는 것이 효과적 전

2부 부와 불평등의 기원

략일 것이다.

이처럼 오도된 방식의 두드러진 예가 워싱턴 콘센서스Washington Consensus다. 그것은 개발도상국에 대한 일련의 정책 권고로, 무역 자유화와 공기업 민영화, 재산권 보호 확대, 규제 완화, 세원 확충과 한계 세율 인하에 초점을 맞춘다. 1990년대에 세계은행과 국제통화기금International Monetary Fund은 워싱턴 콘센서스에 영감을 받은 개혁을 실행하려 무진 애를 썼지만, 바라던 결과를 내는 데 제한적인 성공만 거뒀다.[2] 산업의 민영화와 무역 자유화, 안전한 재산권은 경제 성장을 위한 사회적·문화적 필요조건을 이미 발전시킨 국가에는 성장에 도움이 되는 정책이겠지만, 사회적 결속력이 약하고 부패 구조가 굳어져 이러한 기초가 없는 환경에서는 그와 같은 보편적 개혁은 흔히 결실을 보지 못한다.

선진국과 개발도상국 경제의 격차는 수천 년간 이어진 여러 과정에 뿌리를 뒀기 때문에 아무리 효율적인 개혁이라도 빈곤의 늪에 빠진 국가를 하루아침에 선진 경제로 탈바꿈시키지는 못할 것이다. 먼 과거에 생긴 제도적·문화적·지리적·사회적 특성은 문명이 저마다 다른 역사적 경로를 걷도록 추동하며, 국가 간 부의 격차가 더 벌어지도록 조장했다. 확실히 경제적 번영에 도움이 되는 문화와 제도는 점진적으로 형성되고 채택될 수 있다. 지리와 다양성 측면에서 나타난 장벽의 영향을 누그러뜨릴 수 있다. 하지만 이때 각국의 발전 경로에서 나타난 특성을 무시하면 어떤 개입으로도 불평등을 줄이기 어렵고, 오히려 좌절과 혼란 그리고 오랜 정체를 불러올 수 있다.

불평등의 뿌리에서 표층表層에 있는 것은 세계화와 식민지화가 낳은 비대칭적 효과다. 이 두 가지 과정은 서유럽 국가가 더욱 빠르게 산업화와 발전을 이룰 수 있도록 했지만, 저개발 사회가 빈곤의 덫에서 탈출하는 것을 지연시켰다. 세계의 일부 지역에서 경제와 정치의 불평등을 영속화하도록 설계된 착취적인 식민지 제도가 끈질기게 이어짐에 따라 국가 간 부의 격차는 더욱 벌어졌다.

그러나 식민지 시대에 지배와 착취 그리고 불균형적인 무역을 부추긴 힘은 식민지 이전 시대의 불균등한 발전을 바탕으로 했다. 널리 보급된 문화적 규범뿐만 아니라 정치·경제제도에서 나타난 기존의 지역별 차이는 발전의 속도와 정체에서 성장으로 전환하는 시기에 지배적 영향을 미쳤다. 뚜렷이 구별되는 문화적 특성에 더해 인류사의 결정적 전기에 이뤄지는 제도적 개혁은 때때로 각 사회를 시간이 지날수록 간격이 벌어지는 서로 다른 성장 궤도에 올려놓았다. 그러나 무작위적인 사건은 우리 마음속에서 극적이고 중대하게 느껴지더라도 인류의 여정 전체에서는 일시적이며 대체로 제한적 역할만 했다. 그런 사건이 지난 몇 세기 동안 각국 간, 지역 간 경제적 번영의 격차를 불러온 지배적 요인이었을 가능성은 매우 낮다.

유프라테스강과 티그리스강, 나일강, 양쯔강, 갠지스강 같은 주요 강 주위의 비옥한 토지에 처음으로 큰 문명이 일어난 것은 우연이 아니다. 어떤 무작위적인 역사적·제도적·문화적 발전도 수원水源에서 먼 곳에 고대 주요 도시가 형성되거나, 서리 덮인 시베리아의 숲 한가운데서, 혹은 사하라사막 한복판에서 혁명적인 농업기술이 개발되도록 할 수는 없었을 것이다.

표층 안쪽에는 지리적 조건과 먼 과거에 뿌리를 둔 더 심층적 요인이 있다. 이 요인은 흔히 세계의 어떤 지역에서는 성장 활력을 높이고 다른 지역에서는 성장을 저해하는 문화적 특성과 정치제도 출

2부 부와 불평등의 기원

현을 뒷받침했다. 중앙아메리카 같은 지역에서는 대규모 플랜테이션에 적합한 토양이 착취와 노예제 그리고 불평등을 특징으로 하는 수탈적인 정치제도 출현을 부추기고 끈질기게 유지되도록 했다. 다른 지역에서는 사하라 남쪽 아프리카처럼 질병 관련 환경이 농업과 노동의 생산성을 떨어뜨리고 더 선진적인 농업기술을 채택하는 것을 지연시켰다. 그에 따라 인구밀도가 감소하고 정치적 중앙집권화와 장기적 번영이 저해됐다. 그와 대조적으로 운 좋은 지역에서는 우호적인 토양과 기후의 특성 덕분에 협력과 신뢰, 성 평등 그리고 더 미래 지향적인 사고방식같이 발전에 도움이 되는 문화적 특성이 발현됐다.

오랫동안 지속되는 지리적 특성의 영향을 이해하려면 농업 혁명의 여명기로 1만 2,000년을 거슬러 올라가야 한다. 이 기간에 생물 다양성과 기를 수 있는 동식물의 이용 가능성, 그리고 대륙이 뻗은 방향에 따라 어떤 지역에서는 수렵·채집 부족이 농업공동체로 더 일찍 이행했고, 다른 지역에서는 그 시기가 더 늦었다. 실제로 신석기혁명이 더 일찍 일어난 유라시아 지역은 기술적으로 앞선 출발에서 얻는 혜택을 산업화 이전 시대 내내 누렸다.

그러나 이처럼 더 일찍 농업으로 전환한 데 따른 유리한 힘은 산업화 시대에 소멸해 버렸고, 결국 오늘날 세계적으로 광범위한 불평등이 생겨날 때 제한적 역할만 했다. 가장 일찍 농업으로 전환한 사회는 지금의 가장 번영한 국가가 될 운명이 아니었다. 농업에 특화한 것은 결국 도시화 과정을 방해하고 그들이 기술적으로 앞선 데 따른 효과를 퇴색시켰다.

궁극적으로 오늘날 인류 번영의 가장 깊은 뿌리 중 몇 가지를 탐구하려면 이 모든 것이 시작된 때까지 더 거슬러 올라가야 한다. 인류가 아프리카 밖으로 첫걸음을 내디딘 수만 년 전으로 되돌아가는 것이다. 각 사회 내의 다양성이 어느 정도인지는 부분적으로 그때의 대탈출 과정에 따라 결정됐다. 그 다양성 수준은 인류사 전 과정에 걸쳐 경제적 번영에 지속적 영향을 미쳤으며, 혁신을 부르는 상호 교류와 사회적 응집력 제고 효과 사이의 최적점에 이른 이들이 가장 큰 혜택을 누렸다.

최근 몇십 년간 빈곤국의 발전이 급속히 확산되면서 전 세계에서 성장 활력을 높이는 문화와 제도의 특성이 장려됐으며, 이는 개발도상국의 성장에 기여했다. 현대적 운송과 의학과 정보 기술은 지리적 조건이 경제 발전에 미치는 부정적 영향을 줄여 주었고, 기술 진보가 빨라짐에 따라 번영에 도움을 주는 다양성의 잠재적 혜택은 더 커졌다. 우리는 이런 추세를 다양성이 높은 사회라면 사회적 응집력을 높이도록 하고 동질적 사회라면 지적 이화수정의 혜택을 받도록 하는 정책과 결합함으로써 지금 같은 부의 불평등을 바로 그 근원에서 해결하는 일을 시작할 수 있다.

오늘날에는 탄나섬에서 진짜 공항을 찾아볼 수 있다. 이곳 아동의 대부분이 초등학교에 다닐 수 있으며 섬사람은 휴대전화를 가지고 다닌다. 야수르Yasur 화산과 전통문화에 끌린 관광객의 물결은 지역경제의 활력을 높일 수입을 올려 준다. 이 섬이 속한 바누아투공화국의 1인당 소득은 여전히 보잘것없어도 지난 20년간 2배 이상이 됐다.

역사의 긴 그림자에도 불구하고 국가의 운명은 돌에 새겨지지 않았다. 인류의 여정을 지배했던 거대한 변화의 톱니바퀴는 계속 돌아가므로, 성 평등과 다원주의, 차이에 대한 존중과 더불어 미래지향성을 강화하고 교육과 혁신 역량을 키우는 조치는 보편적 번영의 열쇠가 될 것이다.

이 책을 쓰기 시작했을 때 브라운대학 연구실 창밖에서 종종걸음 치던 다람쥐의 운명이 어떻게 됐을지 나는 알 수 없다. 다만 뉴잉글랜드주의 모진 겨울을 견디고 살아남아 자신의 방식대로 잘 자랐으면 좋겠다. 그러나 그 녀석이 다시 한 번 연구실을 들여다보려 나타난다 해도, 먹을거리를 좇는 대신 이 책의 최종 원고에 모든 에너지를 쏟는 인류의 모습을 여전히 이해할 수 없으리라 확신한다. 생존과 번식만을 추구하는 본능에서 자유로운 삶을 그 녀석은 상상하기 힘들 테니 말이다. 하지만 그 녀석이 생각하는 생존 방식은 우리에겐 기억 저편으로 사라지고 있다.

이 책은 인류의 여정을 허락한 독특한 힘에 대해 탐구했다. 정체에서 성장으로, 그리고 다시 불평등으로 가는 그 기나긴 여정은 다람쥐는 물론 지구상의 그 어떤 종도 인류가 아니라면 절대 따를 수 없다. 서두에서 말했듯, 인류사 전 과정을 설명하기 위한 시도에서는 우리의 마음을 잡아끄는 세부적 이야기에 압도될 가능성이 매우 높다. 그러한 이야기가 우리의 전체적 조망을 흐릴 수 있다는 점을 계속 인식하면서 인류의 항로를 휩쓴 근본적 힘을 찾는 데 초점을 맞추려 애썼다.

인류가 돌 깎는 도구를 처음 만든 이후, 기술 진보는 줄곧 인류의 성장을 촉진하고 변화하는 환경에 대한 적응을 도왔다. 이로 인한 변화는 시간과 장소를 막론하고 모든 시대와 지역에서 모든 문명에 예외 없이 더 많은 기술 진보를 낳았다. 하지만 한 가지 핵심적 양상만이 변치 않은 채로 남아 있었다. 바로 생활수준이다. 기술 발전에 비해 인류의 물질적 복리는 장기적으로 향상되지 못했다. 다른 종처럼 인류 역시 빈곤의 덫에 걸렸다. 기술 진보로 인해 인구가 늘어났고, 그만큼 진보의 보상을 더 많은 인구가 나눠야 했기 때문이다. 혁신으로 창출된 경제적 번영이 몇 세대 간 이어지더라도 생활조건은 겨우 생존을 유지하는 수준으로 되돌아갔다.

기술 진보, 인구 규모 및 구성의 상호작용이 강화된 변화의 톱니바퀴는 수천 년간 점점 더 빠르게 돌아가다 산업혁명기에 마침내 임계점에 이르러 기술 진보의 힘을 폭발시켰다. 교육받은 노동자라야 빠르게 변화하는 기술 환경을 헤쳐 나갈 수 있었다. 이런 노동자에 대한 수요가 늘고 성별 임금격차가 줄어들면서, 부모는 자녀를 더 낳는 대신 이미 낳은 자녀의 교육에 투자하기 시작했다. 그렇게 출산율이 내려가면서 빨라진 인구변천은 맬서스가 말한 빈곤의 덫을 부숴 버렸다. 생활수준 향상은 더 이상 인구 증가에 발목을 잡히지 않았고, 인류의 번영은 장기적 상승세를 타기 시작했다.

눈부신 기술 진보와 생활수준의 엄청난 향상이 이뤄지는 가운데 인류는 중대한 재앙도 경험했다. 스페인독감의 대유행과 대공황, 정치적 극단주의 그리고 1·2차 세계대전의 잔학 행위에 따른 파괴적 효과가 대표적이다. 이러한 재앙은 분명 무수한 개인의 삶을 파괴했지만 더 넓은 시각으로 보면 인류 전체의 생활수준은 그때마다 빠르게 회복됐다. 코로나19 팬데믹에서 경험했듯이, 단기적으로 보면 인류의 성장 과정은 분명 거대한 변동성에 취약하다. 그러나 이러한 사건이 아무리 무시무시하고 파괴적이더라도 장기적으로 보면 인류 발전의 큰 궤적에 제한적 영향만 미쳤음을 알 수 있다. 인류의 행진은 그야말로 억척스럽고, 그 무엇도 행진을 멈추게 할 수 없었다.

그러나 수십억의 인류가 기아와 질병, 기후 변동성에 대한 취약성에서 해방되는 가운데, 또 하나의 새로운 위험이 떠올랐다. 인류가 일으킨 환경 파괴와 기후변화의 두려운 영향이 그것이다. 이 위험은 바로 산업혁명 기간에 시작됐다.

과연 지구온난화는 몇십 년 안에 인류의 억척스러운 행진을 좌절시킬 역사적 사건으로 인식될까? 내 생각은 좀 다르다. 흥미롭게도 산업화의 영향으로 이뤄진 혁신과 인적자본 형성 그리고 출산율 하락은 산업화가 기후변화에 끼친 부정적 효과를 누그러뜨릴 것이다. 이는 경제 성장과 환경 보존 사이의 잠재적 상충 관계를 푸는 데 열쇠가 되리라 생각한다. 인구 증가율이 급속히 낮아지고 인적자본 형성과 혁신 역량이 확대되는 변화의 물결은 지난 세기에 전 세계로 확산됐는데, 이 역시 인류가 지구온난화의 파괴적 결말을 피할 수 있는 능력을 낙관하는 근거가 되리라고 본다.

또 다른 위험인 부의 불평등은 어떨까? 19세기의 동이 틀 때, 교육의 기회와 의료 시설 그리고 기술 활용 가능성이 급속히 확대되면서 인류의 생활 조건은 거의 모든 지표에서 전례 없이 약진했고, 이 약진은 전 세계 수십억 명의 삶을 근본적으로 바꿨다. 다만 약진의 시기 그리고 빈곤의 시대로부터 탈출하는 시기는 저마다 달랐다. 서유럽과 북아메리카는 산업혁명 직후 생활 조건에서 놀라운 약진을 경험했지만, 아시아와 아프리카, 라틴아메리카의 대부분 지역에서는 20세기 후반까지 기다려야 했다. 이러한 차이는 부와 복리 측면에서 엄청난 불평등을 불러왔다.

그러나 여기에 인류의 미래를 낙관하는 근거가 있다. 물론 제도와 문화, 지리 그리고 다양성 측면에서 지역적 격차가 완전히 사라지지는 않을 것이다. 이미 우리는 그러한 요인이 얼마나 지속적인 것인지 알고 있다. 하지만 시간을 두고 다양성 관련 정책에 더해 문화와 기술의 확산을 통해 지역적 격차를 최대한 좁히고 뿌리 깊은 요인의 영향을 완화할 수 있다. 맬서스가 걱정스레 밝힌 힘이 인류의 집단적 기억에서 사라지고, 인류가 새로운 여정을 시작하기까지는 오랜 시간이 걸리진 않을 것이다.

지난 2세기 동안의 놀라운 진보를 강조한다 해서, 지금도 인류를 괴롭히는 고통과 부정의의 심각성이 줄어들진 않는다. 또한 우리에게 맡겨진 문제 해결의 긴급함이 줄어들지도 않는다. 나는 지금 같은 불평등의 기원을 이해함으로써 우리가 더 나은 방식으로 빈곤의 무게를 덜 수 있는 역량을 키우고 인류 전체의 번영에 공헌할 수 있길 바란다. 인류의 뿌리를 정확히 알게 되면 더 나은 미래를 설계할 수 있다. 인류사의 거대한 변화의 톱니바퀴는 최근 몇십 년간 더욱 빠르게 돌아갔고, 전 세계적으로 경제적 번영이 확산됐다. 이처럼 희망적인 인식은 우리의 성취 의욕을 북돋을 것이다.

인류에게는 스스로 성찰할 수 있는 능력이 있으며, 사상가들은 언제나 국가의 부침, 부와 불평등의 기원에 관해 알고 싶어 했다.

우리는 이제 실증 자료에 바탕을 둔 통합적 분석 틀뿐 아니라 수십 년에 걸친 조사로 얻은 장기적 관점 덕분에 인류의 여정을 전체적으로 이해하고 핵심적인 수수께끼를 풀 수 있는 도구를 가졌다. 나는 인류가 미지의 영역으로 나아가는 여정을 계속하는 동안 우리가 부와 글로벌 불평등의 기원을 이해하고 그를 통해 전 세계적 번영을 촉진할 정책을 설계할 수 있길 바란다. 그리고 독자들이 우리의 앞날에 있을 더 풍요로운 미래를 상상하며 노력할 수 있길 바란다.

이 책은 내가 30년에 걸쳐 마음에 품고 발전시킨 지적 노력을 정리한 것이다. 이 책의 다양한 층위에서 밑바탕을 이루는 연구는 내가 쾀룰 아슈라프Quamrul Ashraf와 그레고리 케이시Gregory Casey, 라파엘 프랑크Raphaël Franck, 마르크 클렘프Marc Klemp, 스텔리오스 미할로풀로스Stelios Michalopoulos, 오메르 모아브Omer Moav, 앤드루 마운트퍼드Andrew Mountford, 외메르 외자크Ömer Özak, 하를 라이더Harl Ryder, 아사프 사리드Assaf Sarid, 비아체슬라프 사비츠키Viacheslav Savitskiy, 대니얼 치돈Daniel Tsiddon, 디트리히 볼라스Dietrich Vollrath, 데이비드 웨일David Weil 그리고 조지프 제이라Joseph Zeira와 협력한 연구에서 도움을 받은 것이다.

그뿐 아니라 여러 해 동안 전 세계 연구자들과의 생산적 토론에서도 도움을 받았는데 특히 대런 애쓰모글루와 알베르토 알레시나Alberto Alesina, 사샤 베커Sascha Becker, 롤랑 베나부Roland Bénabou, 알베르토 비신Alberto Bisin, 마테오 체르벨라티Matteo Cervellati, 카를-요한 달

284

가르Carl-Johan Dalgaard, 데이비드 들라크루아David de la Croix, 클라우스 디스메트Klaus Desmet, 메티아스 도에프커Matthias Doepke, 스티븐 덜라 우프Steven Durlauf, 제임스 펜스커James Fenske, 모셰 하잔Moshe Hazan, 안 드레아스 이르멘Andreas Irmen, 로스 레빈Ross Levine, 조엘 모키르, 네이 선 넌Nathan Nunn, 루이스 퍼터먼Louis Putterman, 짐 로빈슨Jim Robinson, 우버 순더Uwe Sunde, 엔리코 스폴라오레Enrico Spolaore, 홀거 스트룰릭 크Holger Strulik, 요아힘 보스Joachim Voth, 로맹 와지아르그Romain Wacziarg 그리고 파브리치오 칠리보티Fabrizio Zilibotti가 많은 도움을 줬다.

이 책의 여러 부분과 그 밑바탕의 이론적 틀은 나의 명예 박사학 위 수여식 강연(2021, 루뱅가톨릭대학)과 또 다른 명예 박사학위 수여 식 강연(2019, 포즈난경제경영대학), 코페르니쿠스Copernican 강연(2019, 폴란드 토룬), 리카도Ricardo 강연(2019, 덴마크), 보겐Bogen 강연(2019, 히 브루대학), 세우텐Zeuthen 강연(2016, 덴마크 코펜하겐), 버글라스Berglas 강연(2015, 이스라엘 텔아비브), 매디슨Maddison 강연(2012, 네덜란드 흐로 닝언), 쿠즈네츠Kuznets 강연(2009, 예일대학), 클라인Klein 강연(2008, 일본 오사카), 독일경제학회 개막 강연(2016, 독일 아우크스부르크), 그리고 이 스라엘 경제학회 발표(2003, 이스라엘 예루살렘)의 주제였다.

또한 유럽공공선택학회European Public Choice Society 총회 기조 강연 (2019, 예루살렘)과 전미경제연구소NBER의 '시간과 공간을 넘는 거시 경제학' 콘퍼런스(2018, 미국 필라델피아), 종교·경제·문화연구학회 Association for the Study of Religion, Economics & Culture 콘퍼런스(2016, 코펜하겐), '역사의 긴 그림자Long Shadow of History' 콘퍼런스(2014, 독일 뮌헨), 독일 노동경제연구소IZA 제9차 연례 이민 콘퍼런스(2012, 독일 본), 프랑스 이론 및 응용 경제연구소BETA 역사경제학 워크숍(2012, 프랑스 스트라

감사의 말

스부르), 4차 '국제 이민과 발전' 콘퍼런스(2011, 하버드대학), 한국경제
학회 콘퍼런스(2008, 한국 서울), '초기의 경제 발전' 콘퍼런스(2006, 코
펜하겐), 역동적 경제성장 및 국제교역DEGIT 분야 연례 학술대회
(2000, 이탈리아 로마; 2001, 오스트리아 빈; 2005, 멕시코 멕시코시티), 운송,
교통 및 이동성T2M 연례 콘퍼런스(2000, 프랑스 파리)에서 발표했다.

또한 이 책의 이론적 기초는 내가 킬(2015)과 장크트갈렌
(2012~2015), 경제성장에 관한 하계 강좌(2011~2013, 영국 워릭; 2012, 이
탈리아 나폴리; 2008, 예루살렘), 바-일란대학(2012), 벤-구리온대학
(2012), 룩셈부르크(2012), 포르투갈 포르투(2012), 시앙스포(2012), 덴
마크 박사 과정 프로그램(2008, 코펜하겐), 국제통화기금 훈련 프로그
램(2006, 2008), 경제정책연구센터Centre for Economic Policy Research 하계 워
크숍(2007, 이탈리아 피렌체), 스위스 취리히(2003), 그리고 네덜란드 합
동 박사 과정 프로그램(2000)에서 한 일련의 강의에서 핵심 주제였다.

나는 2020년 3월 히브리어로 나온 이 책의 초판을 쓸 때 오리 카
츠Ori Katz와 함께 작업하면서 도움을 받았고, 에일런 레비Eylon Levy의
멋진 영어 번역도 큰 도움이 됐다. 지난 2년간 이 초판의 구조와 범
위, 스타일, 내용은 완전히 바뀌고 보강됐다. 이 과정에서 기욤 블랑
크Guillaume Blanc와 케이시, 아모리 드후Amaury Dehoux, 프랑크, 마르틴
피즈바인Martin Fiszbein, 마리코 클라싱Mariko Klasing, 클렘프, 줄리아
린Julia Lynn, 마리아 메딜린 에스구에라Maria Medellin Esguerra, 페트로스
밀리오니스Petros Milionis, 디에고 라모스 토로Diego Ramos Toro, 발라즈
젤리티Balazs Zelity, 앨리 주Ally Zhu 그리고 특히 에리카 듀랜트Durante가
주의 깊게 읽고 통찰력 있는 논평을 해 줘서 많은 도움이 됐다.

그리고 귀중한 논평과 폭넓은 편집으로 이 책의 질적 수준을 높

이고 더 광범위한 독자의 관심을 끌게 한 저작권 대리인 제니퍼 조얼Jennifer Joel에게 감사한다. 또한 책의 범위를 바꿔 독자층을 넓힌 윌 해먼드Will Hammond(펭귄랜덤하우스그룹의 빈티지Vintage 출판사)와 존 파슬리John Parsley(펭귄랜덤하우스그룹의 더튼Dutton 출판사)에게 빚을 졌다. 특히 해먼드의 철저하고 유용한 편집 그리고 여러 주제와 연구 방법론에 대한 폭넓고 자상한 토론은 원고의 질에, 그리고 이론과 실증 방법론의 더 기술적 측면을 표현하는 데 엄청난 영향을 미쳤다.

참고문헌

Abram, Nerilie J., Helen V. McGregor, Jessica E. Tierney, Michael N. Evans, Nicholas P. McKay and Darrell S. Kaufman, 'Early onset of industrial-era warming across the oceans and continents', *Nature* 536, no. 7617 (2016): 411~418.

Abramovitz, Moses, and Paul A. David, *American macroeconomic growth in the era of knowledge-based progress: The long-run perspective*, Vol. 93, 1999.

Acemoglu, Daron, Davide Cantoni, Simon Johnson and James A. Robinson, 'The Consequences of Radical Reform: The French Revolution', *American Economic Review* 101, no. 7 (2011): 3286~3307.

Acemoglu, Daron, Simon Johnson and James A. Robinson, 'Reversal of Fortune: Geography and institutions in the making of the modern world income distribution', *The Quarterly Journal of Economics* 117, no. 4 (2002): 1231~1294.

Acemoglu, Daron, Simon Johnson and James A. Robinson, 'The Colonial Origins of Comparative Development: An empirical investigation', *American Economic Review* 91, no. 5 (2001): 1369~1401.

Acemoglu, Daron, and James A. Robinson, 'Why did the West extend the franchise? Democracy, inequality, and growth in historical perspective', *The Quarterly Journal of Economics* 115, no. 4 (2000): 1167~1199.

Acemoglu, Daron, and James A. Robinson, *Why Nations Fail: The origins of power, prosperity, and poverty*, Crown Books, 2012.

Acsadi, Gyorgy, Janos Nemeskeri and Kornel Balas, *History of human life span and mortality*, Budapest: Akademiai Kiado, 1970.

Aghion, Philippe, and Peter Howitt, 'A Model of Growth Through Creative Destruction', *Econometrica* 60, no. 2 (1992): 323~351.

Aidt, Toke S., and Raphael Franck, 'Democratization under the Threat of Revolution: Evidence from the Great Reform Act of 1832', *Econometrica* 83, no. 2 (2015): 505~547.

Aiello, Leslie C., and Peter Wheeler, 'The expensive-tissue hypothesis: the brain and the digestive system in human and primate evolution', *Current Anthropology* 36, no. 2 (1995): 199~221.

Alesina, Alberto, Arnaud Devleeschauwer, William Easterly, Sergio Kurlat and Romain Wacziarg, 'Fractionalization', *Journal of Economic Growth* 8, no. 2 (2003): 155~194.

Alesina, Alberto, and Paola Giuliano, 'Culture and Institutions', *Journal of Economic Literature* 53, no. 4 (2015): 898~944.

Alesina, Alberto, and Paola Giuliano, 'The Power of the Family', *Journal of Economic Growth* 15, no. 2 (2010): 93~125.

Alesina, Alberto, Paola Giuliano and Nathan Nunn, 'On the Origins of Gender Roles: Women and the plough', *The Quarterly Journal of Economics* 128, no. 2 (2013): 469~530.

Alesina, Alberto, and Nicola Fuchs-Schundeln, 'Goodbye Lenin (or not?): The Effect of Communism on People's Preferences', *American Economic Review* 97, no. 4 (2007): 1507~1528.

Allen, Robert C., 'Progress and Poverty in Early Modern Europe', *The Economic History Review* 56, no. 3 (2003): 403~443.

Allen, Robert C., 'Agriculture and the Origins of the State in Ancient Egypt', *Explorations in Economic History* 34, no. 2 (1997): 135~154.

Alsan, Marcella, 'The effect of the tsetse fly on African development', *American Economic Review* 105, no. 1 (2015): 382~410.

Andersen, Thomas Barnebeck, Jeanet Bentzen, Carl-ohan Dalgaard and Paul Sharp,

'Pre-eformation roots of the Protestant Ethic', *The Economic Journal* 127, no. 604 (2017): 1756~1793.

Andersen, Thomas Barnebeck, Carl-Johan Dalgaard and Pablo Selaya, 'Climate and the Emergence of Global Income Differences', *The Review of Economic Studies* 83, no. 4 (2016): 1334~1363.

Andrews, Kehinde, *The New Age of Empire: How Racism and Colonialism Still Rule the World*, Penguin UK, 2021.

Ang, James B., 'Agricultural legacy and individualistic culture', *Journal of Economic Growth* 24, no. 4 (2019): 397~425.

Angel, J. Lawrence, 'The Bases of Paleodemography', *American Journal of Physical Anthropology* 30, no. 3 (1969): 427~437.

Angrist, Joshua D., and Jorn-Steffen Pischke, *Mostly Harmless Econometrics*, Princeton University Press, 2008.

Aquinas, Thomas, *Summa Theologica*, Authentic Media Inc. 2012.

Arbath Cemal Eren, Quamrul H. Ashraf, Oded Galor and Marc Klemp, 'Diversity and Conflict', *Econometrica* 88, no. 2 (2020): 727~797.

Arias, Elizabeth, 'United States Life Tables, 2012' (2016).

Arrow, Kenneth J., 'Gifts and Exchanges', *Philosophy & Public Affairs* (1972): 343~362.

Ashraf, Quamrul, and Oded Galor, 'Genetic diversity and the origins of cultural fragmentation', *American Economic Review* 103, no. 3 (2013): 528~533.

Ashraf, Quamrul, and Oded Galor, 'The "Out of Africa" hypothesis, human genetic diversity, and comparative economic development', *American Economic Review* 103, no. 1 (2013): 1~46.

Ashraf, Quamrul, and Oded Galor, 'Dynamics and stagnation in the Malthusian Epoch', *American Economic Review* 101, no. 5 (2011): 2003~2041.

Ashraf, Quamrul, Oded Galor and Marc Klemp, 'Population Diversity and Differential Paths of Long-Run Development since the Neolithic Revolution' (2020).

Ashraf, Quamrul, Oded Galor and Marc Klemp, 'Ancient Origins of the Wealth of Nations', in *Handbook of Historical Economics*, Elsevier, 2021.

Ashraf, Quamrul, Oded Galor and Omer Ozak, 'Isolation and development', *Journal of the European Economic Association* 8, no. 2~3 (2010): 401~412.

Ashraf, Quamrul, and Stelios Michalopoulos, 'Climatic fluctuations and the diffusion of agriculture', *Review of Economics and Statistics* 97, no. 3 (2015): 589~609.

Atack, Jeremy, Fred Bateman, Michael Haines and Robert A. Margo, 'Did railroads induce or follow economic growth? Urbanization and population growth in the American Midwest, 1850~1860', *Social Science History* 34, no. 2 (2010): 171~197.

Atkinson, Quentin D., 'Phonemic diversity supports a serial founder effect model of language expansion from Africa', *Science* 332, no. 6027 (2011): 346~349.

Bae, Christopher J., Katerina Douka and Michael D. Petraglia, 'On the origin of modern humans: Asian perspectives', *Science* 358, no. 6368 (2017).

Bairoch, Paul, 'International industrialization levels from 1750 to 1980', *Journal of European Economic History* 11, no. 2 (1982): 269~333.

Bairoch, Paul, 'Geographical structure and trade balance of European foreign trade from 1800 to 1970', *Journal of European Economic History* 3, no. 3 (1974): 557~608.

Banfield, Edward C., *The Moral Basis of a Backward Society*, Free Press, 1967.

Bar-osef, Ofer, 'The Natufian culture in the Levant, threshold to the origins of agriculture', *Evolutionary Anthropology: Issues, News, and Reviews* 6, no. 5 (1998): 159~177.

Bar-Yosef, Ofer, and Francois R. Valla, *Natufian foragers in the Levant: Terminal Pleistocene social changes in Western Asia*, Vol. 19, Berghahn Books, 2013.

Barlow, Nora (ed.), *The Autobiography of Charles Darwin 1809~1882*, Collins, 1958.

Barro, Robert J., 'Determinants of Democracy', *Journal of Political Economy* 107, no. S6 (1999): S158~183.

Barro, Robert J., 'Democracy and growth', *Journal of Economic Growth* 1, no. 1(1996): 1~27.

Basu, Aparna, *The Growth of Education and Political Development in India, 1898~1920*, Oxford University Press, 1974.

Basu, Kaushik, 'Child labor: cause, consequence, and cure, with remarks on international labor standards', *Journal of Economic Literature* 37(3) (1999), 1083~1119.

Baudin, Thomas, David De La Croix and Paula E. Gobbi, 'Fertility and Childlessness in the United States' *American Economic Review* 105, no. 6 (2015): 1852~1882.

Bazzi, Samuel, Martin Fiszbein and Mesay Gebresilasse, 'Frontier culture: The roots and persistence of "rugged individualism" in the United States', *Econometrica* 88, no. 6 (2020): 2329~2368.

Becerra-Valdivia, Lorena, and Thomas Higham, 'The timing and effect of the earliest human arrivals in North America', *Nature* 584, no. 7819 (2020): 93~97.

Becker, Gary S., and Nigel Tomes, 'Child Endowments and the Quantity and Quality of Children', *Journal of Political Economy* 84, no. 4, Part 2 (1976): S143~162.

Becker, Sascha O., Thiemo Fetzer and Dennis Novy, 'Who Voted for Brexit? A Comprehensive District-Level Analysis', *Economic Policy* 32, no. 92 (2017): 601~650.

Becker, Sascha O., Katrin Boeckh, Christa Hainz and Ludger Woessmann, 'The Empire is Dead, Long Live the Empire! Long-Run Persistence of Trust and Corruption in the Bureaucracy', *The Economic Journal* 126, no. 590 (2016): 40~74.

Becker, Sascha O., Francesco Cinnirella and Ludger Woessmann, 'The Trade-Off Between Fertility and Education: Evidence from Before the Demographic Transition', *Journal of Economic Growth* 15, no. 3 (2010): 177~204.

Becker, Sascha O., and Ludger Woessmann, 'Was Weber Wrong? A Human Capital Theory of Protestant Economic History', *The Quarterly Journal of Economics* 124, no. 2 (2009): 531~596.

Bellwood, Peter, James J. Fox and Darrell Tyron, *The Austronesians: historical and comparative perspectives*, ANU Press, 2006.

Benhabib, Jess, and Mark M. Spiegel, 'Human Capital and Technology Diffusion', *Handbook of Economic Growth* 1 (2005): 935~966.

Bennett, Matthew R. et al., 'Evidence of humans in North America during the Last Glacial Maximum', *Science* 373, no. 6562 (2021): 1528~1531.

Bentzen, Jeanet Sinding, Nicolai Kaarsen and Asger Moll Wingender, 'Irrigation and autocracy', *Journal of the European Economic Association* 15, no. 1 (2017): 1~53.

Betti, Lia, and Andrea Manica, 'Human variation in the shape of the birth canal is significant and geographically structured', *Proceedings of the Royal Society* B 285, no. 1889 (2018): 20181807.

Betti, Lia, Noreen von Cramon-Taubadel, Andrea Manica and Stephen J. Lycett, 'Global geometric morphometric analyses of the human pelvis reveal substantial neutral population history effects, even across sexes', *PloS One* 8, no. 2 (2013): e55909.

Betti, Lia, Francois Balloux, William Amos, Tsunehiko Hanihara and Andrea Manica, 'Distance from Africa, not climate, explains within-population phenotypic diversity in humans', *Proceedings of the Royal Society B: Biological Sciences* 276, no. 1658 (2009): 809~814.

Bignon, Vincent, and Cecilia Garcia-Penalosa, 'Protectionism and the education-fertility trade-off in late 19th century France' (2016).

Bisin, Alberto, and Thierry Verdier, 'The economics of cultural transmission and the dynamics of preferences', *Journal of Economic Theory* 97, no. 2 (2001): 298~319.

Bisin, Alberto, and Thierry Verdier, '"Beyond the melting pot": cultural transmission, marriage, and the evolution of ethnic and religious traits', *The Quarterly Journal of Economics* 115, no. 3 (2000): 955~988.

Blackmore, Susan, 'Evolution and Memes: The Human Brain as a Selective Imitation Device', *Cybernetics & Systems* 32, no. 1~2 (2001): 225~255.

Blayo, Yves, 'Mortality in France from 1740 to 1829', *Population* 30 (1975): 123~143.

Bleakley, Hoyt, 'Malaria eradication in the Americas: A retrospective analysis of childhood exposure', *American Economic Journal: Applied Economics* 2, no. 2 (2010): 1~45.

Bleakley, Hoyt, 'Disease and Development: Evidence from hookworm eradication in the American South', *The Quarterly Journal of Economics* 122, no. 1 (2007): 73~117.

Bleakley, Hoyt, and Fabian Lange, 'Chronic Disease Burden and the Interaction of

Education, Fertility, and Growth', *Review of Economics and Statistics* 91, no. 1 (2009): 52~65.

Bleasdale, Madeleine, Kristine K. Richter, Anneke Janzen et al., 'Ancient proteins provide evidence of dairy consumption in eastern Africa', *Nature Communication* 12, 632 (2021).

Bockstette, Valerie, Areendam Chanda, and Louis Putterman, 'States and markets: The advantage of an early start', *Journal of Economic Growth* 7, no. 4 (2002): 347~369.

Bolt, Jutta, Robert Inklaar, Herman de Jong and Jan Luiten van Zanden, 'Rebasing "Maddison": new income comparisons and the shape of long-run economic development', Maddison Project Database (2018).

Bolt, Jutta, and Jan Luiten van Zanden, 'The Maddison Project: collaborative research on historical national accounts', *The Economic History Review* 67, no. 3 (2014): 627~651, Maddison Project Database (2013).

Boserup, Ester, *Woman's Role in Economic Development*, St. Martin's Press, 1970.

Boserup, Ester, *The Conditions of Agricultural Growth: The economics of agrarian change under population pressure*, Aldine Publishing, 1965.

Bostoen, Koen, *The Bantu Expansion*, Oxford University Press, 2018.

Boyd, Robert, Peter J. Richerson and Joseph Henrich, 'The cultural niche: Why social learning is essential for human adaptation', *Proceedings of the National Academy of Sciences* 108, no. Supplement 2 (2011): 10918~10925.

Botticini, Maristella, and Zvi Eckstein, *The Chosen Few: How Education Shaped Jewish History*, Vol. 42, Princeton University Press, 2014, pp. 70~1492.

Brown, John C., and Timothy W. Guinnane, 'Fertility Transition in a Rural, Catholic Population: Bavaria, 1880~1910', *Population Studies* 56, no. 1 (2002): 35~49.

Buggle, Johannes C., and Ruben Durante, 'Climate Risk, Cooperation and the Co-Evolution of Culture and Institutions', *The Economic Journal* 131, no. 637 (2021): 1947~1987.

Buringh, Eltjo, and Jan Luiten van Zanden, 'Charting the "Rise of the West": Manuscripts and Printed Books in Europe, a long-term Perspective from the Sixth through Eighteenth Centuries', *The Journal of Economic History* 69, no. 2 (2009): 409~445.

Burnette, Joyce, 'An Investigation of the Female-Male Wage Gap During the Industrial Revolution in Britain', *The Economic History Review* 50, no. 2 (1997): 257~281.

Bybee, Joan L., and Osten Dahl, *The Creation of Tense and Aspect Systems in the Languages of the World*, John Benjamins, 1989.

Carneiro, Robert L., 'The Chiefdom: precursor of the state', *The Transition to Statehood in the New World* (1981): 37~79.

Casey, Gregory, and Oded Galor, 'Is faster economic growth compatible with reductions in carbon emissions? The role of diminished population growth', *Environmental Research Letters* 12, no. 1 (2017): 014003.

Cervellati, Matteo, and Uwe Sunde, 'Human capital formation, life expectancy, and the process of development', *American Economic Review* 95, no. 5 (2005): 1653~1672.

Chandler, Tertius, *Four Thousand Years of Urban Growth: An Historical Census*, Mellen, 1987.

Charnov, Eric L., and S. K. Morgan Ernest, 'The offspring-size/clutch-size trade-off in mammals', *The American Naturalist* 167, no. 4 (2006): 578~582.

Chaudhuri, Kurti N., 'Foreign trade and balance of payments (1757~1947)', *The Cambridge Economic History of India* 2 (1983): 804~877.

Chen, M. Keith, 'The Effect of Language on Economic Behavior: Evidence from Savings Rates, Health Behaviors, and Retirement Assets', *American Economic Review* 103, no. 2 (2013): 690~731.

Chen, Shuo, and James Kai-sing Kung, 'Of Maize and Men: The Effect of a New World Crop on Population and Economic Growth in China', *Journal of Economic Growth* 21, no. 1 (2016): 71~99.

Chesnais, Jean-Claude, *The Demographic Transition: Stages, Patterns and Economic Implications*, Oxford University Press, 1992.

Cinnirella, Francesco, and Jochen Streb, 'The Role of Human Capital and Innovation in Prussian Economic Development', *Journal of Economic Growth* 22, no. 2 (2017): 193~227.

Cipolla, Carlo M., *Literacy and Development in the West*, Vol. 1027, Penguin, 1969.

Clark, Gregory, 'Microbes and Markets: Was the Black Death an Economic Revolution?', *The Journal of Economic History* 82, no. 2 (2016): 139~165.

Clark, Gregory, *A Farewell to Alms: A Brief Economic History of the World*, Vol. 25, Princeton University Press, 2008.

Clark, Gregory, and David Jacks, 'Coal and the Industrial Revolution, 1700~1869', *European Review of Economic History* 11, no. 1 (2007): 39~72.

Clark, Gregory, 'The Long March of History: Farm Wages, Population, and Economic Growth, England 1209~1869', *The Economic History Review* 60, no. 1 (2007): 97~135.

Clarkson, Chris, Zenobia Jacobs, Ben Marwick, Richard Fullagar, Lynley Wallis, Mike Smith, Richard G. Roberts et al., 'Human occupation of northern Australia by 65,000 years ago', *Nature* 547, no. 7663 (2017): 306~310.

Clutton-rock, Tim H., and Paul H. Harvey, 'Primates, Brains and Ecology', *Journal of Zoology* 190, no. 3 (1980): 309~323.

Cohen, Mark Nathan, *Health and the Rise of Civilization*, Yale University Press, 1989.

Comin, Diego, William Easterly and Erick Gong, 'Was the Wealth of Nations Determined in 1000 BC?', *American Economic Journal: Macroeconomics* 2, no. 3 (2010): 65~97.

Cook, C. Justin, and Jason M. Fletcher, 'High-School Genetic Diversity and Later-Life Student Outcomes: Micro-Level Evidence from the Wisconsin Longitudinal Study', *Journal of Economic Growth* 23, no. 3 (2018): 307~339.

Cook, C. Justin., 'The Role of Lactase Persistence in Precolonial Development', *Journal of Economic Growth* 19, no. 4 (2014): 369~406.

Cosandey, David, *Le Secret de l'Occident*, Champs-Flammarion, 2007.

Crafts, Nicholas F. R., 'Duration of Marriage, Fertility and Women's Employment

Opportunities in England and Wales in 1911', *Population Studies* 43, no. 2 (1989): 325~335.

Crafts, Nicholas F. R., and C. Knick Harley, 'Output Growth and the British Industrial Revolution: A Restatement of the Crafts-Harley view', *The Economic History Review* 45, no. 4 (1992): 703~730.

Crafts, Nicholas F. R., and Mark Thomas, 'Comparative advantage in UK manufacturing trade, 1910~1935', *The Economic Journal* 96, no. 383 (1986): 629~645.

Cubberley, Ellwood Patterson, *The History of Education: Educational Practice and Progress Considered as a Phase of the Development and Spread of Western Civilization*, Houghton Mifflin Company, 1920.

Dahl, Osten, and Viveka Velupillai, 'The Future Tense', from *The World Atlas of Language Structures Online*, edited by Matthew Dryer and Martin Haspelmath, Max Planck Institute for Evolutionary Anthropology, 2011.

Dalgaard, Carl-Johan, Anne Sofie Knudsen and Pablo Selaya, 'The bounty of the sea and long-run development', *Journal of Economic Growth* 25, no. 3 (2020): 259~295.

Dalgaard, Carl-Johan, Jakob B. Madsen, and Holger Strulik, 'Physiological Constraints and the Transition to Growth: Implications for Comparative Development', *Journal of Economic Growth* 26, no. 3 (2021): 241~289.

Dalgaard, Carl-Johan, and Holger Strulik, 'The Physiological Foundations of the Wealth of Nations', *Journal of Economic Growth* 20, no. 1 (2015): 37~73.

Darlington, Philip J., 'Group Selection, Altruism, Reinforcement, and Throwing in Human Evolution', *Proceedings of the National Academy of Sciences* 72, no. 9 (1975): 3748~3752.

Dawkins, Richard, *The Selfish Gene*, Oxford University Press, 1976. de La Croix, David, Eric B. Schneider and Jacob Weisdorf, 'Childlessness, celibacy and net fertility in pre-industrial England: the middle-class evolutionary advantage', *Journal of Economic Growth* 24, no. 3 (2019): 223~256.

de la Croix, David, Matthias Doepke and Joel Mokyr, 'Clans, guilds, and markets:

Apprenticeship institutions and growth in the preindustrial economy', *The Quarterly Journal of Economics* 133, no. 1 (2018): 1~70.

De Pleijt, Alexandra, Alessandro Nuvolari and Jacob Weisdorf, 'Human capital formation during the first industrial revolution: Evidence from the use of steam engines', *Journal of the European Economic Association* 18, no. 2 (2020): 829~889.

De Pleijt, Alexandra, and Jan Luiten van Zanden, 'Two worlds of female labour: gender wage inequality in western Europe, 1300~1800', *The Economic History Review* (2018).

Delis, Manthos D., Chrysovalantis Gaganis, Iftekhar Hasan and Fotios Pasiouras, 'The effect of board directors from countries with different genetic diversity levels on corporate performance', *Management Science* 63, no. 1 (2017): 231~249.

Dell, Melissa, 'The Persistent Effects of Peru's Mining *Mita*', *Econometrica* 78, no. 6 (2010): 1863~1903.

Depetris-Chauvin, Emilio, and Omer Ozak, 'The origins of the division of labor in pre-modern times', *Journal of Economic Growth* (2021).

Desmet, Klaus, Ignacio Ortuno-Ortin and Romain Wacziarg, 'Culture, ethnicity, and diversity', *American Economic Review* 107, no. 9 (2017): 2479~2513.

Diamond, Jared, *Collapse: How Societies Choose to Succeed or Fail*, Viking Penguin, 2005.

Diamond, Jared M., 'Taiwan's gift to the world', *Nature* 403, no. 6771 (2000): 709~710.

Diamond, Jared, *Guns, Germs and Steel: The Fates of Human Societies*, Vintage, 1997.

Dickens, Charles, *The Adventures of Oliver Twist*, Ticknor and Fields, 1868.

Dittmar, Jeremiah E., 'Information Technology and Economic Change: The Impact of the Printing Press', *The Quarterly Journal of Economics* 126, no. 3 (2011): 1133~1172.

Doepke, Matthias, and Fabrizio Zilibotti, 'Occupational choice and the spirit of capitalism', *The Quarterly Journal of Economics* 123, no. 2 (2008): 747~793.

Doepke, Matthias, and Fabrizio Zilibotti, 'The Macroeconomics of Child Labor Regulation', *American Economic Review* 95, no. 5 (2005): 1492~1524.

Dunbar, Robin I. M., 'The Social Brain Hypothesis', *Evolutionary Anthropology: Issues, News, and Reviews* 6, no. 5 (1998): 178~190.

Durlauf, Steven N., Paul A. Johnson and Jonathan R. W. Temple, 'Growth Econometrics', *Handbook of Economic Growth* 1 (2005): 555~677.

Durlauf, Steven N., and Danny T. Quah, 'The New Empirics of Economic Growth', *Handbook of Macroeconomics* 1 (1999): 235~308.

Easterly, William, *The Elusive Quest for Growth: Economists' Adventures and Misadventures in the Tropics*, MIT Press, 2001.

Easterly, William, and Ross Levine, 'The European Origins of Economic Development', *Journal of Economic Growth* 21, no. 3 (2016): 225~257.

Easterly, William, and Ross Levine, 'Africa's Growth Tragedy: Policies and Ethnic Divisions', *The Quarterly Journal of Economics* 112, no. 4 (1997): 1203~1250.

Engerman, Stanley, and Kenneth Sokoloff, 'Factor Endowments, Institutions, and Differential Paths of Growth Among New World Economies: A View from Economic Historians of the United States', in *How Latin America Fell Behind: Essays on the Economic Histories of Brazil and Mexico, 1800~1914*, edited by Stephen Haber, 260~304, Stanford University Press, 1997.

Estevadeordal, Antoni, Brian Frantz and Alan M. Taylor, 'The rise and fall of world trade, 1870~1939', *The Quarterly Journal of Economics* 118, no. 2 (2003): 359~407.

Fanon, Frantz, *Black Skin, White Masks*, Grove Press, 2008.

Fanon, Frantz, *The Wretched of the Earth*, Grove/Atlantic, Inc., 2007.

Feldman, Michal, Eva Fernandez-Dominguez, Luke Reynolds, Douglas Baird, Jessica Pearson, Israel Hershkovitz, Hila May et al., 'Late Pleistocene human genome suggests a local origin for the first farmers of central Anatolia', *Nature Communications* 10, no. 1 (2019): 1~10.

Feldman, Naomi E., and Karine Van der Beek, 'Skill Choice and Skill Complementarity in Eighteenth Century England', *Explorations in Economic History* 59 (2016): 94~113.

Fenske, James, 'Ecology, Trade, and States in Pre-Colonial Africa', *Journal of the European Economic Association* 12, no. 3 (2014): 612~640.

Fernihough, A., 'Human Capital and the Quantity-Quality Trade-Off During the

Demographic Transition', *Journal of Economic Growth* 22, no. 1 (2017): 35~65.

Fewlass, Helen, Sahra Talamo, Lukas Wacker, Bernd Kromer, Thibaut Tuna, Yoann Fagault, Edouard Bard et al., 'A 14 C chronology for the Middle to Upper Paleolithic transition at Bacho Kiro Cave, Bulgaria', *Nature Ecology & Evolution* (2020): 1~8.

Findlay, Ronald, and Kevin H. O'Rourke, *Commodity Market Integration, 1500~2000*, University of Chicago Press, 2007.

Fischer, David Hackett, *Albion's Seed: Four British Folkways in America*, Oxford University Press, 1989.

Flora, Peter, Franz Kraus and Winfried Pfenning, *State, Economy, and Society in Western Europe 1815~s1975: The growth of industrial societies and capitalist economies*, Vol. 2. St James Press, 1983.

Franck, Raphael, and Oded Galor, 'Flowers of Evil or Evil of Flowers? Industrialization and Long-Run Development', *Journal of Monetary Economics* (2021).

Franck, Raphael, and Oded Galor, 'Technology-skill Complementarity in Early Phases of Industrialization', *The Economic Journal* (2022).

Franck, Raphael, and Ilia Rainer, 'Does the leader's ethnicity matter? Ethnic favoritism, education, and health in sub-Saharan Africa', *American Political Science Review* 106, no. 2 (2012): 294~325.

Fu, Qiaomei, Alissa Mittnik, Philip L. F. Johnson, Kirsten Bos, Martina Lari, Ruth Bollongino, Chengkai Sun et al., 'A revised timescale for human evolution based on ancient mitochondrial genomes', *Current Biology* 23, no. 7 (2013): 553~559.

Fukuyama, Francis, *The End of History and The Last Man*, Simon and Schuster, 2006.

Gallup, John Luke, Jeffrey D. Sachs and Andrew D. Mellinger, 'Geography and economic development', *International Regional Science Review* 22, no. 2 (1999): 179~232.

Galor, Oded, 'The Demographic Transition: causes and consequences', *Cliometrica* 6, no. 1 (2012): 1~28.

Galor, Oded, *Unified Growth Theory*, Princeton University Press, 2011.

Galor, Oded, *Discrete Dynamical Systems*, Springer, 2010.

Galor, Oded, 'The Lawrence R. Klein lecture-Comparative economic development: Insights from unified growth theory', *International Economic Review* 51, no. 1 (2010): 1~44.

Galor, Oded, 'From Stagnation to Growth: Unified Growth Theory', *Handbook of Economic Growth* 1 (2005): 171~293.

Galor, Oded, 'Convergence? Inferences from theoretical models', *The Economic Journal* 106, no. 437 (1996): 1056~1069.

Galor, Oded, 'A two-sector overlapping-generations model: A global characterization of the dynamical system', *Econometrica* 60, no. 6 (1992): 1351~1386.

Galor, Oded, and Marc Klemp, 'Human Genealogy Reveals a Selective Advantage to Moderate Fecundity', *Nature Ecology & Evolution* 3, no. 5 (2019): 853~857.

Galor, Oded, and Marc Klemp, 'Roots of Autocracy', Working paper No. w23301, National Bureau of Economic Research, 2018.

Galor, Oded, and Andrew Mountford, 'Trading Population for Productivity: Theory and evidence', *The Review of Economic Studies* 75, no. 4 (2008): 1143~1179.

Galor, Oded, and Andrew Mountford, 'Trade and the great divergence: the family connection', *American Economic Review* 96, no. 2 (2006): 299~303.

Galor, Oded, and Omer Moav, 'The neolithic origins of contemporary variations in life expectancy', SSRN 1012650 (2007).

Galor, Oded, and Omer Moav, 'Das Human-Kapital: A theory of the demise of the class structure', *The Review of Economic Studies* 73, no. 1 (2006): 85~117.

Galor, Oded, and Omer Moav, 'Natural selection and the evolution of life expectancy', (2005).

Galor, Oded, and Omer Moav, 'From Physical to Human Capital Accumulation: Inequality and the Process of Development', *The Review of Economic Studies* 71, no. 4 (2004): 1001~1026.

Galor, Oded, and Omer Moav, 'Natural Selection and the Origin of Economic

Growth', *The Quarterly Journal of Economics* 117, no. 4 (2002): 1133~1191.

Galor, Oded, and Omer Moav, 'Ability-biased technological transition, wage inequality, and economic growth', *The Quarterly Journal of Economics* 115, no. 2 (2000): 469~497.

Galor, Oded, Omer Moav and Dietrich Vollrath, 'Inequality in Landownership, the Emergence of Human-Capital Promoting Institutions, and the Great Divergence', *The Review of Economic Studies* 76, no. 1 (2009): 143~179.

Galor, Oded, and Stelios Michalopoulos, 'Evolution and the Growth Process: Natural selection of entrepreneurial traits', *Journal of Economic Theory* 147, no. 2 (2012): 759~780.

Galor, Oded, and Omer Ozak, 'The Agricultural Origins of Time Preference', *American Economic Review* 106, no. 10 (2016): 3064~3103.

Galor, Oded, Omer Ozak and Assaf Sarid, 'Geographical Roots of the Coevolution of Cultural and Linguistic Traits', SSRN 3284239 (2018).

Galor, Oded, Omer Ozak and Assaf Sarid, 'Linguistic Traits and Human Capital Formation', *AEA Papers and Proceedings*, Vol. 110 (2020), 309~313.

Galor, Oded, and Harl E. Ryder, 'Existence, uniqueness, and stability of equilibrium in an overlapping-generations model with productive capital', *Journal of Economic Theory* 49, no. 2 (1989): 360~375.

Galor, Oded and Viacheslav Savitskiy, 'Climatic Roots of Loss Aversion', Working Papers 2018-1, Brown University, Department of Economics, 2018.

Galor, Oded, and Daniel Tsiddon, 'Technological progress, mobility, and economic growth', *American Economic Review* (1997): 363~382.

Galor, Oded, and Daniel Tsiddon, 'The distribution of human capital and economic growth', *Journal of Economic Growth* 2, no. 1 (1997): 93~124.

Galor, Oded, and David N. Weil, 'Population, Technology, and Growth: From Malthusian Stagnation to the Demographic Transition and Beyond', *American Economic Review* 90, no. 4 (2000): 806~828.

Galor Oded, and David N. Weil, 'The Gender Gap, Fertility, and Growth,' *American*

Economic Review 86, no. 3 (1996): 374~387.

Galor, Oded, and Joseph Zeira, 'Income Distribution and Macroeconomics', *The Review of Economic Studies* 60, no. 1 (1993): 35~52.

Gates, Bill, *How to Avoid a Climate Disaster: The Solutions We Have and the Breakthroughs We Need*, Knopf, 2021.

Giavazzi, Francesco, Ivan Petkov and Fabio Schiantarelli, 'Culture: Persistence and Evolution', *Journal of Economic Growth* 24, no. 2 (2019): 117~154.

Gibbons, Ann, 'How farming shaped Europeans' immunity', *Science* 373, no. 6560 (2021): 1186.

Glaeser, Edward L., Rafael La Porta, Florencio Lopez-de-Silanes and Andrei Shleifer, 'Do Institutions Cause Growth?', *Journal of Economic Growth* 9, no. 3 (2004): 271~303.

Glaeser, Edward L., and Andrei Shleifer, 'Legal origins', *The Quarterly Journal of Economics* 117, no. 4 (2002): 1193~1229.

Goldin, Claudia, 'America's graduation from high school: The evolution and spread of secondary schooling in the twentieth century', *The Journal of Economic History* 58, no. 2 (1998): 345~374.

Goldin, Claudia, 'Understanding the gender gap: An economic history of American women', No. gold90-1, National Bureau of Economic Research, 1990.

Goldin, C., 'Women's Employment and Technological Change: A Historical Perspective', *Computer Chips and Paper Clips: Technology and Women's Employment* 2 (1987): 185~222.

Goldin, Claudia, and Lawrence F. Katz, 'The legacy of US educational leadership: Notes on distribution and economic growth in the 20th century', *American Economic Review* 91, no. 2 (2001): 18~23.

Gonzalez-Forero, Mauricio, and Andy Gardner, 'Inference of ecological and social drivers of human brain-size evolution', *Nature* 557, no. 7706 (2018): 554~557.

Gonzalez-Fortes, Gloria, Eppie R. Jones, Emma Lightfoot, Clive Bonsall, Catalin Lazar, Aurora Grandal-d'Anglade, Maria Dolores Garralda et al., 'Paleogenomic evidence for multi-generational mixing between Neolithic farmers and Mesolithic hunter-gatherers in the lower Danube basin', *Current Biology* 27, no. 12 (2017): 1801~1810.

Goody, Jack, *Technology, Tradition and the State in Africa*, Oxford University Press, 1971. Reprint, Routledge, 2018.

Gordon, Robert J., *The Rise and Fall of American Growth: The US standard of living since the civil war*, Vol. 70, Princeton University Press, 2017.

Gorodnichenko, Yuriy, and Gerard Roland, 'Culture, Institutions, and the Wealth of Nations', *Review of Economics and Statistics* 99, no. 3 (2017): 402~416.

Grande, James, and John Stevenson, *The Opinions of William Cobbett*, Routledge, 2017.

Green, Andy, *Education and State Formation: The Rise of Education Systems in England, France, and the USA*, St. Martin's Press, 1990, p. 295.

Greenwood, Jeremy, Ananth Seshadri and Mehmet Yorukoglu, 'Engines of liberation', *The Review of Economic Studies* 72, no. 1 (2005): 109~133.

Greif, Avner, 'Contract enforceability and economic institutions in early trade: The Maghribi Traders' Coalition', *American Economic Review* (1993): 525~548.

Grosman, Leore, 'The Natufian chronological scheme-New insights and their implications', *Natufian Foragers in the Levant: Terminal Pleistocene social changes in Western Asia*, Archaeological Series 19 (2013): 622~637.

Grossman, Gene M., and Elhanan Helpman, *Innovation and Growth in the Global Economy*, MIT Press, 1991.

Guinnane, Timothy W., 'The Historical Fertility Transition: A Guide for Economists', *Journal of Economic Literature* 49, no. 3 (2011): 589~614.

Guiso, Luigi, Paola Sapienza and Luigi Zingales, 'Does Culture Affect Economic Outcomes?', *Journal of Economic Perspectives* 20, no. 2 (2006): 23~48.

Guiso, Luigi, Paola Sapienza and Luigi Zingales, 'The Role of Social Capital in Financial Development', *American Economic Review* 94, no. 3 (2004): 526~556.

Gurven, Michael, and Hillard Kaplan, 'Longevity Among Hunter-gatherers: A Cross-Cultural Examination', *Population and Development Review* 33, no. 2 (2007):

321~365.

Haidt, Jonathan, *The Righteous Mind: Why Good People are Divided by Politics and Religion*, Vintage, 2012.

Hajnal, John, 'European marriage patterns in perspective', in D. V. Glass and D. E. C. Eversley (eds), *Population in History*, Arnold, 1965.

Hanihara, Tsunehiko, 'Morphological variation of major human populations based on nonmetric dental traits', *American Journal of Physical Anthropology* 136, no. 2 (2008): 169~182.

Hanioğlu, M. Şukru, *A Brief History of the Late Ottoman Empire*, Princeton University Press, 2010.

Harari, Yuval Noah, *Sapiens: A Brief History of Humankind*, Random House, 2014.

Harpending, Henry, and Alan Rogers, 'Genetic perspectives on human origins and differentiation', *Annual Review of Genomics and Human Genetics* 1, no. 1 (2000): 361~385.

Harper, John L., P. H. Lovell and K. G. Moore, 'The shapes and sizes of seeds', *Annual Review of Ecology and Systematics* 1, no. 1 (1970): 327~356.

Harvati, Katerina, Carolin Roding, Abel M. Bosman, Fotios A. Karakostis, Rainer Grun, Chris Stringer, Panagiotis Karkanas et al., 'Apidima Cave fossils provide earliest evidence of *Homo sapiens* in Eurasia', Nature 571, no. 7766 (2019): 500~504.

Hassan, Fekri A., 'Demographic archaeology', in *Advances in Archaeological Method and Theory*, Academic Press, 1981, pp. 225~279.

Hausmann, Ricardo, Dani Rodrik and Andres Velasco, 'Growth Diagnostics', *The Washington Consensus Reconsidered: Towards a New Global Governance* (2008): 324~355.

Hausmann, Ricardo, Lant Pritchett and Dani Rodrik, 'Growth Accelerations', *Journal of Economic Growth* 10, no. 4 (2005): 303~329.

Hazan, Moshe, and Binyamin Berdugo, 'Child Labour, fertility, and Economic Growth', *The Economic Journal* 112, no. 482 (2002): 810~828.

　　　　　　　　　　　　　　　　　　　참고문헌

Hazan, Moshe, David Weiss and Hosny Zoabi, 'Women's Liberation, Household Revolution, (2021).

Heckman, J. J., and J. R. Walker, 'The Relationship Between Wages and Income and the Timing and Spacing of Births: Evidence from Swedish Longitudinal Data', *Econometrica* (1990): 1411~1441.

Henrich, Joseph, *The Secret of Our Success: How Culture is Driving Human Evolution, Domesticating our Species, and Making us Smarter*, Princeton University Press, 2017.

Herrmann, Esther, Josep Call, Maria Victoria Hernandez-Lloreda, Brian Hare and Michael Tomasello, 'Humans have Evolved Specialized Skills of Social Cognition: The Cultural Intelligence Hypothesis', *Science* 317, no. 5843 (2007): 1360~1366.

Hershkovitz, Israel, Gerhard W. Weber, Rolf Quam, Mathieu Duval, Rainer Grun, Leslie Kinsley, Avner Ayalon et al., 'The earliest modern humans outside Africa', *Science* 359, no. 6374 (2018): 456~459.

Hill, Christopher, *The Century of Revolution, 1603~1714*, W. W. Norton, 1966, p. 32.

Ho, Ping-ti, *Studies on the Population of China, 1368~1953*, Harvard University Press, 2013.

Hobbes, Thomas, *Leviathan, or, The Matter, Form, and Power of a Common-Wealth Ecclesiastical and Civil*, printed for Andrew Crooke, 1651.

Hoffman, Philip T., *Why Did Europe Conquer the World?*, Vol. 54, Princeton University Press, 2017.

Hofstede, Geert, Gert Jan Hofstede and Michael Minkov, *Cultures and Organizations: Software of the mind*, Vol. 2, McGraw Hill, 2005.

Hopkins, Keith, 'On the Probable Age Structure of the Roman Population', *Population Studies* 20, no. 2 (1966): 245~264.

Hublin, Jean-Jacques, Nikolay Sirakov, Vera Aldeias, Shara Bailey, Edouard Bard, Vincent Delvigne, Elena Endarova et al., 'Initial Upper Palaeolithic *Homo sapiens* from Bacho Kiro Cave, Bulgaria', Nature (2020): 1~4.

Hume, David, 'Essays, Moral, Political, and Literary', from *Essays and Treatises on Several Subjects*, Vol. 1, Bell & Bradfute, 1825, p. 112.

Hunt, Terry L., and Carl P. Lipo, 'Late Colonization of Easter Island', *Science* 311, no. 5767 (2006): 1603~1606.

Jackson, Tim, *Prosperity Without Growth: Foundations for the economy of tomorrow*, Taylor & Francis, 2016.

Jacobs, Jane, *The Death and Life of Great American Cities*, Vintage, 2016.

Jedwab, Remi, Noel D. Johnson and Mark Koyama, 'Pandemics, Places, and Populations: Evidence from the Black Death', *CEPR Discussion Papers* DP13523 (2019).

Jelinek, Arthur J., 'The Tabun cave and Paleolithic man in the Levant', *Science* 216, no. 4553 (1982): 1369~1375.

Jones, Charles I., 'R & D-based models of economic growth', *Journal of Political Economy* 103, no. 4 (1995): 759~784.

Jones, Eric, *The European Miracle: Environments, Economies and Geopolitics in the History of Europe and Asia*, Cambridge University Press, 2003.

Josserand, Mathilde, Emma Meeussen, Asifa Majid, and Dan Dediu, 'Environment and culture shape both the colour lexicon and the genetics of colour perception', *Scientific Reports* 11, no. 1 (2021): 1~11.

Kannisto, Vaino, Oiva Turpeinen and Mauri Nieminen, 'Finnish Life Tables since 1751', *Demographic Research* 1 (1999).

Kant, Immanuel, *Answering the Question: What is Enlightenment?*, 1784.

Katz, Ori, 'Railroads, Economic Development, and the Demographic Transition in the United States', University Library of Munich (2018).

Kendi, Ibram X., *Stamped from the Beginning: The definitive history of racist ideas in America*, Nation Books, 2016.

Kettlewell, H. Bernard D., 'Selection Experiments on Industrial Melanism in the Lepidoptera', *Heredity* 9, no. 3 (1955): 323~342.

Keynes, J. M., 'A Tract on Monetary Reform', in *The Collected Writings of John Maynard Keynes*, Macmillan Press, 1971.

Klasing, Mariko J., and Petros Milionis, 'The International Epidemiological Transition and the Education Gender Gap', *Journal of Economic Growth* 25, no. 1 (2020): 1~50.

Klemp, Marc P., 'Prices, Wages and Fertility in Pre-Industrial England', *Cliometrica* 6, no. 1 (2012): 63~77.

Klemp, Marc, and Jacob L. Weisdorf, 'Fecundity, Fertility and the Formation of Human Capital', *The Economic Journal* 129, no. 618 (2019): 925~960.

Kline, Michelle A., and Robert Boyd, 'Population Size Predicts Technological Complexity in Oceania', *Proceedings of the Royal Society B: Biological Sciences* 277, no. 1693 (2010): 2559~2564.

Kremer, Michael, 'Population growth and technological change: One million BC to 1990', *The Quarterly Journal of Economics* 108, no. 3 (1993): 681~716.

Krupnik, Igor, and Ludger Muller-Wille, 'Franz Boas and Inuktitut terminology for ice and snow: From the emergence of the field to the "Great Eskimo Vocabulary Hoax"', in *SIKU: Knowing our ice*, Springer, Dordrecht, 2010, pp. 377~400.

Kuhn, Thomas S., *The Copernican Revolution: Planetary Astronomy in the Development of Western Thought*, Vol. 16, Harvard University Press, 1957.

Kuznets, Simon, 'Quantitative Aspects of the Economic Growth of Nations: X. Level and Structure of Foreign Trade: Long-Term Trends', *Economic Development and Cultural Change* 15, no. 2, Part 2 (1967): 1~140.

La Porta, Rafael, Florencio Lopez-e-ilanes, Andrei Shleifer and Robert W. Vishny, 'Legal Determinants of External Finance', *The Journal of Finance* 52, no. 3 (1997): 1131~1150.

Lagerlof, Nils-Petter, 'Gender Equality and Long-run Growth', *Journal of Economic Growth* 8, no. 4 (2003): 403~426.

Lagerlof, Nils-Petter, 'The Galor-Weil model revisited: A quantitative exercise', *Review of Economic Dynamics* 9, no. 1 (2006): 116~142.

Lang, Graeme, 'State Systems and the Origins of Modern Science: A Comparison of Europe and China', *East-West Dialog* 2 (1997): 16~30.

Lazaridis, Iosif, Nick Patterson, Alissa Mittnik, Gabriel Renaud, Swapan Mallick,

Karola Kirsanow, Peter H. Sudmant et al., 'Ancient human genomes suggest three ancestral populations for present-day Europeans', *Nature* 513, no. 7518 (2014): 409~413.

Lee, Neil, 'Migrant and Ethnic Diversity, Cities and Innovation: Firm Effects or City Effects?', *Journal of Economic Geography* 15, no. 4 (2015): 769~796.

Lipset, Seymour Martin, 'Some social requisites of democracy: Economic development and political legitimacy', *American Political Science Review* 53, no. 1 (1959): 69~105.

Litina, Anastasia, 'Natural land productivity, cooperation and comparative development', *Journal of Economic Growth* 21, no. 4 (2016): 351~408.

Lopez, Saioa, Lucy Van Dorp and Garrett Hellenthal, 'Human dispersal out of Africa: A lasting debate', *Evolutionary Bioinformatics* 11 (2015): EBO-S33489.

Lucas, Adrienne M., 'The impact of malaria eradication on fertility', *Economic Development and Cultural Change* 61, no. 3 (2013): 607~631.

Lucas, Adrienne M., 'Malaria eradication and educational attainment: evidence from Paraguay and Sri Lanka', *American Economic Journal: Applied Economics* 2, no. 2 (2010): 46~71.

Lupyan, Gary, and Rick Dale, 'Language Structure is Partly Determined by Social Structure', *PLoS One* 5, no. 1 (2010).

Lucas, Robert E., *Lectures on Economic Growth*, Harvard University Press, 2002.

Lucas Jr, Robert E., 'On the Mechanics of Economic Development', *Journal of Monetary Economics* 22, no. 1 (1988): 3~42.

MacArthur, Robert H., and Edward O. Wilson, *The Theory of Island Biogeography*, Vol. 1, Princeton University Press, 1970.

Madsen, Jakob B., Md. Rabiul Islam and Xueli Tang, 'Was the post-1870 Fertility Transition a Key Contributor to Growth in the West in the Twentieth Century?', *Journal of Economic Growth* 25, no. 4 (2020): 431~454.

Madsen, Jakob, and Holger Strulik, 'Testing Unified Growth Theory: Technological Progress and the Child Quantity-Quality Trade-off', (2020).

Madsen, Jakob B., Peter E. Robertson and Longfeng Ye, 'Malthus Was Right:

Explaining a Millennium of Stagnation', *European Economic Review* 118 (2019): 51~68.

Magga, Ole Henrik, 'Diversity in Saami terminology for reindeer, snow, and ice', *International Social Science Journal* 58, no. 187 (2006): 25~34.

Maloney, William, and Felipe Valencia Caicedo, 'Engineering Growth: Innovative Capacity and Development in the Americas', no. 6339, CESifo Group Munich (2017).

Manica, Andrea, William Amos, Francois Balloux and Tsunehiko Hanihara, 'The Effect of Ancient Population Bottlenecks on Human Phenotypic Variation', *Nature* 448, no. 7151 (2007): 346~348.

Murtin, Fabrice, and Romain Wacziarg, 'The democratic transition', *Journal of Economic Growth* 19, no. 2 (2014): 141~181.

Mathieson, Iain, Iosif Lazaridis, Nadin Rohland, Swapan Mallick, Nick Patterson, Songul Alpaslan Roodenberg, Eadaoin Harney et al., 'Genome-Wide Patterns of Selection in 230 Ancient Eurasians', *Nature* 528, no. 7583 (2015): 499~503.

Matranga, Andrea, 'The Ant and the Grasshopper: Seasonality and the Invention of Agriculture' (2017).

Matthews, Robert Charles Oliver, Charles Hilliard Feinstein and John C. Odling-Smee, *British Economic Growth 1856~1973: The post-war period in historical perspective*, Oxford University Press, 1982.

Mayshar, Joram, Omer Moav and Zvika Neeman, 'Geography, Transparency, and Institutions', *American Political Science Review* 111, no. 3 (2017): 622~636.

Mayshar, Joram, Omer Moav and Luigi Pascali, 'Cereals, Appropriability and Hierarchy', *Journal of Political Economy* (2022).

McCloskey, Deirdre Nansen, 'The Industrial Revolution: A Survey', in *The Economic History of Britain Since 1700*, Vol. 1, edited by Roderick C. Floud and D. N. McCloskey, Cambridge University Press, 1981, pp. 103~127.

McEvedy, Colin, and Richard Jones, *Atlas of World Population History*, Penguin, 1978.

McNeill, W. H., 'The Introduction of the Potato into Ireland', *The Journal of Modern*

History 21, no. 3 (1949): 218~222.

Meisenzahl, Ralf R., and Joel Mokyr, 'The Rate and Direction of Invention in the British Industrial Revolution: Incentives and Institutions', in *The Rate and Direction of Inventive Activity Revisited*, University of Chicago Press, 2011, pp. 443~479.

Mellars, Paul, 'Why did modern human populations disperse from Africa ca. 60,000 years ago? A new model', *Proceedings of the National Academy of Sciences* 103, no. 25 (2006): 9381~9386.

Michalopoulos, Stelios, and Elias Papaioannou, 'Pre-colonial Ethnic Institutions and Contemporary African Development', *Econometrica* 81, no. 1 (2013): 113~152.

Miller, Geoffrey, *The Mating Mind: How sexual choice shaped the evolution of human nature*, Anchor, 2011.

Mischel, Walter, Ozlem Ayduk, Marc G. Berman, B. J. Casey, Ian H. Gotlib, John Jonides, Ethan Kross et al., ' "Willpower" Over the Life Span: Decomposing Self-Regulation', *Social Cognitive and Affective Neuroscience* 6, no. 2 (2011): 252~256.

Mitch, David, *The Rise of Popular Literacy in Victorian England: The influence of private choice and public policy*, University of Pennsylvania Press, 1992.

Modelski, George, *World Cities: ~3000 to 2000*, Faros 2000, 2003.

Mokyr, Joel, 'The intellectual origins of modern economic growth', *The Journal of Economic History* 65, no. 2 (2005): 285~351.

Mokyr, Joel, *A Culture of Growth: The origins of the modern economy*, Princeton University Press, 2016.

Mokyr, Joel, 'The New Economic History and the Industrial Revolution', in J. Mokyr (ed.), *The British Industrial Revolution: An Economic Perspective*, Westview Press, 1999, pp. 1~127.

Mokyr, Joel, *The Lever of Riches: Technological creativity and economic progress*, Oxford University Press, 1992.

Moller, Niels Framroze, and Paul Sharp, 'Malthus in cointegration space: evidence of a post-Malthusian pre-industrial England', *Journal of Economic Growth* 19, no. 1

311

(2014): 105~140.

Morelli, Giovanna, Yajun Song, Camila J. Mazzoni, Mark Eppinger, Philippe Roumagnac, David M. Wagner, Mirjam Feldkamp et al., 'Yersinia pestis genome sequencing identifies patterns of global phylogenetic diversity', *Nature Genetics* 42, no. 12 (2010): 1140~1143.

Moreno-Mayar, J. Victor, Ben A. Potter, Lasse Vinner, Matthias Steinrucken, Simon Rasmussen, Jonathan Terhorst, John A. Kamm et al., 'Terminal Pleistocene Alaskan genome reveals first founding population of Native Americans', *Nature* 553, no. 7687 (2018): 203~207.

Morris, Ian, *Social Development*, Stanford University, 2010.

Morris, Ian, *Why the West Rules-For Now: The Patterns of History and What They Reveal About The Future*, Profile, 2010.

Murdock, George Peter, 'Ethnographic atlas: a summary', *Ethnology* 6, no. 2 (1967): 109~236.

Murphy, T. E., 'Old Habits Die Hard (Sometimes)', *Journal of Economic Growth* 20, no. 2 (2015): 177~222.

Nardinelli, Clark, 'Child Labor and the Factory Acts', *The Journal of Economic History* 40, no. 4 (1980): 739~755.

Neel, James V., 'Diabetes Mellitus: a "Thrifty" Genotype Rendered Detrimental by "Progress"?', *American Journal of Human Genetics* 14, no. 4 (1962): 353.

Nelson, Richard R., and Edmund S. Phelps, 'Investment in Humans, Technological Diffusion, and Economic Growth', *American Economic Review* 56, no. 1/2 (1966): 69~75.

North, Douglass C., and Robert Paul Thomas, 'The First Economic Revolution', *The Economic History Review* 30, no. 2 (1977): 229~241.

North, Douglass, *Institutions, Institutional Change, and Economic Performance*, Cambridge University Press, 1990.

Nunn, Nathan, 'The long-term effects of Africa's slave trades', *The Quarterly Journal of Economics* 123, no. 1 (2008): 139~176.

Nunn, Nathan, and Diego Puga, 'Ruggedness: The Blessing of Bad Geography in Africa', *Review of Economics and Statistics* 94, no. 1 (2012): 20~36.

Nunn, Nathan, and Leonard Wantchekon, 'The Slave Trade and the Origins of Mistrust in Africa', *American Economic Review* 101, no. 7 (2011): 3221~3252.

Nunziata, Luca, and Lorenzo Rocco, 'The Protestant ethic and entrepreneurship: Evidence from religious minorities in the former Holy Roman Empire', *European Journal of Political Economy* 51 (2018): 27~43.

Nunziata, Luca, and Lorenzo Rocco, 'A tale of minorities: evidence on religious ethics and entrepreneurship', *Journal of Economic Growth* 21, no. 2 (2016): 189~224.

OECD (2017), Life expectancy at birth (indicator).

Ofek, Haim, *Second Nature: Economic Origins of Human Evolution*, Cambridge University Press, 2001.

O'Grada, Cormac, *The Great Irish Famine*, no. 7, Cambridge University Press, 1995.

O'Grada, Cormac, 'The population of Ireland 1700~1900: a survey', in *Annales de demographie historique*, Societe de Demographie Historique, 1979, pp. 281~299.

Olsson, Ola, and Douglas A. Hibbs Jr, 'Biogeography and long-run economic development', *European Economic Review* 49, no. 4 (2005): 909~938.

O'Rourke, Kevin H., and Jeffrey G. Williamson, *Globalization and History: The evolution of a nineteenth-century Atlantic economy*, MIT Press, 1999.

Ottaviano, Gianmarco I. P., and Giovanni Peri, 'The Economic Value of Cultural Diversity: Evidence from US Cities', *Journal of Economic Geography* 6, no. 1 (2006): 9~44.

Palmer, Robert, 'Church of the Sonic Guitar', in *Present Tense: Rock & Roll and Culture*, edited by Anthony DeCurtis, Duke University Press, 1992, pp. 13~38.

Papaioannou, Elias, and Gregorios Siourounis, 'Democratisation and growth', *The Economic Journal* 118, no. 532 (2008): 1520~1551.

Parker, Andrew R., 'On the Origin of Optics', *Optics & Laser Technology* 43, no. 2 (2011): 323~329.

Pascali, Luigi, 'The Wind of Change: Maritime Technology, Trade, and Economic

Development', *American Economic Review* 107, no. 9 (2017): 2821~2854.

Pemberton, Trevor J., Michael DeGiorgio and Noah A. Rosenberg, 'Population Structure in a Comprehensive Genomic Data Set on Human Microsatellite Variation', *G3: Genes, Genomes, Genetics* 3, no. 5 (2013): 891~907.

Persson, Torsten, and Guido Tabellini, 'Democracy and development: The devil in the details', *American Economic Review* 96, no. 2 (2006): 319~324.

Persson, Torsten, and Guido Tabellini, *Political Economics: Explaining economic policy*, MIT Press, 2002.

Piketty, Thomas, *Capital in the Twenty-First Century*, Harvard University Press, 2014.

Pinker, Steven, 'Language as an Adaptation to the Cognitive Niche', *Studies in the Evolution of Language 3* (2003): 16~37.

Pinker, Steven, *Enlightenment Now: The Case for Reason, Science, Humanism, and Progress*, Penguin, 2018.

Pomeranz, Kenneth, *The Great Divergence: China, Europe, and the Making of the Modern World Economy*, Vol. 28, Princeton University Press, 2009.

Popper, Karl, *The Open Society and Its Enemies*, Routledge, 1945.

Poznik, G. David, Brenna M. Henn, Muh-Ching Yee, Elzbieta Sliwerska, Ghia M. Euskirchen, Alice A. Lin, Michael Snyder et al., 'Sequencing Y Chromosomes Resolves Discrepancy in Time to Common Ancestor of Males Versus Females', *Science* 341, no. 6145 (2013): 562~565.

Prugnolle, Franck, Andrea Manica and Francois Balloux, 'Geography predicts neutral genetic diversity of human populations', *Current Biology* 15, no. 5 (2005): R159~160.

Putnam, Robert D., Robert Leonardi and Raffaella Y. Nanetti, *Making Democracy Work: Civic traditions in modern Italy*, Princeton University Press, 1994.

Putterman, Louis, and David N. Weil, 'Post-1500 Population Flows and the Long-Run Determinants of Economic Growth and Inequality', *The Quarterly Journal of Economics* 125, no. 4 (2010): 1627~1682.

Putterman, Louis, 'Agriculture, Diffusion and Development: Ripple Effects of the

Neolithic Revolution', *Economica* 75, no. 300 (2008): 729~748.

Quataert, Donald, *The Ottoman Empire, 1700~1922*, Cambridge University Press, 2005.

Ramachandran, Sohini, Omkar Deshpande, Charles C. Roseman, Noah A. Rosenberg, Marcus W. Feldman and L. Luca Cavalli-Sforza, 'Support from the relationship of genetic and geographic distance in human populations for a serial founder effect originating in Africa', *Proceedings of the National Academy of Sciences* 102, no. 44 (2005): 15942~15947.

Ramos-Toro, Diego, 'Social Cohesion and Carbon Emissions' (2017).

Richerson, Peter J., Robert Boyd and Joseph Henrich, 'Gene-Culture Coevolution in the Age of Genomics', *Proceedings of the National Academy of Sciences* 107, Supplement 2 (2010): 8985~8992.

Ridley, Matt, 'The Rational Optimist: How Prosperity Evolves', *Brock Education: A Journal of Educational Research and Practice* 21, no. 2 (2012).

Roberts, Sean, and James Winters, 'Social Structure and Language Structure: The New Nomothetic Approach', *Psychology of Language and Communication* 16, no. 2 (2012): 89~112.

Rodrik, Dani, 'Goodbye Washington Consensus, Hello Washington Confusion? A Review of the World Bank's Economic Growth in the 1990s: Learning from a Decade of Reform', *Journal of Economic Literature* 44, no. 4 (2006): 973~987.

Roebroeks, Wil, and Paola Villa, 'On the earliest evidence for habitual use of fire in Europe', *Proceedings of the National Academy of Sciences* 108, no. 13 (2011): 5209~5214.

Romer, Paul M., 'Endogenous Technological Change', *Journal of Political Economy* 98, no. 5, Part 2 (1990): S71~102.

Rosenberg, N., and M. Trajtenberg, 'A General-Purpose Technology at Work: The Corliss Steam Engine in the Late-Nineteenth-Century United States', *The Journal of Economic History* 64, no. 1 (2004): 61~99.

Roser, Max, Hannah Ritchie and Esteban Ortiz-Ospina, 'Life Expectancy', Our

World in Data (2019).

Roser, Max, Hannah Ritchie and Esteban Ortiz-Ospina, 'World Population Growth', Our World in Data (2019).

Rubin, Jared, *Rulers, Religion, and Riches: Why the West Got Rich and the Middle East Did Not*, Cambridge University Press, 2017.

Sachs, Jeffrey D., 'Government, geography, and growth: The true drivers of economic development', *Foreign Affairs* 91, no. 5 (2012): 142~150.

Sachs, Jeffrey, and Pia Malaney, 'The Economic and Social Burden of Malaria', *Nature* 415, no. 6872 (2002): 680~685.

Schultz, T. P., 'Changing World Prices, Women's Wages, and the Fertility Transition: Sweden, 1860~1910', *Journal of Political Economy* 93, no. 6 (1985): 1126~1154.

Scott, James C., *Against the Grain: A Deep History of the Earliest States*, Yale University Press, 2017.

Segurel, Laure, and Celine Bon, 'On the evolution of lactase persistence in humans', *Annual Review of Genomics and Human Genetics* 18 (2017).

Shimelmitz, Ron, Iris Groman-Yaroslavski, Mina Weinstein-Evron and Danny Rosenberg, 'A Middle Pleistocene abrading tool from Tabun Cave, Israel: A search for the roots of abrading technology in human evolution', *Journal of Human Evolution* 150 (2020): 102909.

Shiue, Carol H., 'Human Capital and Fertility in Chinese Clans Before Modern Growth', *Journal of Economic Growth* 22, no. 4 (2017): 351~396.

Shoda, Yuichi, Walter Mischel and Philip K. Peake, 'Predicting Adolescent Cognitive and Self-Regulatory Competencies from Preschool Delay of Gratification: Identifying Diagnostic Conditions', *Developmental Psychology* 26, no. 6 (1990): 978.

Simon, Julian Lincoln, *The Economics of Population Growth*, Princeton University Press, 1977.

Skoglund, Pontus, Helena Malmstrom, Ayca Omrak, Maanasa Raghavan, Cristina Valdiosera, Torsten Gunther, Per Hall et al., 'Genomic diversity and admixture differs for Stone-Age Scandinavian foragers and farmers', *Science* 344, no. 6185

(2014): 747~750.

Snir, Ainit, Dani Nadel, Iris Groman-Yaroslavski, Yoel Melamed, Marcelo Sternberg, Ofer Bar-Yosef and Ehud Weiss, 'The Origin of Cultivation and Proto-Weeds, Long before Neolithic Farming', *PLoS One* 10, no. 7 (2015).

Snyder, Timothy, *Black Earth: The Holocaust as History and Warning*, Tim Duggan Books, 2015.

Sokoloff, Kenneth L., and Stanley L. Engerman, 'Institutions, Factor Endowments, and Paths of Development in the New world', *Journal of Economic Perspectives* 14, no. 3 (2000): 217~232.

Spolaore, Enrico, and Romain Wacziarg, 'How Deep are the Roots of Economic Development?', *Journal of Economic Literature* 51, no. 2 (2013): 325~369.

Spolaore, Enrico, and Romain Wacziarg, 'The Diffusion of Development', *The Quarterly Journal of Economics* 124, no. 2 (2009): 469~529.

Squicciarini, Mara P., and Nico Voigtlander, 'Human Capital and Industrialization: Evidence from the Age of Enlightenment', *The Quarterly Journal of Economics* 130, no. 4 (2015): 1825~1883.

Stahlberg, Dagmar, Friederike Braun, Lisa Irmen and Sabine Sczesny, 'Representation of the Sexes in Language', *Social Communication* (2007): 163~187.

Steinbauer, Friedrich, *Melanesian Cargo Cults: New salvation movements in the South Pacific*, University of Queensland Press, 1979.

Steward, Julian Haynes, *Theory of Culture Change: The methodology of multilinear evolution*, University of Illinois Press, 1972.

Talhelm, Thomas, Xiao Zhang, Shige Oishi, Chen Shimin, Dechao Duan, Xiaoli Lan and Shinobu Kitayama, 'Large-scale psychological differences within China explained by rice versus wheat agriculture', *Science* 344, no. 6184 (2014): 603~608.

Taylor, Walter W., 'Storage and the Neolithic Revolution', in *Estudios Dedicados al Professor Dr. Luis Pericot*, edited by Edwardo Ropillo, Universidad de Barcelona, Instituto de Arqueologia y Prehistoria, 1973, pp. 193~197.

Testart, Alain, Richard G. Forbis, Brian Hayden, Tim Ingold, Stephen M. Perlman,

David L. Pokotylo, Peter Rowley-Conwy and David E. Stuart, 'The Significance of Food Storage among Hunter-Gatherers: Residence Patterns, Population Densities, and Social Inequalities', *Current Anthropology* 23, no. 5 (1982): 523~537.

Tversky, Amos, and Daniel Kahneman, 'Loss Aversion in Riskless Choice: A Reference-Dependent Model', *The Quarterly Journal of Economics* 106, no. 4 (1991): 1039~1061.

United Nations, World Population Prospects, 2017.

United Nations, Human Development Report, 2018.

United States Bureau of the Census, and United States, Congress House, *Historical Statistics of the United States, Colonial Times to 1970*, no. 93, US Department of Commerce, Bureau of the Census, 1975.

Vallin, Jacques, and France Mesle, *French Mortality Tables for XIXe and XXe Centuries and Projections for the Twenty First Century*, Donnees statistiques, no. 4, French Institute for Demographic Studies, 2001.

Vaquero, J. M. and Gallego, M. C., 'Two Early Observations of Aurora at Low Latitudes', *Annales Geophysicae* 19, no. 7 (2001): 809~811.

Vogl, Tom S., 'Differential fertility, human capital, and development', *The Review of Economic Studies* 83, no. 1 (2016): 365~401.

Voigtlander, Nico, and Hans-Joachim Voth, 'How the West "Invented" Fertility Restriction', *American Economic Review* 103, no. 6 (2013): 2227~2264.

Voigtlander, Nico, and Hans-Joachim Voth, 'Why England? Demographic Factors, Structural Change and Physical Capital Accumulation During the Industrial Revolution', *Journal of Economic Growth* 11, no. 4 (2006): 319~361.

von Cramon-Taubadel, Noreen, and Stephen J. Lycett, 'Brief Communication: Human Cranial Variation Fits Iterative Founder Effect Model with African Origin', *American Journal of Physical Anthropology* 136, no. 1 (2008): 108~113.

Walker, Robert S., Michael Gurven, Oskar Burger and Marcus J. Hamilton, 'The trade-off between number and size of offspring in humans and other primates', *Proceedings of the Royal Society B: Biological Sciences* 275, no. 1636 (2008): 827~834.

Wallsten, Scott, 'Ringing in the 20th Century: The Effects of State Monopolies, Private Ownership, and Operating Licenses On Telecommunications in Europe, 1892~1914', SSRN, 2001.

Waters, Michael R., 'Late Pleistocene exploration and settlement of the Americas by modern humans', *Science* 365, no. 6449 (2019).

Wanamaker, M. H., 'Industrialization and Fertility in the Nineteenth Century: Evidence from South Carolina', *The Journal of Economic History* 72, no. 1 (2012): 168~196.

Weisdorf, Jacob L., 'From Foraging to Farming: Explaining the Neolithic Revolution', *Journal of Economic Surveys* 19, no. 4 (2005): 561~586.

Weiss, Ehud, Mordechai E. Kislev, Orit Simchoni, Dani Nadel and Hartmut Tschauner, 'Plant-Food Preparation Area on an Upper Paleolithic Brush Hut floor at Ohalo II, Israel', *Journal of Archaeological Science* 35, no. 8 (2008): 2400~2414.

Wesley, John, 'Sermon 50: The Use of Money', in *The Sermons of John Wesley*, edited by Thomas Jackson, 1872.

West, Barbara A., *Encyclopedia of the Peoples of Asia and Oceania*, Infobase Publishing, 2010.

Westaway, Kira E., J. Louys, R. Due Awe, Michael J. Morwood, Gilbert J. Price, J-X. Zhao, Maxime Aubert et al., 'An Early Modern Human Presence in Sumatra 73, 000~63,000 years ago', *Nature* 548, no. 7667 (2017): 322~325.

White, Leslie A., *The Evolution of Culture: The development of civilization to the fall of Rome*, McGraw-Hill, 1959.

Wiesenfeld, Stephen L., 'Sickle-cell Trait in Human Biological and Cultural Evolution: Development of Agriculture Causing Increased Malaria Is Bound to Gene-pool Changes Causing Malaria Reduction', *Science* 157, no. 3793 (1967): 1134~1140.

Wittfogel, K. A., *The Hydraulic Civilizations*, University of Chicago Press, 1956.

Woodham-Smith, Cecil, *The Great Hunger: Ireland 1845~c9*, Penguin, 1962.

World Bank, World Development Indicators (WDI), 2017.

World Health Organization, *Life Expectancy Data by WHO Region*, 2016.

Worsley, Peter, 'The trumpet shall sound: a study of "cargo" cults in Melanesia', (1957).

Wrangham, Richard, and NancyLou Conklin-Brittain, 'Cooking as a biological trait', *Comparative Biochemistry and Physiology Part A: Molecular & Integrative Physiology* 136, no. 1 (2003): 35~46.

Wrigley, Edward Anthony, Ros S. Davies, James E. Oeppen and Roger S. Schofield, *English Population History from Family Reconstitution 1580~1837*, Cambridge University Press, 1997.

Wrigley, Edward Anthony, and Roger Schofield, *The Population History of England 1541~1871*, Cambridge University Press, 1981.

주

들어가며: 인류의 여정이 던진 두 가지 수수께끼

1) Hobbes (1651)

2) 자료 출처: Maddison Project Database (2010, 2013, 2018); Bolt and van Zanden (2014); Bolt 등 (2018); Roser 등 (2019), https://ourworldin-data.org/life-expectancy

3) 자료 출처: Bolt and van Zanden (2014); Bolt 등 (2018)

4) Galor (2011)

5) 이 중대한 사건 중 일부는 Diamond(1997)와 Harari(2014)가 탐구했다.

6) Acemoglu and Robinson (2012); Alesina and Giuliano (2015)

7) 자료 출처: Bolt 등 (2018). 서방 신생국: 미국, 캐나다, 호주, 뉴질랜드

8) Popper (1945)

9) Pinker (2018)

● **1부 ─ 인류의 여정**

1 첫걸음

1) Jelinek (1982)

2) Roebroeks and Villa (2011); Shimelmitz 등 (2021)

3) Parker (2011)

4) Clutton-Brock 등 (1980); González-Forero and Gardner (2018)

5) Dunbar (1998); Ofek (2001)

6) Herrmann 등 (2007); Henrich (2017)

7) Miller (2011)

8) Aiello and Wheeler (1995); Wrangham (2003)

9) Darlington (1975)

10) Mellars (2006)

11) Hershkovitz 등 (2018); Harvati 등 (2019)

12) Bae 등 (2017)

13) Poznik 등 (2013)

14) Fu 등 (2013)

15) López 등 (2015)

16) Westaway 등 (2017)

17) Clarkson 등 (2017)

18) Hublin 등 (2020); Fewlass 등 (2020)

19) Moreno-Mayar 등 (2018); Walters (2019); Becerra-Valdivia and Higham (2020); Bennett 등 (2021)

20) Bar-Yosef (1998); Bar-Yosef and Valla (2013); Grossman (2013)

21) Diamond (1997)

22) 앞의 책

23) Haidt (2012)

24) Modelski (2003); Morris (2010)

25) Chandler (1987); Morris (2010); Modelski (2003); Vaquero and Gallego (2001)

26) Ségurel and Bon (2017); Bleasdale 등 (2021)

27) Ségurel and Bon (2017)

28) Wiesenfeld (1967); Gibbons (2011).

2   정체의 시대

1)   Diamond (1997); Comin, Easterly and Gong (2010); Ashraf and Galor (2011)

2)   Ashraf and Galor (2011)

3)   Ashraf and Galor (2011); Dalgaard and Strulik (2015); Madsen 등 (2019)

4)   Cohen (1989)

5)   Hunt and Lipo (2006)

6)   West (2010)

7)   Diamond (2005)

8)   Weisdorf (2005); Ashraf and Michalopoulos (2015); Matranga (2019)

9)   Diamond (1997)

10)   Morelli 등 (2010)

11)   Jedwab 등 (2019)

12)   사진 © José Luiz Bernades Ribeiro/CC BY-SA 4.0. 출처: Wikimedia Commons

13)   1775년의 임금은 100으로 놓았다. 자료 출처: Clark (2007); Clark (2016); Wrigley 등 (1997)

14)   McNeill (1949); Fukayama (2006)

15)   Ó'Gráda (1979)

16)   Woodham-Smith (1962)

17)   Chen and Kung (2016)

18)   Ho (2013)

19)   Angrist and Pischke (2008)

20)   앞의 책

21)   Clark (2008)

22)   Angel (1969)

23)   Acsádi 등 (1970); Hassan (1981); Galor and Moav (2005)

24)   Hopkins (1966)

25)   Wrigley and Schofield (1981)

26)   Blayo (1975)

27)   Human Mortality Database, University of California, Berkeley (미국), 그리고
        Max Planck Institute for Demographic Research (독일)

28)   Kannisto 등 (1999)

29)   자료 출처: Bolt 등 (2018)

3   보이지 않는 폭풍

1)   Copernicus, Kuhn(1957)에서 인용

2)   Galor (2011)

3)   앞의 책; Galor and Weil (2000); Galor and Moav (2002); Galor and
        Mountford (2008)

4)   자료 출처: Hyde(History database of the Global Environment); Roser 등 (2019);
        https://our-worldindata.org/world-population-growth

5)   Simon (1977); Kremer (1993)

6)   Kline and Boyd (2010)

7)   Richerson 등 (2011)

8)   Galor and Weil (2000); Lagerlöf (2006)

9)   Galor and Moav (2002)

10)   Barlow (1958)

11)   Kettlewell (1955)

12)   Mathieson 등 (2015)

13)   Bisin and Verdier (2000, 2001); Doepke and Zilibotti (2008); Galor and
        Michalopoulos (2012)

14)   MacArthur and Wilson (1970)

15)   Harper 등 (1970); Charnov and Morgan (2006); Walker 등 (2008)

16)   Galor and Klemp (2019)

17)   de la Croix 등 (2019)

4 전력 질주

1) Dickens (1868)

2) McCloskey (1981)

3) Crafts and Harley (1992)

4) Rosenberg and Trajtenberg (2004)

5) Pascali (2017)

6) New York Herald (1879)

7) Allen (2003)

8) Mokyr (1992)

9) Dittmar (2011)

10) Buringh and van Zanden (2009)

11) Dittmar (2011)

12) 자료 출처: https://ourworldindata.org/literacy

13) Mitch (1992)

14) Flora 등 (1983)

15) Cipolla (1969)

16) Green (1990)

17) Flora 등 (1983)

18) Cubberley (1920); Green (1990)

19) Abramovitz and David (1999); Goldin and Katz (2001)

20) Goldin (1988)

21) Franck and Galor (2022)

22) De Pleijt 등 (2020)

23) Katz (2018)

24) Atack 등 (2010)

25) Nelson and Phelps (1966)

26) Meisenzahl and Mokyr (2011)

27) Feldman and van der Beek (2016); de la Croix 등 (2018)

28)   Nelson and Phelps (1966)

29)   Cinnirella and Streb (2017)

30)   Squicciarini and Voigtländer (2015)

31)   Maloney and Valencia Caicedo (2017)

32)   Benhabib and Spiegel (2005)

33)   Acemoglu and Robinson (2000); Aidt and Franck (2015)

34)   Galor and Moav (2006)

35)   Galor and Tsiddon (1997); Galor and Moav (2000)

36)   Green (1990)

37)   앞의 책

38)   Galor and Moav (2006)

39)   Galor 등 (2009)

40)   앞의 책

41)   Lewis Hine의 사진. 출처: 미국 의회도서관, Wikimedia Commons

42)   Basu (1999)

43)   Hazan and Berdugo (2002); Doepke and Zilibotti (2005)

44)   Nardinelli (1980)

45)   자료 출처: https://our worldindata.org/child-labor

46)   Doepke and Zilibotti (2005)

47)   Pinker (2018)

5   대변혁

1)   자료 출처: https://ourworldindata.org/fertility-rate

2)   Jones and Tertlit (2009)

3)   Galor (2005); Cervellati and Sunde (2005); Voigtländer and Voth (2006)

4)   자료 출처: Chesnais (1992)

5)   Grande and Stevenson (2017)

6)   Hanjal (1965); Guin-nane (2011); Voigtländer and Voth (2013)

7)   Potts and Campbell (2002)

8)   Collier (2010)

9)   Galor and Weil (2000); Becker and Tomes (1976)

10)   Botticini and Eckstein (2014)

11)   Galor (2012); Vogl (2016)

12)   Becker 등 (2010)

13)   Bleakley and Lange (2009)

14)   Fernihough (2017); Murphy (2015); Andersen 등 (2016); Vogl (2016)

15)   Klemp and Weisdorf (2019)

16)   Shiue (2017)

17)   Goldin (1990)

18)   Cipolla (1969)

19)   Schultz (1985)

20)   Greenwood 등 (2005); Hazan 등 (2021)

21)   Wrigley and Schofield (1989); Burnette (1997)

22)   Goldin (1990)

23)   Goldin (1987)

24)   Galor and Weil (1996); Lagerlof (2003); de la Croix 등 (2015)

25)   Crafts (1989)

26)   Brown and Guinnane (2002)

27)   Wanamaker (2012)

28)   Schultz (1985); Heckman and Walker (1990)

6   약속의 땅

1)   Gordon (2017)

2)   자료 출처: Wrigley and Schofield (1981); Arias (2016); Blayo (1975); Vallin and

Meslé (2001); United Nations (2017); Kannisto 등 (1999); OECD (2017); Human Mortality Database, University of California, Berkeley(미국), 그리고 Max Planck Institute for Demographic Research(독일); World Health Organization (2016)

3)   Bleakley (2010); Lucas (2010)

4)   자료 출처: Bureau of the Census, 미국

5)   Wallsten (2001)

6)   자료 출처: Maddison Project Database (2020); Bolt and van Zandan (2020)

7)   자료 출처: World Economic Outlook, 2018, IMF

8)   자료 출처: Office for National Statistics(ONS), 영국

9)   자료 출처: Bureau of Labor Statistics

10)   자료 출처: World Economic Outlook, IMF (2018)

11)   Franck and Galor (2020)

12)   Becker 등 (2017)

13)   Franck and Galor (2020)

14)   자료 출처: WDI, 세계은행

15)   앞의 책

16)   Keynes (1971)

17)   Abram 등 (2016)

18)   Jackson (2016)

19)   Casey and Galor (2017)

20)   Gates (2021)

● **2부 —— 부와 불평등의 기원**

7   화려한 삶, 비참한 삶

1)   자료 출처: WDI, World Bank (2017); United Nations (2018)

2)   구매력을 고려한 1인당 GDP. 자료 출처: https://www.cdc.gov; https://www.census.gov

3)   자료 출처: WDI, World Bank (2017)

4)   앞의 책

5)   Romer (1990); Aghion and Howitt (1992); Grossman and Helpman (1991); Jones (1995); Lucas (1988, 2002)

6)   자료 출처: Bolt 등 (2018); Durlauf and Quah (1999); Duraluf 등 (2005)

7)   Easterly (2001); Hausmann 등 (2005)

8)   Estavadeordal 등 (2002)

9)   Findlay and O'Rourke (2001)

10)   Crafts and Thomas (1986); O'Rourke and Williamson (1999); Pomeranz (2000); Andrews (2021)

11)   Mokyr (1989)

12)   Kuznets (1967)

13)   Galor and Mountford (2008)

14)   앞의 책; Bignon and García-Peñalosa (2016)

15)   Bairoch (1982)

16)   Chaudhuri (1983)

17)   Bairoch (1974, 1982)

18)   Matthews 등 (1982)

19)   Basu (1974)

20)   Morris (2010)

8 제도의 지문

1)   NASA 촬영. 출처: Wikimedia Commons

2)   자료 출처: Maddison Project Database (2020); The World Factbook (2020)

3)   North (1990)

4)   Greif (1993)

5)   Acemoglu and Robinson (2012)

6)   Hill (1966)

7)   Acemoglu and Robinson (2012)

8)   앞의 책

9)   Mokyr (1992)

10) Klemm (1964)

11) Mokyr (1992)

12) Murtin and Wacziarg (2004)

13) Barro (1996); Persson and Tabellini (2006); Papaioannou and Siourounis (2008)

14) Lipset (1959); Barro (1999); Fukayama (2006)

15) Dell (2010)

16) Acemoglu 등 (2011)

17) McEvedy and Jones (1978)

18) Sokoloff and Engerman (2000)

19) La Porta 등 (1997); Glaeser and Shleifer (2002)

20) Galor 등 (2009)

21) Engerman and Sokoloff (1997)

22) Acemoglu 등 (2002)

23) Acemoglu 등 (2001)

24) Sachs (2012)

25) Easterly and Levine (2016)

26) Glaeser 등 (2004)

27) Putterman and Weil (2010)

28) Michalopoulos and Papaioannou (2013)

29) Acemoglu and Robinson (2012)

30) Fenske (2014); Galor and Klemp (2019)

31) 자료 출처: WDI, 세계은행

9 문화적 요인

1) 마가복음 9장 24절; 디모데 전서 6장 10절; Aquinas (1920); 마태복음 5장 5절

2) Wesley (1872)

3) Becker and Woessmann (2009); Andersen 등 (2017)

4) Becker and Woessmann (2009)

5) Nunziata and Rocco (2016, 2018)

6) Guiso 등 (2006); Bazzi 등 (2020)

7) Botticini and Eckstein (2014)

8) Blackmore (2001)

9) Dawkins (1976)

10) Henrich (2017)

11) White (1959); Steward (1972)

12) Fanon (2007, 2008); Andrews (2021)

13) Kant (1784)

14) Mokyr (2016)

15) Neel (1962)

16) Banfield (1967)

17) Alesina and Giuliano (2010)

18) Arrow (1972)

19) Putnam 등 (1994)

20) Guiso 등 (2004). 신뢰는 유럽사회조사가 2002년부터 2011년까지 한 설문조사 에서 다음과 같은 질문에 대한 응답으로 측정했다. "당신은 대부분의 사람들을 신뢰할 수 있다고 하시겠습니까, 아니면 사람들을 대할 때 아무리 조심해도 지 나치지 않다고 하시겠습니까?"

21) Becker 등 (2016)

22) Nunn and Wantchekon (2011)

23) Giavazzi 등 (2019)

24) Gorodnichenko and Roland (2017)

25)   Fischer (1989)

10   지리의 그늘

1)   Goody (2018)

2)   Murdock (1967)

3)   Alsan (2015)

4)   Sachs (2002)

5)   Lucas (2010, 2013)

6)   Dalgaard 등 (2020)

7)   Ashraf and Galor (2013)

8)   Diamond (1997)

9)   Jones (2003)

10)   Hume (1825)

11)   Cosgel 등 (2012); Rubin (2017)

12)   Hanioğlu (2010)

13)   Quataert (2005)

14)   Mokyr (2016)

15)   Wittfogel (1956)

16)   Lang (1997)

17)   Cosandey (2007)

18)   Hoffman (2017)

19)   Ashraf 등 (2010); Ashraf and Galor (2011)

20)   Engerman and Sokoloff (1997)

21)   Acemoglu 등 (2002)

22)   앞의 책

23)   Galor and Mountford (2006, 2008)

24)   Kendi (2015)

25)   Nunn (2008)

26)   Nunn and Puga (2012)

27)   Hofstede 등 (2005)

28)   Galor and Ozak (2016)

29)   앞의 책; '국가별 장기지향성'에 관한 자료. 출처: https://hi.hofstede-insights. com/national-culture

30)   Galor and Ozak (2016)

31)   앞의 책

32)   앞의 책

33)   Talhelm 등 (2014)

34)   Ang (2019)

35)   Alesina 등 (2013)

36)   앞의 책

37)   Tversky and Kahneman (1991)

38)   Galor and Savitskiy (2018)

39)   앞의 책

40)   앞의 책

41)   Magga (2006); Krupnik and Müller-Wille (2010)

42)   Josserand 등 (2021)

43)   Pinker (2003)

44)   Roberts and Winters (2012); Lupyan and Dale (2010)

45)   Richerson 등 (2010)

46)   Galor 등 (2018)

47)   Stahlberg 등 (2007); Galor 등 (2020)

48)   Fenske (2014)

49)   Galor 등 (2018)

50)   Bybee and Dahl (1989); Dahl and Velupillai (2011)

51)   Chen (2013); Galor (2016); Galor 등 (2019)

11 농업 혁명의 유산

1) Weiss 등 (2008); Snir 등 (2015)

2) Diamond (1997)

3) North and Thomas (1977)

4) Galor and Moav (2007); Gibbons (2021)

5) Skoglund 등 (2014); González-Fortes 등 (2017)

6) Feldman 등 (2019)

7) Lazaridis 등 (2014)

8) Bellwood and Fox (2006)

9) Bostoen (2018)

10) Murdock (1967)

11) Carneiro (1981)

12) Taylor (1973); Testart 등 (1982); Allen (1997)

13) Mayshar 등 (2017)

14) Mayshar 등 (2019)

15) Scott (2017)

16) 자료 출처: Putterman (2008)

17) Ashraf and Galor (2011)

18) Ashraf and Galor (2013)

19) Galor and Mountford (2006, 2008)

20) Acemoglu and Robinson (2012); Mokyr (2016); Hoffman (2017)

12 아웃 오브 아프리카

1) Palmer (1992)

2) Ridley (2012)

3) Ottaviano and Peri (2006); Lee (2015)

4)   Delis 등 (2017)

5)   Cook and Fletcher (2018)

6)   Alesina 등 (2003); Ramos-Toro (2017)

7)   Easterly and Levine (1997)

8)   Harpending and Rogers (2000); Ramachandran 등 (2005); Prugnolle 등 (2005); Manica 등 (2007); von Cramon-Taubadel and Lycett (2008); Hanihara (2008); Betti 등 (2009); Atkinson (2011); Betti 등 (2013); Betti and Manica (2018)

9)   앞의 책

10)   Pemberton 등 (2013)

11)   자료 출처: Pemberton 등 (2013). 도표 출처: Ashraf, Galor and Klemp (2021)

12)   Harpending and Rogers (2000); Ramachandran 등 (2005); Prugnolle 등 (2005); Manica 등 (2007); von Cramon-Taubadel and Lycett (2008); Hanihara (2008); Betti 등 (2009); Atkinson (2011); Betti 등 (2013); Betti and Manica (2018)

13)   Alesina 등 (2003)

14)   Pemberton (2013); Desmet 등 (2017)

15)   Ashraf and Galor (2013)

16)   Ashraf 등 (2021). 1500년 인적다양성과 인구밀도 사이에 관찰된 혹 모양의 관계(도표 21)는, 모두 혹 오른쪽에 있는 식민지 이전 아메리카 인디언 사회의 다양성을 과소평가했을 가능성을 반영하지 않는다. 다양성이 일반적으로 생산성에 미치는 영향과, 특별히 1500년 인구밀도에 미치는 영향은 각 대륙 내의 다양성 차이를 바탕으로 산출했다. 따라서 아메리카 인구 전체의 다양성을 과소평가한 것은, 아마 그랬겠지만 앞에서 서술한 패턴에 영향을 주진 않을 것이다. 실제로 여기서 활용한 통계 방법은 설사 아메리카에 사는 각 종족 집단의 원주민 인구가 이를테면 100배 크다 하더라도 도표 21에서 묘사한 다양성의 영향은 유지되도록 하는 것이다

17)   앞의 책

18)   Arbatlı 등 (2020); Ashraf 등 (2021)

19)   Cook and Fletcher (2018); Depetris-Chauvin and Özak (2021); Ashraf 등 (2021)

20)   Manica 등 (2007); von Cramon-Taubadel 등 (2008)

21)   Ashraf and Galor (2013)

22)   Ashraf 등 (2021)

23)   앞의 책

24)   Ashraf and Galor (2013)

간추리기: 불평등의 수수께끼를 풀다

1)   Worsley (1967); Steinbauer (1979)

2)   Rodrik (2006); Hausmann 등 (2008)

찾아보기

찾아보기의 이탤릭체는 도표와 사진을 가리킨다.

338

찾아보기

인류의 여정

초판 1쇄 발행일 2023년 2월 28일
초판 3쇄 발행일 2023년 4월 10일

지은이 오데드 갤로어
옮긴이 장경덕

발행인 윤호권
사업총괄 정유한

편집 강현호 **디자인** 서윤하 **마케팅** 윤아림
발행처 ㈜시공사 **주소** 서울시 성동구 상원1길 22, 6-8층(우편번호 04779)
대표전화 02-3486-6877 **팩스(주문)** 02-585-1755
홈페이지 www.sigongsa.com / www.sigongjunior.com

ⓒ 오데드 갤로어, 2023

ISBN 979-11-6925-582-0 03900

*시공사는 시공간을 넘는 무한한 콘텐츠 세상을 만듭니다.
*시공사는 더 나은 내일을 함께 만들 여러분의 소중한 의견을 기다립니다.
*잘못 만들어진 책은 구입하신 곳에서 바꾸어 드립니다.